111 Gründe, München zu lieben

FÜR DAVID

Evelyn Boos | Andreas Körner

111 Gründe, München zu lieben

Eine Liebeserklärung
an die großartigste Stadt der Welt

Schwarzkopf & Schwarzkopf

INHALT

den Tollwood-Festivals die Welt bei uns zu Gast ist | Weil das Kulturzentrum Gasteig volksnah und weltläufig zugleich ist | Weil die Münchner Museen lebendig statt langweilig sind

Bräustüberl gibt | Weil Floßfahrten aus Wolfratshausen so aufregend sind | Weil Waldwirtschaft und Bavaria Filmstadt eine Traumkulisse bieten | Weil in München die Berge vor der Haustüre liegen | Weil Freising und Weihenstephan so idyllisch sind

Vorwort

Als wir das Angebot erhielten, dieses Buch zu schreiben, haben wir uns sehr schnell dazu entschlossen, anzunehmen – und zwar mit fliegenden Fahnen und allem Herzblut. Schließlich erhält man nicht jeden Tag die Möglichkeit, der Stadt, in der man seit Jahren gerne lebt, eine ausgiebige Liebeserklärung zu machen. Natürlich war von Anfang an klar, dass unsere Entscheidung mit vielen arbeitsreichen Wochenenden verbunden sein würde. Es war aber genauso klar, dass das Schreiben dieses Buches viel Spaß und viele Entdeckungen mit sich bringen würde. Diese Erwartung wurde kein bisschen enttäuscht.

Die Arbeit an dem Manuskript hat uns auch deshalb reichlich Freude bereitet, weil wir dabei viele schöne Erinnerungen an Erlebnisse in und mit unserer Heimatstadt wieder aufleben lassen konnten. »Wer war noch mal dabei, als wir vor drei Jahren diesen besonders exzessiven Wiesn-Abend hatten?« »Ob wohl die Stimmung und das Essen im Mangostin immer noch so gut sind?« Wir haben viele Plätze, über die wir berichten, nach langer Zeit wieder besucht und neu oder genauer erkundet.

Zu diesen (Wieder-)Entdeckungen gehören die großen und kleinen Attraktionen Münchens, die einem sofort und zweifelsfrei als positiv einfallen – Spaziergänge im Englischen Garten etwa oder Besuche in schattigen Biergärten genauso wie in der Oper, die durchaus in der Weltliga mitspielt. Zu diesen Entdeckungen, die wir nur allzu gerne mit den Lesern teilen, gehören aber auch Facetten der Stadt, die einem beim vordergründigen Betrachten vorenthalten bleiben. Nur wenige außerhalb der Südmetropole dürften den »Bayerischen Japaner« und dessen skurrilen Wirt kennen oder den morbiden Charme der spätherbstlichen Auer

Dult nachvollziehen können. Bei diesen Beschreibungen geben wir viel Persönliches preis und lassen auch »Auswärtige« gerne in alle Stuben unserer Stadt eintreten.

Natürlich muss die Auswahl der Gründe subjektiv und unvollständig bleiben. Spätestens beim Konzipieren des Inhaltsverzeichnisses wurde uns klar, dass wir weit mehr als 111 Gründe kennen, warum wir München lieben. Auch Bekannte und Freunde fieberten bei der Entstehung des Buches und der Auswahl der Gründe mit. Für ihre Ideen und ihre Unterstützung bei der Recherche – hierzu gehörten auch »arbeitsreiche« Ausgeh-Abende – danken wir Almuth Braun, Martin Brüninghaus, Susanne Frank, Bärbel Knill, Isabel Lamberty, Dirk Peter und Monika Spinner-Schuch.

Auf jeden Fall hoffen wir, dass wir das Lebensgefühl und den Charme der netten Menschen, die hier leben, in unseren Texten gut getroffen haben. Sicher werden viele Münchner den einen oder anderen Grund für die Liebe zu ihrer Heimat ganz genauso empfinden wie wir. Es würde uns aber auch sehr freuen, wenn die Lektüre neu Zugezogenen (von denen es ja eine stattliche Anzahl gibt) den Start in dieser Stadt etwas erleichtern würde und ihnen vielleicht sogar das Gefühl gibt: »Es war eine absolut geniale Entscheidung, hierherzukommen!«

München, im Frühjahr 2011
Evelyn Boos und Andreas Körner

KAPITEL 1

Das gibt es nur in München

Weil es auf der Auer Dult nicht nur Pfannen, Pfeiferl und Pfennigfuchser gibt

Am besten, man notiert sich während des Jahres auf einer Liste all jene Dinge, die man unbedingt braucht (oder zumindest zu brauchen glaubt), die es aber scheinbar nirgendwo zu kaufen gibt: die geschwungene Bürste zum Reinigen der Grillrost-Zwischenräume, den Ersatz-Deckel für die lieb gewonnene Kaffeekanne aus den sechziger Jahren oder die Zauberpaste zur Entfernung von Flecken aller Art. Auf der Auer Dult wird man sie ergattern. Und noch vieles mehr. Naturheilmittel gegen Gicht werden ebenso feilgeboten wie kleine Plättchen, die sich Kinder auf die Zunge legen und so verschiedenste Vogelstimmen imitieren können. Oder wahlweise die Eltern damit nach stundenlangem »Üben« zur Weißglut treiben. Diese Vogelpfeiferl bietet das Münchner Original Peter Berger, der einer veritablen Vogelpfeiferl-Dynastie entstammt, unter launigen bis zotigen Kommentaren auf dem Oktoberfest an – und eben auch auf der Auer Dult.

Neben all dem offerierten Schnickschnack schätzen die Münchner die Dult, den größten Geschirrmarkt Europas, tatsächlich als Einkaufsquelle für Haushaltswaren und Antiquitäten. Hier finden sie außergewöhnliche, oft getöpferte Kannen, Tassen oder Teller, die es außerhalb der Marktzeit selbst im konsumstarken München nicht gibt. Viele der rund dreihundert Stände haben sich auf Altes oder Altbayerisches wie Bauernmöbel spezialisiert. Auch wenn die Gesichter der ausgefuchsten »Standler« bei der Frage nach Preisnachlässen physische Schmerzen signalisieren: Besucher sollten keine Scheu zeigen, zu handeln, da die verlangten Preise oft durchaus als barock gelten können.

Den Jahrmarkt der Kuriositäten lieben und besuchen viele Einheimische auch wegen seiner einzigartigen Kombination aus Einkaufen und Feiern. Schausteller betreiben dort historische Fahrgeschäfte, aber auch Konventionelles wie ein kleines Riesenrad oder einen Autoscooter. Wer nichts kaufen, sondern nur bummeln möchte, kann sich zumindest an zahlreichen Essensständen stärken. Sie bieten lokale, deftige Kleingerichte an wie Leberkässemmeln oder Dampfnudeln, aber auch Internationales. Das erinnert an die Entstehungsgeschichte der meisten Jahrmärkte, die seit Jahrhunderten bei der Bevölkerung regen Zulauf finden und regelrechte Feststimmung auslösen: Man fand dort außergewöhnliche kulinarische Angebote, die zu früheren Zeiten sonst nicht verbreitet waren. Etwas Besonderes eben. Auf der Auer Dult in München spürt man diese Tradition, die Verbindung mit der Vergangenheit und den Volksfest-Charakter wesentlich deutlicher als bei anderen Jahrmärkten. Immerhin fand die erste Dult, die Jakobi-Dult, bereits im Jahr 1310 statt – damals noch in der Innenstadt am Sankt-Jakobs-Platz.

Heute findet die Auer Dult dreimal pro Jahr jeweils für neun Tage statt – als Mai-Dult rund um das erste Wochenende des Wonnemonats, als Jakobi-Dult Ende Juli/Anfang August und als Kirchweih-Dult Ende Oktober. Zu finden ist die Veranstaltung, die jährlich etwa 300.000 Gäste anzieht, im Schatten der Mariahilf-Kirche in »der Au«. Dieses Viertel gehört – wenngleich in direkter Nachbarschaft zum in Mode gekommenen Haidhausen und unweit der Innenstadt – zu den weniger mondänen Stadtvierteln Münchens. Die etwas angegrauten Mietshäuser, die das Areal umschließen, unterstreichen das heimelige, teils morbide Flair, das besonders die Kirchweih-Dult im Herbst anziehend macht. Dann stehen viele Besucher mit hochgestellten Mantelkrägen und einer Tasse Glühwein an Stehtischen, rücken etwas zusammen – und spüren irgendwie, dass München nicht immer die wohlhabende, leuchtende Südmetropole war, die es heute ist.

Weil die Wiesn die Stadt
in den Ausnahmezustand versetzt

Wir geben es an dieser Stelle unumwunden zu: Auch wir gehören zu jenen Einheimischen, die das Oktoberfest erst spät für sich entdeckt haben. Es war ja schon immer da, genau genommen seit 1810, und ist jahrein, jahraus am selben Platz zu finden – auf der Theresienwiese in der Nähe des Hauptbahnhofs. Vielleicht dachten wir uns: »Da kann man irgendwann mal hingehen.« Jetzt bereuen wir jedes Wiesn-Jahr, das wir versäumt haben. Jetzt gehören wir zu den zahlreichen Stadtbewohnern, die schon im Sommer die unscheinbaren Vorboten des Großereignisses freudig registrieren. Lange bevor die Sause Ende September startet, eröffnen temporäre Trachtenläden, in die Supermarktregale wird Festbier geräumt und die Lokalpresse hebt jedes Jahr aufs Neue empört das Thema »Bierpreiserhöhung« auf die Titelseiten. Dann fährt der Münchner schon einmal einen kleinen Umweg, um zu schauen, wie weit die Vorbereitungen unterhalb der »Bavaria« – der 19 Meter hohen Bronzestatue, die die bayerische Lebensart und das barocke Lebensgefühl aufs Schönste verkörpert und hoch über der Theresienwiese thront – gediehen sind.

Allein das Aufbauen der Bierzelte und Fahrgeschäfte stellt eine wahre Mammutaufgabe dar: Es gibt 14 große Zelte mit insgesamt rund 100.000 Plätzen, die das Bier der sechs Münchner Großbrauereien – darunter Hacker Pschorr, Löwenbräu, Paulaner und Augustiner – ausschenken. Daneben bieten 15 kleinere Zelte Spezialitäten wie Enten oder Steckerlfisch an. Wer es auch auf dem Oktoberfest etwas nobler mag, wählt die Käfer-Schänke, das Hippodrom oder das Weinzelt. Die haben außerdem etwas länger geöffnet als die anderen Zelte – die meisten schließen um

23.30 Uhr. Insgesamt besuchen jedes Jahr etwa sechs Millionen Menschen aus allen Teilen der Erde das 42 Hektar große Areal. Sie trinken ungefähr 66.000 Hektoliter des starken Biers (gut sechs Prozent Alkohol) und vertilgen um die 488.000 Brathähnchen (»Hendl«) sowie 51.000 Schweinshaxen. Am zweiten Wiesn-Sonntag findet unter der Bavaria traditionell ein Blasmusik-Konzert mit dreihundert Musikern statt – natürlich das größte der Welt.

Diese schiere Größe mag Statistikfans beeindrucken, den Zauber der »Wiesn« – die liebevolle Abkürzung ist abgeleitet vom offiziellen Namen »Theresienwiese« – erklären kann sie nicht. Ein Grund für die spezielle Atmosphäre des weltweit größten Volksfests ist, dass dort tatsächlich jeder mit jedem ins Gespräch kommt. Der Schlossbesitzer aus Starnberg mit dem feschen Madl aus Schwabing, die aus Bad Tölz angereisten Brauereibesitzer mit Münchner Studenten, Australier oder Italiener mit Einheimischen. Über mehrere Bierbänke hinweg wird sich zugeprostet, ein Besuch am Nachbartisch ist nicht ungewöhnlich, auch wenn man sich nicht kennt. Auch dass die Euphorie die ganze Stadt erfasst – ähnlich dem Karneval in Köln –, trägt zur Mystik und zum Mythos des Oktoberfests bei. Auf Kopie-Veranstaltungen wie in Hannover oder gar in Chicago blickt der Münchner mit herzlichem Mitleid. Früher war es selbst bei konservativen Banken und Unternehmen gang und gäbe, den Mitarbeitern einen »Wiesn-Nachmittag« frei zu geben. Heute strömen sogar Manager in Lederhosen und Anwältinnen im Dirndl direkt aus ihren schicken Büros ins Bierzelt.

Denn Kenner sind sich einig: Tracht zu tragen erhöht das Glücksgefühl auf der Festwiese deutlich. Auch die meisten Münchner ziehen die »Krachlederne« oder das Dirndl während des Jahres nur selten an, in Ausnahmefällen beispielsweise auf Hochzeiten. Man assoziiert damit automatisch eine besondere, feierliche Zeit. Ganz abgesehen davon, dass diese schmucken Kleidungsstücke bequem, unempfindlich und für die herbstliche Zeit hervorragend geeignet sind. Kaum ein Münchner stört sich daher daran, wenn auswärtige Besucher auch unbedingt ein Bayern-Outfit haben wollen. Da die Besucher diese Kleidungsstücke sonst kaum tragen werden, geht es schon in Ordnung, wenn sie diese preisgünstig im Secondhandladen erstehen.

Eine gute Einstimmung auf das Oktoberfest ist zweifelsohne auch die Teilnahme am Eröffnungsumzug – dann war man von Anfang an dabei und hat sich nichts vorzuwerfen. Bei dieser Prozession des Bieres ziehen – angeführt vom Münchner Kindl – die Brauer, Festwirte und Bedienungen auf der Wiesn ein. Die reich dekorierten Festwägen, gezogen von geschmückten Pferden, ziehen von der Josephspitalstraße über die Sonnen- und Schwanthalerstraße zum Festplatz. An der Sonnenstraße stellt die Stadt (gebührenpflichtige) Tribünen auf. Im Zug fährt stets auch der jeweilige Oberbürgermeister mit. Ihm fällt nach der Ankunft auf der Festwiese die Aufgabe zu, mit möglichst wenigen Schlägen das erste Fass Bier anzuzapfen und mit dem Spruch »Ozapft is« die Wiesn offiziell zu eröffnen. Die erste Maß indes steht immer dem bayerischen Regierungschef zu. Beide, Bürgermeister und Ministerpräsident, wirken dabei einig wie selten – auch wenn sie, wie fast immer in den vergangenen Jahren, aus verschiedenen Parteien stammen.

Weil der Eisbach Surfern die perfekte Welle bietet

Wer in München das Haus der Kunst in der Prinzregenten-straße besucht und vor dem Eintreten rechter Hand blickt, wundert sich unweigerlich über die Menschentraube, die sich fast immer auf der kleinen Brücke dort bildet. Beobachten die Leute eine seltene Fischart oder vorbeifahrende Flößer? Weit gefehlt! Die Attraktion ist eine Spezies, die sich normalerweise auf Hawaii oder an der Atlantikküste tummelt: die Eisbach-Surfer, Wagemuti-ge, die – in kälteren Jahreszeiten in Neopren-Anzügen, ansonsten in lässigen Shorts, in Ausnahmefällen sogar komplett unbeklei-det – auf ihren schlanken Brettern die perfekte Welle abpassen. Manche sind ihrem Hobby so verfallen, dass sie es sogar nachts bei Flutlicht ausüben. Ihre »Brettl« unterscheiden sich dabei nicht von jenen, die in maritimen Gefilden benutzt werden. Und auch in München macht es natürlich einiges her, wenn man das Surfbrett auf das Autodach geschnallt hat oder es lässig auf dem Fahrrad mit sich führt. Das zeigt jedem sofort, dass es sich hier auf keinen Fall um einen spießigen Gesellen handelt, sondern natürlich um ein Mitglied der coolen Fraktion.

Dort, am Haus der Kunst, wo der Eisbach – ein Seitenarm der teils ungestümen Isar – an der Südseite in den Englischen Garten fließt, bildet sich durch eine massive Steinstufe eine energie-geladene Stromschnelle. Seit Mitte der siebziger Jahre nutzen Kanuten, vor allem aber die Isar-Surfer diese innerstädtische Mög-lichkeit, um dank des gehörigen Nervenkitzels für kurze Zeit dem Alltag zu entfliehen. Abenteuerlustige Studenten, Surfsportler mit Entzugserscheinungen, gelegentlich Alt-Hippies finden sich unter den Aktiven. Als mutig gelten sie zweifellos, gar als anarchistisch.

Denn der Ritt auf der »Dauerwelle« war lange Zeit verboten. Offiziell zumindest, wie so einiges in der Hauptstadt des südlichen Bundeslandes. Inoffiziell duldete man das Freizeitvergnügen jedoch. Trotz der möglichen Gefahren für die Sportler hatte die Stadt 2010 »ein Einsehen« (wie der Bayer sagt) und erlaubte, was sich ohnehin nicht effektiv verbieten ließ. Offenbar war die Erkenntnis gereift, dass es die Eisbach-Surfer schon lange zu einem Münchner Anziehungspunkt, speziell für die junge Generation, gebracht hatten. Zuvor hatten die Surfer eine Interessengemeinschaft gegründet und 17.000 Unterschriften für die Legalisierung gesammelt. »Ich war letztens zum Surfen in Brasilien und was wussten die Leute über München? Dass es die Welle gibt«, zitiert das Portal »Welt online« einen internationalen Surfer.

Der letzte, ultimative Schritt zum Kult gelang der Randsportart mit dem Film »Keep Surfing« von Björn Richie Lob, der im Mai 2010 in die Kinos kam und zu einem unerwartet großen Erfolg wurde. Der Streifen zeigt dokumentarisch die Anfänge der zuerst kleinen Surf-Gemeinde – »Wir haben uns gegenseitig im Englischen Garten zugerufen, wenn die Welle besonders gut war« – bis zu dem weit über die Grenzen der Stadt reichenden Phänomen. Er stellt auch Surf-Legenden wie Quirin Rohleder vor, der am Eisbach anfing und sich später bei internationalen Wettbewerben gut schlug. Für manchen Münchner jedenfalls, auch das beschreibt der Film launig, war das Isar-Surfen die Motivation, auch einmal andere Surfregionen zu erkunden. »Der Film zeigt einen Blick auf das anarchistische Herz der Stadt, zeigt sie als Heimat von Individualisten und als einen Ort, von dem aus diese Jungs in die weite Welt aufbrechen. Trotz aller Gegensätze führt sie die Welle im Herzen Münchens immer wieder zusammen«, heißt es schwärmerisch auf der Homepage zum Film »Keep Surfing« im Internet.

Weil der Kocherlball uns mit Magie
im Morgengrauen verzaubert

Hauptsache Tanzen!«, ruft die Ansagerin der Menge zu. Sie steht in ihrem feschen Dirndl auf einer Bühne am Chinesischen Turm im Englischen Garten. Und das um sechs Uhr morgens. Ein großer Teil der Anwesenden fügt sich bereitwillig dem Kommando und legt los. Der alljährliche »Kocherlball« oder »Köcherlball« hat begonnen. Seine Wurzeln gehen in das 19. Jahrhundert zurück, als sich an jedem Sonntag im Sommer in aller Herrgottsfrühe – damals von fünf bis acht Uhr – Münchner Köchinnen, Diener oder Kindermädchen für ein paar beschwingte Stunden trafen. Zu dieser Zeit war der Ball für die Bediensteten in der bayerischen Hauptstadt eine der wenigen Möglichkeiten, Polka, Zwiefachen oder Walzer zu schwofen.

Der frühe Zeitpunkt war schlicht der Tatsache geschuldet, dass die Köchinnen und das andere Hauspersonal spätestens um die Mittagszeit wieder ihren Aufgaben nachkommen mussten und dann bis spätnachts arbeiteten. Zu damaligen Zeiten versammelten sich jeweils rund 5000 Gäste, heute sind es dreimal so viele – ein Zeichen für die wachsende Popularität der Veranstaltung. Besonders begeisterte Ballbesucher bereiten sich mit Volkstanz-Kursen auf den Reigen vor. Dann können sie beim Auftrieb im Englischen Garten auch mit weniger bekannten Tänzen wie der Krebspolka, dem Kikeriki oder der Münchner Française brillieren. Denn richtig Spaß macht diese ungewöhnliche Volkstanzparty vor allem dann, wenn man sich mit den alten Tänzen, dazu gehören auch der Landler und der Boarische, ein bisschen auskennt.

Mittlerweile finden die Kocherlbälle trotz ihrer Beliebtheit nur einmal jährlich statt, und zwar am dritten Sonntag im Juli.

Der einleuchtende Grund: Auch für Hausangestellte gelten jetzt humanere Arbeitszeiten und auch sie können zahlreiche andere Zerstreuungsmöglichkeiten nutzen, während sie anno dazumal nur sehr selten Ausgang hatten und sich das Ballvergnügen kaum leisten konnten. Die heutigen Gäste kommen oft schon lange vor der offiziellen Eröffnung und decken ihre Frühstückstische feierlich. Sogar manche Nachtschwärmer entscheiden sich spontan, durchzumachen und ohne den Umweg über zu Hause den Kocherlball zu besuchen. Auch um sie gut zu versorgen, beginnt der Ausschank bereits um vier Uhr. Offiziell endet die Musik um zehn Uhr, mit den oft zahlreich geforderten Zugaben wird es auch schon einmal elf.

In seiner heutigen Form gibt es den Ball seit 1989. In diesem Jahr wurde er anlässlich des zweihundertjährigen Bestehens des Englischen Gartens wiederentdeckt. Davor gab es eine längere Zwangspause: Im Jahr 1904 war das Treiben »aus Mangel an Sittlichkeit« zeitweise von der Polizei verboten worden. Dieses Schicksal jedenfalls droht dem Ball heute aller Voraussicht nach nicht mehr.

Die modernen Besucher zollen dem Ereignis auch hinsichtlich der Kleidung allen Respekt. Die beste Tracht wird angezogen und ganz besonders fein heraus ist, wer ein historisches Dirndl, vielleicht sogar mit Haube, besitzt oder ein echtes altes Scharivari vom Urgroßvater. Aber auch alle anderen dürfen natürlich mitmachen – leben und leben lassen halt.

Weil der Föhn (auch) Weitsicht und Sonnenschein beschert

Um es gleich vorwegzunehmen: Beim Thema »Föhn« sind sich die Münchner ausnahmsweise alles andere als einig. Doch zuerst die nüchterne, lexikale Beschreibung dieser sehr speziellen Wetterlage: Beim Föhn handelt es sich um einen warmen, trockenen Fallwind. Diese Luftströmung regnet sich beim Aufsteigen an der Südseite der Alpen ab und erwärmt sich beim Abstieg auf der Alpennordseite in Bayern wieder. Der Föhn geht mit einer für schönes Wetter ungewöhnlichen Luftdrucklage einher. Der Name soll vom lateinischen »favonius« – lauer Wind – stammen. Auf ebendiesen veränderten Luftdruck führen Experten die Auswirkungen des Südwindes zurück, die ihn bei einem Teil der Bevölkerung unbeliebt machen: Dazu gehören Herz-Kreislauf-Probleme, Kopfschmerzen und Reizbarkeit. Man darf Föhn-Geplagte daher nie darauf ansprechen, dass es vergleichbare Wettergemenge ja auch andernorts gibt (was rein wissenschaftlich natürlich stimmt). Der eine, wirkliche, schlimme Föhn wütet selbstverständlich nur in Bayern und am ärgsten in München. Um die Ursachen des Unwohlseins genauer zu ergründen, hat der Münchner Meteorologe und Physiker Karl Dirnagl in den achtziger Jahren extra eine »Föhnkammer« an der Technischen Universität eingerichtet und dessen Auswirkungen auf 1700 Studenten analysiert.

Die Pein, die Wetterfühlige ertragen müssen, beschreibt der Münchner Liedermacher Konstantin Wecker in seinem Lied »So a saudummer Tag«: »Heut' ist wieder so ein Wetter, wo ich wieder gar nicht weiß, bin ich Manderl oder Weiberl, friert's mich, oder ist mir heiß. Möcht' die Arbeit sausen lassen, draußen in den Wäldern leben, nackig über'n Stachus laufen und dem Teufel

Zunder geben.« Barden-Kollege Willy Astor bringt es in einem seiner Stücke auf die einfache wie treffende Formel »München ist Föhn«. Bei Münchner Jugendlichen ist der Spruch beliebt: »Ich krieg 'nen Föhn.« Besonders in den Jahren der Pubertät sollten sich Eltern dann vorsorglich auf einen mittleren Wutausbruch einstellen. Und auch zwischen Paaren kommt es in Zeiten des Hochdrucks leichter zu Reibereien. Kleiner Trost: Mit dem Föhn hat man auch gleich eine plausible Begründung für die eigene Kurznervigkeit parat, was die Versöhnung extrem erleichtert.

Sogar Münchner, die bei Föhn »Schädelweh« kriegen, geben aber auch zu, dass der warme Wind durchaus Vorteile bringt. Wir wollen uns darum jetzt auf die positiven Aspekte des (fast) einzigartigen Wetterphänomens konzentrieren: Erstens kommt der Föhn aus Italien und Münchner lieben fast alles, was aus Italien kommt. Zweitens: Man sieht die eigene Stadt dann in einem ganz anderen Licht. Die Luft ist besonders »glasig« und die Weitsicht phänomenal. Selbst hundert Kilometer entfernte Berge kann man von höheren Gebäuden aus gut erkennen. Drittens und am wichtigsten: Oft wenn das Wetter besonders trist, grau und kühl ist, kämpft sich der Föhn durch und verschafft den Münchnern ein paar unerwartet schöne, bisweilen sogar richtig warme Tage. Das kann – natürlich nur in München – sogar mitten im Winter passieren.

Weil Karl Valentin mit seiner
eigenen Logik besticht

Noch heute, viele Jahrzehnte nach seinem Tod im Jahr 1948 im Alter von 65, zählt Karl Valentin ohne jeden Zweifel zu den bekanntesten Münchnern. Er entstammte der großen Tradition der bayerischen Volkssänger. Um 1900 waren von diesen professionellen Unterhaltern in der bayerischen Landeshauptstadt gut achthundert offiziell registriert. Der schlaksige Mann ragte aus dieser Gruppe nicht nur körperlich heraus: Er wirkte neben seinem »Kerngeschäft« als Komiker auch als Alltagsphilosoph, Autor von Theaterstücken oder – wovon viele überzeugt sind – sogar als Logiker. Am Beispiel seines eigenen Namens: »Der Herr Valentin ist nicht der Herr Walentin, sondern der Herr Falentin, denn es heißt ja auch nicht, man hat einen Wogel, sondern einen Vogel«, so Valentin.

Kurzzeitig betrieb er in den dreißiger Jahren sogar sein eigenes Theater an der mondänen Leopoldstraße. Auch dass Valentin – zu dieser Zeit alles andere als selbstverständlich – erfolgreiche Gastspiele in Berlin, Wien oder Zürich gab, belegt seine Ausnahmestellung. Literaturwissenschaftler rücken heute seine Sprachkunst in die Nähe des Dadaismus oder des Expressionismus. Sogar die Aufmerksamkeit veritabler Literaturgrößen konnte der Münchner auf sich ziehen. So erklärte einst Bert Brecht anerkennend: »Bei Valentin kann man lernen, wie man ein Drama baut.« Kurt Tucholsky hieß ihn herzlich in der Hauptstadt willkommen: »Auf einen großen Komiker namens Valentin. Du stolperst auf den langen Beinen – da stehst du nun, Karl Valentin ... Da fragt man sich, ja gibt es dich? Wir werden wohl vor Lachen weinen – Grüß Gott! Willkommen in Berlin!«

Damals war das wie ein Ritterschlag für einen »Provinzler« aus Bayern.

Er selbst wäre dennoch vermutlich nie auf die Idee gekommen, seine eigenen »Analysen« oder gar seine Person zu ernst zu nehmen. Seine universellen Erkenntnisse wie »Das ist wie bei jeder Wissenschaft, am Schluss stellt sich dann heraus, dass alles ganz anders war« ließ er stets auch für sich selbst gelten.

Auch mit Niederlagen, die ihn und seine vielfache Bühnenpartnerin Liesl Karlstadt bisweilen an den Rand des finanziellen Ruins brachten, ging Valentin humoristisch-souverän um. Genauso wie mit dem zwischenzeitlichen Verlust der Gunst des Münchner Publikums – ein Schicksal, das so gut wie jeden Volkssänger einmal trifft. Diesen quittierte er folgendermaßen: »Ich habe meine lieben Münchner und meine Bayern kennengelernt. Alle anderen mit Ausnahme der Eskimos und der Indianer haben mehr Interesse an mir gehabt als meine Landsleute.«

Neben dieser Selbstironie verschaffte Valentin sich auch dadurch Respekt, dass er in der Zeit des Nationalsozialismus nicht klein beigab. Überliefert sind zu dieser Zeit öffentlich vorgetragene Bühnensketche wie »Heil..., heil..., heil...! Ja wie heißt er denn nur – ich kann mir einfach den Namen nicht merken.« Oder »Wie gut ist es doch, dass der Führer nicht Kräuter heißt.«

Heute kann man auf Valentins Spuren in einem eigenen Museum, dem »Valentin-Karlstadt-Musäum«, wandeln. Es findet sich ganz in der Nähe des Marienplatzes, im Tal am Isartor. Dort werden alte Requisiten ausgestellt, Besucher können aber auch so sinnvolle Dinge wie einen speziellen »Winterzahnstocher« erwerben, der einen wärmenden Pelzbesatz hat.

Weil die Starkbierzeit am Nockherberg besonders hochprozentig ist

Nur sehr wenige Städte können von sich behaupten, eine fünfte Jahreszeit zu erleben. In München jedenfalls gilt die Starkbierzeit als solche. Sie beginnt nach dem Ende des Faschings, dauert etwa vier Wochen und fällt mit der vorösterlichen Fastenzeit zusammen. Hier liegen auch die Wurzeln der Tradition, ein besonders gehaltvolles Bier zu brauen und sich daran zu stärken. Konkret geht sie auf eine Regel des Paulanerordens im Kloster Neudeck im heutigen Münchner Stadtteil Au zurück, wo seit etwa 1630 Bier gebraut wird. Da sich die Mönche in der Fastenzeit besonders karg ernähren mussten, setzten die Paulaner-Braumeister dann ein »flüssiges Brot« an, um den Kalorienmangel auszugleichen. Das starke Gebräu hieß damals Sankt-Vater-Bier, was sich später in dem Namen »Salvator« fortsetzte. Sein Alkoholgehalt übersteigt mit mehr als sieben Prozent sogar die Wucht des Oktoberfestbieres. Neben dem Salvator gibt es von der Spaten-Brauerei den »Optimator« oder von Löwenbräu den »Triumphator«.

»Passt's a bisserl auf bei dem Bier, das hat mehr Umdrehungen, als ihr es von daheim kennt«, warnen Kellner schon einmal auswärtige Gäste vor dem zu hastigen Genuss des hochprozentigen Gebräus. Tatsächlich fühlen sich viele schon nach dem ersten Krug alles andere als gestärkt, sondern eher schwach oder schwammig. Also: Unbedingt eine ordentliche Grundlage schaffen – etwa mit einem deftigen Schweinsbraten. Sonst kann das Vergnügen ein allzu schnelles Ende finden.

Das bekannteste Starkbierfest findet heute auf dem Nockherberg im Festsaal der Paulaner Brauerei (in der Hochstraße) statt, ganz in der Nähe des einstigen Klosters Neudeck. Besonders

populär wurde es durch das »Politiker-Derbleckn«, eine kabarettistische Abrechnung mit der Lokal-, Landes-, aber auch Bundes-
politik. Deshalb finden sich dort stets auch Bundesminister oder
Parteivorsitzende quer durch alle Lager ein. Etwas angespannt
lauschen die hohen Damen und Herren dann der geharnischten
Fastenpredigt des historisch gekleideten Mönchs »Bruder Barnabas«. Unter anderem nahmen dessen Rolle der legendäre Schauspieler Walter Sedlmayr oder der Kabarettist Bruno Jonas ein. Und
mag das Donnerwetter des Mönchs auch noch so hart sein, das
Schlimmste für alle anwesenden Politiker wäre es, wenn Barnabas
sie nicht erwähnte. Dann schon lieber ordentlich »abgewatscht«
werden – dann weiß man wenigstens, dass man im zurückliegen-
den Jahr eine gewisse Rolle gespielt hat. Oft liest Bruder Barnabas
dem Publikum so heftig die Leviten, dass es im Nachhinein ordentlich Ärger gibt – etwa wenn sich ein Regierungsmitglied zu
heftig karikiert fühlt oder die zotigen Sprüche sogar für den Geschmack der Allgemeinheit zu derb ausfallen. Doch beim nächsten
Mal ist zumeist alles vergessen und jeder will wieder eingeladen
werden. Ein Wermutstropfen: Für Normalsterbliche ist es so gut
wie unmöglich, bei der Auftaktveranstaltung dabei zu sein. Sie
bleibt den lokalen Honoratioren und anderen geladenen Gästen
vorbehalten. Dafür wird das Spektakel dann zeitnah im Fernsehen
übertragen.

Auch gibt es zahlreiche Alternativen zum Starkbierfest auf dem
Nockherberg: So ist das entsprechende Fest im Löwenbräukeller
am Stiglmaierplatz wegen seiner Atmosphäre sehr beliebt, im
Unionsbräu in Haidhausen kann man gar Starkbier und Jazz gemeinsam genießen.

Übrigens: Wie so viel Gutes kamen auch die Paulaner-Mönche,
die den Bayern das Starkbier bescherten, aus Italien an die Isar.

Weil es in München erstaunlicherweise immer noch Königstreue gibt

Ja, wir hätten gerne wieder einen König an der Spitze unseres Landes und treten voller Engagement für unser Bayern und seine Identität ein«, heißt es ungeschminkt in einem Mitteilungsblatt des Verbands der Königstreuen in Bayern e.V. Und: »Wir stehen zu unseren Wittelsbachern und auch zu König Ludwig II. Zuerst Mörder, dann dazu noch Selbstmörder, dann homosexuell. Nun sogar die Behauptung, so berichtet die Presse, der König war ein ›Sittenstrolch‹. Sicher war Ludwig ein Phantast, aber solche Titulierungen sind nicht angebracht. Lieber wäre mir heute, wenn jemand Schlösser baut, statt Kriege zu führen.« Die Vereinigung, die so vehement für die – nach ihrer Meinung »besudelte« – Ehre König Ludwigs streitet, ist nur eine unter vielen Organisationen, die offen dafür eintritt, die Monarchie wieder einzuführen. Natürlich in dem Wissen, dass dies kaum jemals passieren wird.

Geheimnisvoller agieren die sagenumwobenen Guglmänner (vom bayerischen »Gugl«, das »Kapuze« bedeutet). Sie treten in der Öffentlichkeit nur selten auf, und wenn, dann komplett in schwarze Kutten gehüllt. Angeblich gehören dem Geheimbund zahlreiche hochgestellte Münchner Persönlichkeiten an. Die Vermutungen über ihre Mitgliedszahlen reichen von dreißig bis zu mehreren Hundert. Die einzige Aufgabe der Guglmänner ist es bis heute, aufzuklären, wie König Ludwig II. am 13. Juni 1886 gestorben ist. Sie gehen fest davon aus, dass er von einem Scharfschützen des preußischen Geheimdienstes erschossen wurde. Erst wenn diese für viele Bayern so wichtige Frage geklärt ist, hat die Loge ihre Aufgabe erfüllt.

Auch viele Privatpersonen, die keiner der königstreuen Vereine angehören, zeigen ihre Verbundenheit mit dem einstigen Herrscherhaus, indem sie in ihren Gärten Fahnen mit Ludwigs Konterfei hissen – zumindest an Feiertagen.

Selbst gestandene Demokraten und Parlamentarier wie der ehemalige Ministerpräsident des Freistaates, der Franke Günther Beckstein, oder Horst Seehofer (beide CSU) machen aus ihrer Sympathie für die bayerische Form der Monarchie keinen Hehl – und das, obwohl sie sich ja selbst abschaffen müssten, wenn es wieder einen König oder eine Königin gäbe. Trotzdem nahmen Beckstein und andere Politiker gerne die »Salvator-Kette« an, eine Ehrenauszeichnung der Königstreuen, die den Einsatz für Bayern würdigt.

Doch warum ist im südlichen Bundesland und seiner Hauptstadt die Faszination für die Monarchie und besonders den »Kini« so groß? Immerhin gibt es überzeugte Royalisten auch in zahlreichen anderen Regionen. Sicherlich wäre die Königssehnsucht nicht so ausgeprägt, wenn der »Märchenkönig« am Ende seines Lebens ruhig in seinem Bett eingeschlafen wäre. Aber die diversen Theorien über seinen Tod am Starnberger See – vom Selbstmord über Herzinfarkt bis zur Vergiftung oder Erschießung – regten zu allen Zeiten die Phantasie der Münchner an. Und nicht nur der Tod, sondern auch das Leben Ludwigs gab und gibt genug Raum für Spekulationen. Seine diversen tragischen Liebschaften etwa oder sein Hang zur Verschwendungssucht, der sich am eindrucksvollsten in den von ihm beauftragten Prachtbauten widerspiegelt.

Die Märchenschlösser Neuschwanstein oder Linderhof kann man heute noch besichtigen und bequem von München aus mit dem Zug erreichen. Um das richtige Gleis zu finden, muss man nur der stattlichen Menge gehetzter Asiaten nachlaufen, die sich an so gut wie allen Tagen im Jahr auf den Weg dorthin machen.

Weil Dirndl und Lederhosen
das ganze Jahr über fesch sind

Natürlich ist es nicht so, wie viele Amerikaner glauben – dass der Bayer quasi immer in Lederhosen und die Bayerin immer im Dirndl herumlaufen. Auf der anderen Seite: Wer möchte es ihnen verdenken. Immerhin tragen wir selbst durchaus einen gewissen Teil dazu bei, dass man im Ausland ebendiesen Eindruck bekommt. Etwa dadurch, dass viele, die von München aus zu Reisen aufbrechen, ihre Tracht im Gepäck mit sich führen, oder auch dadurch, dass viele deutsche Firmen etwa bei Messen im Ausland bayerische Abende – natürlich mit Bedienung in Tracht – veranstalten. Darunter sollen sich sogar gelegentlich Trittbrettfahrer finden, also Firmen, die gar nicht aus München oder Bayern stammen, aber von der Beliebtheit alles Bayerischen profitieren wollen.

Tatsächlich tragen auch Münchner ihre Trachten eher zu festlichen Anlässen wie Hochzeiten und natürlich zum Oktoberfest oder auch an kirchlichen Feiertagen. Und eben darum sieht man das traditionelle Gewand öfter als in anderen Regionen – es gibt hier einfach mehr Feste und Feiertage. Trachtenkundler sind auch überzeugt, dass die althergebrachten Kleidungsstücke in Bayern unter anderem deshalb so präsent sind, weil sie – wenn auch nicht in dem Maße, wie sich das Nicht-Bayern vorstellen – im Alltag verankert sind. Nur so konnten sie sich auch in mehreren Varianten über Jahrhunderte erhalten. Aussagen wie »Mit einer Tracht ist man immer gut angezogen« entstammen dieser Verankerung im tagtäglichen Leben. Dies hat außerdem dazu beigetragen, dass die bayerische Tracht international oft als Synonym für Tracht im Allgemeinen wahrgenommen wird. Zu dieser Präsenz im Alltag trägt sicher auch bei, dass es während des gesamten Jahres in vielen Traditionslokalen üblich ist, dass die Kellnerinnen zumindest Kleider im Dirndlstil und die Ober Trachtenhemden und Westen tragen.

Auch außerhalb der Gastronomie finden sich überwiegend Bayern-Outfits, die keine Trachten im engeren Sinne darstellen. Die Originale sind, wie auch in anderen Regionen, stets ein genau aufeinander abgestimmtes Ensemble, das sich über die Jahrhunderte entwickelt hat. Vom Material über die Farben oder die Kopfbedeckungen bis zu den Accessoires. Dazu gehört das Schariwari – die schmuckvollen Ketten, die bei Damen über dem Dirndl-Mieder und bei Männern über der Lederhose prangen. Damit kann man auch heute noch – wie früher die Großbäuerin – die eigene finanzielle Potenz andeuten. Die meisten »Trachten«, die in Kaufhäusern (oft als Komplett-Set) oder in speziellen Outlets oder Secondhandläden verkauft werden, gehören eher zur Gruppe der Landhausmode. Auch eingefleischte Münchner kombinieren heute gerne »Trachtiges« wie Haferlschuhe oder gewalkte Jacken mit Jeans. Die elegantere Variante des Jankers, der durchaus auch mit Krawatte getragen wird, wird gemeinhin übrigens »Lodenstoiber« genannt – nach dem früheren bayerischen Ministerpräsidenten Edmund Stoiber von der – na? – richtig: CSU natürlich.

Weil die CSU glaubt, dass sie das Einparteiensystem demokratiefähig gemacht hat

Chinesen und Bayern verstünden sich angeblich so gut, weil sie beide eine Einheitsregierung gewohnt seien, frotzeln manche im politischen Bayern in Anspielung auf die dauerhafte absolute Mehrheit der CSU im Freistaat. Ununterbrochen von 1962 bis 2008 hatte die Partei bei den Landtagswahlen stets mehr als 50 Prozent erreicht. 60,7 Prozent waren es etwa unter Ministerpräsident Edmund Stoiber 2003 – da krempelt der Bayer schon mal die Ärmel seines Trachtenhemds hoch und peilt als Nächstes die Zweidrittel- oder Dreiviertel-Mehrheit an. Wenn politische Konstellationen so lange andauern wie in Bayern, gehen sie derart in das kollektive Bewusstsein ein, dass sich kaum noch jemand vorstellen kann, dass die eigenen Enkel dereinst von einer anderen Partei regiert werden könnten. Eine weitere Auswirkung solcher Dauer-Regentschaften: Die Partei und die Regierung verschmelzen fast symbiotisch miteinander. Feinheiten wie beispielsweise die Frage, ob jemand aus der Staatskanzlei während seiner Dienstzeit für die Partei arbeitet? In den Augen der Christsozialen stören sich daran nur Erbsenzähler und Miesmacher. Das dient doch alles nur der Effizienz. Ebenso dient es nach Lesart der CSU der Effektivität, dass die Agierenden im Machtapparat immer irgendwie die gleichen bleiben. Energieraubende Abstimmungen oder zähe inhaltliche Diskussionen kann man sich sparen, weil man ja ohnehin schon weiß, was der andere denkt. Aus dieser vom Volk verliehenen Machtfülle zogen die CSU-Politiker stets auch einen Großteil ihres Selbstverständnisses. Als etwa der langjährige Ministerpräsident und Parteivorsitzende Franz Josef Strauß einmal erklärte, dass es ihm egal sei, wer unter ihm

Bundeskanzler sei, konnte niemand wirklich einschätzen, wie ernst er das meinte.

Zur Folklore gehörte auch jahrzehntelang demonstratives öffentliches Mitleid mit SPD-Kandidaten. Die Tatsache, dass die SPD in der Landeshauptstadt oft langjährige beliebte Oberbürgermeister wie Georg Kronawitter oder Christian Ude stellte, war für die CSU immer ärgerlich, aber nicht wirklich schlimm.

Der Absturz aus diesen einst luftigen Höhen erfolgte Ende September 2008, als die bayerische Schwester der bundesweit agierenden CDU bei der Landtagswahl ihre absolute Mehrheit verlor. Als Hauptursachen gelten Querelen innerhalb der Partei, Milliardenverluste bei der Bayerischen Landesbank, die maßgeblich von CSU-Politikern hätte kontrolliert werden sollen, sowie ungeschicktes Verhalten bei der Einführung des Rauchverbots. Man kann den Schockzustand nur erahnen, der damals in der Staatskanzlei am Münchner Hofgarten und am Sitz des Bayerischen Landtages im Maximilianeum geherrscht haben muss. KOALITION! MIT DER FDP! In Restdeutschland ist eine Unions-FDP-Verbindung für bürgerliche Wähler durchaus ein freudvoller Wahlausgang. Nicht so für die bayerische CSU. Sogar eine Regierungsbildung ganz ohne die Quasi-Staatspartei war plötzlich denkbar, wenn sich SPD, Grüne, FDP und freie Wähler zusammenschlössen. Da ist eine Koalition mit den Gelben zwar das kleinere Übel – aber was man jetzt auf einmal alles lernen musste bei der CSU: sich innerhalb der Regierung mit Andersdenkenden auseinandersetzen, sich mit einem Partner abstimmen, statt – etwa im Bierzelt – aus der Hüfte geschossen spontane Ideen in die Menge zu rufen, und am unangenehmsten: Kompromisse eingehen.

Die CSU-Granden hatten zwar am Anfang dieser neuen Zeit, von der sie vom ersten Moment an inständig hofften, dass sie bald vorbeigehen möge, gewisse Schwierigkeiten mit diesen Grundtechniken des politischen Handwerks. Was aber nicht stimmt: dass die CSU ihre früheren Top-Ergebnisse unter Einwirkung von

Hektolitern Freibier erzielt hat, oder dadurch, dass in den Wahl-
kabinen die Schnüre, mit denen die Stifte befestigt sind, nur exakt
bis zum Ankreuzfeld der CSU reichen. Das haben Wahlbeobachter
aus nördlichen Bundesländern bestätigt – höchst amtlich.

KAPITEL 2

Aha, ein Münchner!

Weil mit Bussi, Bussi und Prosecco
in ist, wer drin ist

Baby Schimmerlos hat es aus kleinen Verhältnissen zur Drehscheibe der Münchner Gesellschaft gebracht: »In ist, wer (in seiner Kolumne) drin ist.« Nirgends wurde die Münchner Gesellschaft der achtziger Jahre so gnadenlos und liebevoll zugleich porträtiert wie in der Kult-Serie »Kir Royal« des Regisseurs Helmut Dietl, die 1986 zum ersten Mal ausgestrahlt wurde. In dieser Serie versuchen C-Promis und Neureiche, Wichtigtuer und »Adabeis« verzweifelt, es in die Kolumne des Klatschreporters zu schaffen – oder wenigstens in eines der angesagten Lokale, in denen Baby Schimmerlos (angeblich angelehnt an den legendären Münchner Journalisten Michael Graeter) seine Partys schmeißt oder besser gesagt schmeißen lässt.

Noch im 21. Jahrhundert finden in der bayerischen Landeshauptstadt elitäre Feste und Einweihungen von Nobelboutiquen unter dem Motto »Kir Royal« statt und auch da ist klar: Man muss zumindest auf der Gästeliste stehen, wenn man zur Münchner Schickeria gehören will. Während es in der wesentlich steiferen Hamburger oder Düsseldorfer Gesellschaft eine ganze Generation lang dauern kann, bis man dazugehört, ist es in München nicht über die Maßen schwer, »drin zu sein«. Gutes Aussehen – bei Männern wahlweise auch ein großzügiges Auftreten – erleichtert die Sache ungemein. Wer dann noch ein oder zwei entscheidende Leute kennt (und da reichen der Türsteher einer Nobeldisco oder der richtige Friseur), hat sich schon mal Zugang verschafft.

Jetzt gilt es natürlich, sich auch »drin« zu halten! Ob das Wort »Schickeria« vom jüdisch-deutschen »schickern« (trinken, sich betrinken) kommt oder doch eher vom schicken Auftritt, ist nicht bewiesen. Klar ist aber, dass beide Elemente zur Münchner Schickeria dazugehören. Nur wer seinen Prosecco (seit dem Sommer 2009 unbedingt mit Aperol versetzt) mit Anstand genießen kann und der neuesten Mode entsprechend gekleidet ist, wird sich in der Münchner Schickimicki-Gesellschaft behaupten. Und so kommt es schon mal vor, dass junge Angestellte für das neueste »Musthave« ihren Disporahmen bis zum Äußersten ausreizen oder ihre Zeche nach allzu vielen Lokalrunden anschreiben lassen müssen. Letzteres ist in München allerdings nur dann kein Problem, wenn man den Wirt kennt – also schon »drin« ist.

Wer neu in München ist, kann auf Partys sehr schnell ausmachen, wer vermeintlich wichtig ist: Der- oder diejenige, die deutlich zu spät reinhetzt, sofort durch die ganze Location winkt, sich dann auf eine Bussi-Bussi-Begrüßungstour durch die Gesellschaft begibt, nur um sich umgehend wieder zu verabschieden. Ganz Geübte schaffen es, diese Tour auch noch mit einem Gläschen des viel gerühmten »Prosääkos« in der Hand zu absolvieren. Dieser – laut stern.de – »größte Kollateralschaden der deutschitalienischen Weingeschichte« darf seit Ende der achtziger/Anfang der neuziger Jahre nicht mehr auf Festen in »der nördlichsten Stadt Italiens« fehlen. Wo es früher noch Champagner sein musste, zeigt man heute, dass die Münchner auch bescheiden sein können. Wir feiern halt ausgiebig, »brezeln« uns dazu gerne auf und begrüßen uns herzlich! Und so sind wir nicht nur stolz auf unsere Schickeria, die die Spider Murphy Gang so schön besungen hat, sondern auch darauf, dass die Bussi-Bussi-Begrüßung mittlerweile in fast ganz Deutschland den kühlen Händedruck abgelöst hat.

Weil »Mia san mia«
eine selbstbewusste Weltanschauung ist

Laut einer Studie des Bayerischen Rundfunks vom Sommer 2010 fühlen sich 95 Prozent der Einwohner wohl im Freistaat Bayern. Der verstorbene frühere Landesfürst, pardon, Ministerpräsident natürlich, Franz Josef Strauß formulierte die Freude über ein Leben in Bayern in seiner Lieblingssprache mit den Worten: »Extra Bavariam non est vita.« Also: »Außerhalb Bayerns gibt es kein Leben.« So weit würden die meisten Münchner wohl nicht gehen. Doch dass es außerhalb Münchens und gar außerhalb Bayerns kein wirklich schönes Leben geben kann, davon ist der Großteil der Münchner Ureinwohner überzeugt.

Genauso weit verbreitet ist die Überzeugung, dass die Münchner Denk- und Lebensart eine der besten, wenn nicht die beste überhaupt ist. Diese stolze Bodenständigkeit und das damit verbundene Selbstbewusstsein formuliert der Münchner Bürger in drei Worten: »Mia san mia.« Ganz einfach: »Wir sind wir.« Aha! In verschiedenen Interpretationen, zum Beispiel auf sueddeutsche. de, ist davon die Rede, dass diese Aussage mit einer gewissen Feindseligkeit verbunden sei. Als echter Münchner würde man dagegen wohl eher sagen, dass es sich um eine stolze Reaktion auf eine von außen – gar aus dem Norden – herangetragene Feindseligkeit handle. Denn die Münchner sind nicht selten Zielscheibe von Spott und Herablassung, etwa, wenn sich ein Hannoveraner nicht vorstellen kann, dass es einem Münchner Hirn sehr leicht fällt, bayerisch zu sprechen und fehlerfrei hochdeutsch zu schreiben. Auch im 19. und zu Beginn des 20. Jahrhunderts wurde Bayern, als damals reines Agrarland, oft belächelt. Erst als die Bedeutung der Schwerindustrie und des Bergbaus geringer wurde und sich im

Süden Deutschlands immer mehr damalige Zukunftstechnologien angesiedelt hatten, wendeten sich das Blatt und das Ansehen.

Das trotzige »Mia san mia« beinhaltet immer auch unterschwellig den Zusatz »und das ist gut so«. Schon von jeher sind die Münchner, nicht zuletzt ob ihrer schönen Stadt, des guten Biers, der besten Brezen und der schönen Mädchen, überzeugt, auf der Gewinnerseite des Lebens zu stehen. Wenn das ein Auswärtiger auch nach einer ausführlichen Erklärung immer noch nicht verstehen will, helfen halt nur noch Stolz und Trotz – und tief im Innern das Bewusstsein, im Recht zu sein.

Eine Münchner Institution, die sich diese Weltanschauung ganz besonders auf die Fahnen geschrieben hat, ist der erfolgreichste, wenn auch nicht bei allen beliebteste Fußballverein der Stadt: der FC Bayern München. Dessen Ex-Manager Uli Hoeneß, der zwar kein Münchner ist, aber wegen seiner Verdienste um den Verein als Quasi-Ehrenmünchner gilt, hat so manchen lästigen oder kritischen Journalisten mit »Mia san mia« abgewimmelt. Bei ihm hatte man immer das Gefühl, dass sein persönlicher Zusatz zu diesem Motto war: »… und Meister werden wir trotzdem.«

Und da hat Uli Hoeneß, der eigentlich größte Kritiker einer schlecht spielenden Bayern-Mannschaft, die gleiche Einstellung wie die meisten Münchner: Im Notfall wird zusammengehalten. Denn auch wenn der Münchner gerne über seine Stadt schimpft, den Autoverkehr, die Stadtpolitik oder das Wetter – wenn ein Auswärtiger die Stadt kritisiert, der »überhaupts keine Ahnung net hat«, dann muss der sich auf ein deftiges »Mia san mia« gefasst machen und kann froh sein, dass er den gedachten Zusatz nicht hört.

Weil Münchner Taxler Grantler
mit Seelentiefe sind

Auch in München heißen Taxifahrer heute oft Achmed, Igor oder Giulio. Aber es gibt ihn noch, den echten Münchner Taxifahrer. Oder – wie der Einheimische sagt – den »Taxler«. Denn wie schon Ludwig Thoma wusste, mögen die Münchner lange Wörter nicht, und so machen sie aus dem Taxifahrer den »Taxler« und aus dem Fahrradfahrer den »Radler«.

Vielen kommt es so vor, als möge auch der echte Münchner Taxler viele oder gar lange Worte nicht, dabei gibt es zwei Sätze, die ihn auf jeden Fall zum Reden bringen. Diese gilt es für den Fahrgast, je nach Jahreszeit und Witterung, wohlüberlegt einzusetzen. Im Winter, bei Schnee und Eis, sagt man am besten: »Wahnsinn, kaum schneits, fahren alle wie die Anfänger, als wüsste man nicht, dass man bei uns Winterreifen braucht.« Scheint hingegen die Sonne (was dank Föhn fast zu jeder Jahreszeit sein kann) und bevölkern unzählige »Radler« die Stadt, sind Sie mit: »Ist das gefährlich mit den vielen Radlern! Wie behalten Sie nur den Überblick, wo die sich doch an keine Regeln halten?« auf der Gewinnerseite. Wenn Sie das Ganze auch noch mit einem süddeutschen Akzent vortragen, werden sich alle Schleusen öffnen, aber auch den Norddeutschen weisen diese Sätze als vernünftigen Menschen aus – zumindest in den Augen des Taxifahrers.

Nun sind einer Unterhaltung keine Grenzen mehr gesetzt. Gleichgültig, was der Fahrgast wissen oder besprechen möchte, der Taxifahrer wird sich bereitwillig öffnen. Geht es um Globalisierung und die Weltoffenheit der Bayern, erzählt der Taxler dem Fahrgast freimütig, dass sich sein Sohn als Braumeister in Kasachstan verdingt – und das mehr als üppig. Binnen zehn

Minuten und für weniger als 15 Euro erhält der Transportierte einen tiefen Einblick in das Leben, die Kultur und die Damenwelt Kasachstans. Aber auch wirkliches Insiderwissen zu kulturellen Veranstaltungen wird großherzig geteilt. »Ach, Ihnen hat die moderne Inszenierung des ›Don Giovanni‹ am Nationaltheater nicht gefallen? – Mei, wenn man von der Oper was versteht und mit Sinn und Verstand hingeht, informiert man sich vorher!« Ja, auch wenn er sein Trinkgeld riskiert, hält der stolze Münchner Fahrgasttransporteur mit seinem Wissen und seiner Bildung nicht hinterm Berg. Gibt man sich dann demütig, kann man wirklich Zeit, Geld und Nerven sparen. Von der Oper im Steinbruch ist dann die Rede, die man am besten mit dem Güterzug bereist, oder von den Live-Übertragungen aus der Met oder der Scala im Cinema.

Sogar rein passiv und als Beobachtungsobjekt gibt der Münchner Taxifahrer wertvolle Hinweise. Wenn es die Zeit erlaubt, sollten Besucher ausspionieren, wann wo Taxis auffahren. Ist dies in den Pausenzeiten des Gärtnerplatz-, Prinzregenten- oder Nationaltheaters der Fall, ist klar: »Das Stück (oder die Inszenierung oder die Besetzung) taugt nichts.« Das weiß der Taxler spätestens nach der Premiere und wartet dann geduldig auf die Theaterbesucher, die die Chuzpe haben, in der Pause den Heimweg anzutreten.

Zur wahren Größe läuft der Münchner Taxler beziehungsweise die Taxlerin (ja, es gibt auch die weibliche Form!) während des Oktoberfests auf. Buchstäblich jeder Münchner war schon in der Situation, seinen leicht bis schwer alkoholisierten Kollegen mit einem Geldschein ausgestattet einem Fahrgasttransporteur nicht nur anzuvertrauen, sondern wirklich ans Herz zu legen: »Auch wenn er nicht mehr sprechen kann, er wohnt in der XY-Straße, hier ist das Fahrgeld, und ganz sicher bleibt Ihr Fahrzeug blütenrein.« An dieser Stelle vielen Dank allen Taxlern, die mit stoischer Gelassenheit immer noch positiv auf Aufträge dieser Art reagieren!

Weil es in Schwabing auch im 21. Jahrhundert Hippies und Kommunen gibt

Seit 1890 gehört einer der bekanntesten und sagenumwobensten Stadtteile zu München: Schwabing. Das Viertel wurde bereits Ende des 8. Jahrhunderts urkundlich erwähnt und ist somit sogar älter als München selbst. Auch wenn es heute »nur« ein Stadtteil von München ist, hat sich Schwabing doch seine unabhängige Seele und seinen eigenen Lebensstil bewahrt. Zwischen Siegestor und Münchner Freiheit bietet es Handwerkern, Künstlern und Lebenskünstlern, Stars und Sternchen sowie ganz normalen Münchnern eine gemütliche Heimat. Kaum geht man hundert Meter von der Leopoldstraße, der Lebensader und Flaniermeile des Viertels, weg, findet man malerische Hinterhöfe, gemütliche Cafés, Flohmärkte und originelle Lädchen. Hier in Schwabing wird besonders deutlich, warum München oft als Dorf bezeichnet wird: Man kennt sich und hält ein Schwätzchen oder geht sich verbissen aus dem Weg. Die meisten Schwabinger würden niemals in einem anderen Stadtviertel leben wollen und man sagt ihnen nach, dass sie Panikattacken und Schweißausbrüche bekommen, wenn Sie nach Pasing (ein Viertel am westlichen Stadtrand) müssen oder gar die Landeshauptstadt verlassen sollen.

Schwabing ist berühmt, gemütlich – und ein bisschen verrückt, »g'spinnert«, wie der Münchner sagt. Besonders verrückt und verrufen war das Viertel natürlich in den Jahren um 1968. Ein Streit über zu laute Musik wuchs sich 1962 zu einer tagelangen Straßenschlacht zwischen bis zu 10.000 Randalierern und der Polizei aus. Auch diese »Schwabinger Krawalle« machten das Viertel weit über die bayerischen Landesgrenzen hinaus bekannt. 1968 war der Stadtbezirk Ausgangspunkt und Hochburg der Studentenproteste.

Als Rainer Langhans und Uschi Obermaier im gleichen Jahr die Highfish-Kommune gründeten, wurde Schwabing als Hort der Freizügigkeit und der Freigeister weltberühmt. Im gleichen Jahr entblätterte sich Uschi Glas – wenn auch nicht komplett – in dem Schwabing-Film »Zur Sache, Schätzchen« und wurde über Nacht zum Star. Doch während Uschi Glas schon bald ins konservative Lager wechselte, blieben andere dem Schwabinger Freigeist treu. Rainer Langhans, inzwischen jenseits der siebzig, wohnt immer noch in Schwabing – allerdings jetzt in einem Ein-Zimmer-Apartment. Und die Mitglieder seines Harems, wie er seine Lebensform mit vier Freundinnen nennt, haben ihre eigenen Wohnungen.

Und auch sonst hat sich vieles verändert in Schwabing, dem Viertel, in dem einst Thomas und Heinrich Mann, Oskar Maria Graf und Christian Morgenstern wohnten. Schwabing ist immer wieder in und wird immer wieder totgesagt. Jede Generation sagt aufs Neue »Ja mei, damals in meiner Jugend war Schwabing wirklich noch ein Künstlerviertel« oder »In meiner Jugend, da war aber wirklich was los in Schwabing«. Und so hält sich das Viertel seit mehr als hundert Jahren als begehrte Wohngegend, fröhliches Ausgeh-Quartier und alternative Shopping-Meile. Und weil viel mehr Leute in Schwabing wohnen wollen, als es dort Platz gibt, haben die Münchner Städtebauer einfach im Norden angestückelt und die »Parkstadt Schwabing« konzipiert, die zwar mit der Straßenbahn erreichbar ist, aber mit dem echten Schwabinger Flair der Occam- oder Feilitzschstraße endgültig nicht mehr mithalten kann.

Weil sich hinter der Spezlwirtschaft
ein ganz spezielles Erfolgsrezept verbirgt

Oberflächlich betrachtet, könnte man einen »Spezl« (»Schpeezl« gesprochen, in der noch herzlicheren Form auch »Schpeezi«) einfach als Freund bezeichnen. Aber das trifft es nicht ganz. Während ein Freund (bayerisch »Freind« mit rollendem »r«) einfach jemand ist, auf den man sich im Ernstfall verlassen kann, mit dem man gerne Zeit verbringt und dem man vertraut, teilt man mit einem Spezl vor allen Dingen das eine oder andere Geheimnis. So ist ein »Schulspezl« jemand, mit dem man so manchen Streich verübt hat, und mit einem »G'schäftsspezl« hat man auf jeden Fall zuweilen »weniger offizielle« Geschäfte gemacht. Einem Spezl vertraut man auch nicht weiter, »als man ihn werfen kann« oder vertraut ihm nur auf eingeschränkten Gebieten.

Die sogenannte Spezlwirtschaft ist die bayerische Variante der Vetternwirtschaft. In Bayern und speziell in der Landeshauptstadt München werden in den Überlieferungen zur Spezlwirtschaft die meisten tragenden Rollen von der CSU, ihren Anhängern oder Mitgliedern gespielt. Hier die gängigsten Anekdoten:

Der Bäderkönig Eduard Zwick, der in Bad Füssing bei Passau eine Heilquelle besaß, aus der das Geld nur so gesprudelt sein soll, habe die CSU mit Hunderttausenden unterstützt, Geburtstagsfeiern des großen Vorsitzenden Franz Josef Strauß finanziert und mit dem damaligen bayerischen Innenminister Gerold Tandler eine gemeinsame Firma betrieben. Später sei er unbehelligt mit gut siebzig Millionen D-Mark Steuerschulden im Gepäck in die Schweiz gereist.

Der ehemalige Ministerpräsident Max Streibl soll seinem Freund Burkhart Grob, der Fluggeräte herstellte, bei der Erlangung von Aufträgen geholfen haben. Zuvor soll Grob Streibl teure Urlaubsreisen bezahlt haben. Streibl war es auch, der den Begriff »Amigo« bzw. »Amigo-Affäre« prägte, indem er auf einer Veranstaltung in Passau, dem politischen Aschermittwoch, die Anwesenden mit »Saludos Amigos« begrüßte und nachschob: »Freunde zu haben, ist das eine Schande in der CSU?«

Der Waffenhändler Karlheinz Schreiber soll der CSU für ein ihm zugeschanztes Geschäft mit Spürpanzern im Gegenzug illegale Parteispenden überwiesen haben.

In der grauen Vorzeit, in der all diese Dinge geschehen sein sollen – so ist ebenfalls überliefert –, war es allerdings sogar unerlässlich für den Erfolg in der Partei, ein paar Spezl vorweisen zu können, mit denen man Geschäfte machen konnte. Alles andere hätte Argwohn nach sich gezogen und wäre als Beleg der eigenen Unwichtigkeit gedeutet worden (»Ja, hat der denn überhaupt keine Kontakte?«).

In der letzten Zeit ebben diese Amigo-Aktivitäten in der Politik vermutlich (genaue Zahlen liegen leider nicht vor) ab – ein paar Ungereimtheiten bei der Bayerischen Landesbank hier, ein kleines Stimmen-Kauf-Affärchen bei der Münchner CSU dort. Nichts von Rang und Namen. Übelmeinende führen den Rückgang darauf zurück, dass die CSU einfach immer weniger Spezl oder Amigos habe, mit denen sie Geschäfte machen könne. Da könnte was dran sein …

Weil Fußballfans in Blaue und Rote eingeteilt werden

Es ist eine unendliche Geschichte – die von den Blauen und den Roten, also den Anhängern des TSV 1860 München und den Fans des FC Bayern. Sie handelt von Münchner Fußballfans, die leiden und lamentieren, die ihren Club trotz aller seiner Misserfolge und Eskapaden lieben. Sie handelt von Münchner Fußballfans, die jubilieren und jauchzen, die ihren Verein wegen seiner Triumphe und seiner Übermacht lieben. Der TSV 1860 scheint dazu bestimmt, seine Fans zu quälen, und dies nicht nur mit schwankenden Leistungen auf dem Rasen. Der FC Bayern scheint dazu bestimmt, seine Fans zu beeindrucken, und dies nicht nur mit erwarteten Siegesserien auf dem Rasen, die allerdings 2011 auch nicht mehr wie gewünscht eintraten.

»Einmal Löwe, immer Löwe«: Für den 1860-Anhänger ist das nicht einfach nur ein Motto, es ist ein Bekenntnis und meist auch eine Familientradition. Es steht gleichsam für eine Religion. Und die brauchen Sechziger-Fans. Das versteht man besser, wenn man weiß, dass der bis dato größte Erfolg dieses Clubs – natürlich – eine Niederlage war. Trotz des Meisterschaftsgewinns 1966 ist das Erreichen des Endspiels um den Europapokal der Pokalsieger ein Jahr zuvor der absolute Höhepunkt in der Vereinsgeschichte. 100.000 Zuschauer sahen im legendären Londoner Wembley-Stadion das 0:2 gegen West Ham United.

Wie kaum ein anderer Verein zehren die »Löwen« vom Glanz längst vergangener Tage, dabei sind sie schon lange nicht mehr auf Augenhöhe mit dem Lokalrivalen. Ihre Fans erinnern sich voller Wehmut jener Zeiten, in denen beide Münchner Teams unter den ersten Drei der Bundesliga-Tabelle standen – und die Roten nur Dritter wurden. Ausgerechnet mit dem von Giesings Höhen stammenden Franz Beckenbauer – also einem Kind aus einem Arbeiterviertel, das eigentlich Sechziger-Hochburg ist – feierte der FCB 1969 seinen zweiten Meistertitel nach 1932 und ist heute unangefochtener Rekordmeister.

»Mia san mia«: Das in München geltende Leitmotiv hat für den FC Bayern eine ganz eigene Bedeutung: Kein Verein in Deutschland hat so viele Mitglieder und ist gleichzeitig bei der Konkurrenz derart unbeliebt. Die vielen Erfolge haben den Fußballfans im Lande viel Langeweile beschert; Niederlagen des FC Bayern werden auf nationaler Ebene wie Festtage gefeiert. Anders siehts bei Duellen beispielsweise in der Champions League aus. Da drücken alle den Roten die Daumen. Sogar die Blauen, die nur ungern zugeben, dass in der WM-Sieger-Elf von 1974 sage und schreibe sieben Spieler des FC Bayern standen.

Früher sorgten Wechsel von Rot zu Blau oder umgekehrt für erhitzte Gemüter, wie bei Jens Jeremies oder Manfred Bender. Heute spielt der FC Bayern in einer anderen Liga – in jeder Beziehung. 1860 vegetiert in der Zweiten Liga vor sich hin, die Bayern spielen Jahr für Jahr um etliche Titel. Und während die Geschichten beim »FC Hollywood« um Galionsfiguren wie Uli Hoeneß, Stefan Effenberg oder Lothar Matthäus einen hohen Unterhaltungswert hatten und haben, liefern die Sechziger Meldungen um Miss- und Vetternwirtschaft, entlassene Trainer und Selbstüberschätzung.

So versetzt jeder neue Auftritt des TSV 1860 in der gemeinsam mit dem FCB genutzten Allianz Arena dem »Löwenherz« einen schmerzhaften Stich. Da kann das Stadion dort in noch so herrlichem Blau erstrahlen – die Erinnerung ans ehrwürdige Grünwalder Stadion treibt dem Sechziger-Fan die Tränen in die Augen.

Weil die Sprache der Münchner so vielschichtig und hinterfotzig sein kann

Eine Umfrage des Instituts für Demoskopie in Allensbach hat ergeben, dass das Bairische der beliebteste Dialekt der Deutschen ist: 35 Prozent aller Befragten gaben an, dass sie diesen Dialekt besonders gern hören. 77 Prozent der Bayern finden ihre Sprache selbst besonders schön und benutzen sie mit großer Selbstverständlichkeit, wenn nicht gar Begeisterung.

Für Außenstehende ist es nicht einfach, den Münchner Dialekt zu verstehen. Denn er zeichnet sich nicht nur durch ein ganz eigenes Vokabular aus, sondern auch durch starke Verkürzung von Wörtern oder Ausdrücken. Dadurch gelingt es, Dinge mit einem einzigen Wort treffend zu beschreiben. Der Münchner kann so ohne viele Worte zielsicher den Kern einer Sache treffen.

Da gibt es zum Beispiel den »Gschaftlhuaba«, ein wichtigtuerischer Mensch, dessen Aktivitäten (seiner eigenen Ansicht nach) stets von weltbewegender Bedeutung sind, wobei er aber die wirklich wichtigen Dinge aus den Augen verliert, nämlich in aller Ruhe im Biergarten zu sitzen und den lieben Gott »an guatn Mo« sein zu lassen. Das Gegenstück dazu ist der »Loamsiada«, der so langweilig ist und so langsam arbeitet, dass auch ihm die Zeit für das Essenzielle (siehe oben) fehlt. Der »Noagerlzuzla« ist zwar durchaus im Wirtshaus anzutreffen, aber er ist kein angenehmer Zeitgenosse, weil er zu geizig ist, sein Bier selbst zu zahlen, und lieber die Noagerl (Neigerl = Reste aus fremden Bierkrügen) trinkt. Er muss allerdings damit rechnen, mit einem »Schleich di, du oida (= alter) Noagerlzuzla« vor die Tür gesetzt zu werden.

Auch mit den »Weibsbuidan« (Weibsbilder = Frauen) geht der Bayer oft nicht gerade zimperlich um, aber kann er was dafür, wenn die »Bissguakn« (= Bissgurke) so ein zänkisches Wesen hat oder die »Dodschn« (kein hochdeutsches Äquivalent bekannt) so ungeschickt dahertrampelt? Und wenn das so ist, dann muss man es halt auch sagen, oder? Allerdings sollte man aufpassen, dass es nicht zu Missverständnissen kommt, denn der Ausdruck »Fotzn« hat keineswegs dieselbe Bedeutung wie im Vulgärdeutschen, sondern bezeichnet ganz einfach den Mund oder das Gesicht beziehungsweise eine Ohrfeige, sodass man besser seine »Fotzn« hält, wenn man »nix zum sagn« hat, weil man sonst riskiert, doch mal »gfotzt« zu werden.

Doch nicht nur der spezielle Wortschatz, sondern auch der Nuancenreichtum der bayerischen Sprache erfordert genaues Hinhören und eine Menge Übung. Was in einem Fall positiv sein kann, ist in einer anderen Situation das genaue Gegenteil. So kann zum Beispiel der Ausdruck »basst scho« (passt schon) durchaus besagen, dass alles in Ordnung und die Sache klar ist, aber er kann – je nach Stimmung – durchaus auch »du mich auch … und jetzt lass mich in Frieden« bedeuten. Der weit verbreitete freundliche Abschiedsgruß »Pfiadi«, der je nach Anzahl der Angesprochenen und dem persönlichen Verhältnis korrekt dekliniert wird (pfiadi = behüte dich; pfiad eich oder pfia God beinand = behüte euch; pfiad eahna = behüte Sie!) ist in der Variante »ja, pfiadi Gott« ein Ausdruck des Entsetzens oder der Empörung.

Und wenn der Bayer ganz anderer Meinung ist als sein Gesprächspartner, aber keine Lust hat zu widersprechen und einfach nur »sei Ruah« haben will, dann antwortet er lakonisch mit »Ja mei« – und damit ist dann auch wirklich alles gesagt.

Weil Sigi Sommer, Monaco Franze und andere Originale hier glücklich waren

Was ist eigentlich ein »Münchner Original«? Dabei handelt es sich um eine ganz besondere Spezies, eine endemische sozusagen, die nur in dem einmaligen Biotop München gedeihen und nur hier ihre ganze Wirkung entfalten kann. Münchner Originale sind charismatisch, kauzig-schrullig, liebenswert, bodenständig-volksnah, haben hintergründigen Humor und sind bisweilen raue Grantler – aber immer mit Herz. Kurzum: Sie sind der Inbegriff der bayerischen Volksseele. Und sie würden beziehungsweise hätten München »niemals nicht« verlassen.

Von diesen Originalen hat München so einige: Helmut Fischer, der vor allem in seiner Fernsehrolle als »Monaco Franze« berühmt wurde; die Schauspielerin und erfolgreiche Intendantin des Münchner Volkstheaters Ruth Drexel – vielen als Resi Berghammer aus der bayerischen Krimiserie »Der Bulle von Tölz« bekannt; Gustl Bayrhammer in seiner Rolle als »Tatort«-Kommissar Veigl, als Meister Eder in »Pumuckl« sowie – unter anderem – der Serie »Königlich Bayerisches Amtsgericht«; die nur 1,54 Meter große, aber sehr resolute Erni Singerl, die im »Komödienstadel« des Bayerischen Rundfunks und in zahlreichen lokalen Fernsehserien zu sehen war; sowie auch der Münchner Journalist und Schriftsteller Siegfried (Sigi) Sommer, dessen überaus erfolgreiche Kolumne »Blasius, der Spaziergänger« ab 1949 fast vierzig Jahre lang ununterbrochen in der Münchner »Abendzeitung« erschien. Ebenso Karl-Heinz Wildmoser, langjähriger Präsident des Fußballvereins TSV 1860 München, Großgastronom und Wiesn-Wirt, ein nicht unumstrittenes bayerisches Urgestein und »g'standenes Mannsbuid«, von dem es hieß: »Im Grunde haben ihn alle mögen, auch die, die ihn nicht mögen haben« – ein Satz, wie er von Karl Valentin stammen könnte.

Der bayerische Komiker und Wortkünstler Karl Valentin und seine Partnerin Liesl Karlstadt – eines der ganz großen Komikerduos des 20. Jahrhunderts – gehören ebenfalls zu den berühmtesten Münchner Originalen. Ihnen verdanken wir so großartige und hintergründig philosophische Sätze wie: »Mögen hätt ich schon wollen, aber dürfen hab ich mich nicht getraut.«

Überhaupt haben so manche Aussprüche der Münchner Originale Eingang in den allgemeinen Sprachgebrauch gefunden. Wer etwas klären will und dabei von Pontius zu Pilatus geschickt wird, »kommt sich vor wie Buchbinder Wanninger«. Selbiger entstammt einem berühmten Sketch von Karl Valentin. Und Helmut Fischer prägte als Monaco Franze den Satz: »A bisserl was geht immer«, und das zärtliche »Spatzl«, wie er seine Frau nannte, wenn er mal wieder etwas ausgefressen hatte.

München verehrt seine unvergessenen Originale, für die die Münchner Luft und das örtliche Brauchtum lebensnotwendig waren. Und ohne seine charismatischen Grantler, Kauze, Autokraten und Strizzis wäre auch die Stadt um einiges ärmer. Einige von ihnen sind sogar im Stadtbild verewigt: Karl Valentin und Liesl Karlstadt ist am Viktualienmarkt ein Brunnen gewidmet. Helmut Fischer alias Monaco Franze wurde im Garten seines Stammcafés Münchner Freiheit ein Bronzedenkmal errichtet. Und Sigi Sommer ist in einer Bronzestatue am Roseneck an der Rosenstraße als Spaziergänger mit einer Zeitung unter dem Arm dargestellt – so lebensecht, als drehe Blasius, der Spaziergänger, gerade eine Runde durch seine Stadt.

Weil man in München schnell Anschluss findet

Mit schöner Regelmäßigkeit prangt in riesigen Lettern »München ist Deutschlands Single-Hauptstadt« auf den Titelseiten der Boulevardpresse. Ebenso regelmäßig liest man dies auch über Hamburg und Berlin. Wer nun auch immer dieses Rennen für sich entscheidet, es gibt tatsächlich viele Singles in der bayerischen Landeshauptstadt. Dies ist sicher eine der Ursachen, warum man in München untereinander schnell ins Gespräch kommt und auch dauerhafte Kontakte knüpft. Viele ziehen aus beruflichen Gründen oder zum Studieren neu in die Universitäts- und Medienstadt und wollen hier schnell einen Bekannten- und Freundeskreis aufbauen. Aber auch der echte Münchner ist – trotz seiner sprichwörtlichen Grantigkeit – weltoffen und kontaktfreudig. Voraussetzung dafür ist aber, dass der oder die neue Bekannte auch etwas Interessantes zu erzählen hat und auf jeden Fall witzig ist. Wer dann noch mit einer gewissen Schlagfertigkeit sowie einem guten Gespür für die Interessen seiner Mitmenschen ausgestattet ist, wird es leicht haben, sich in München schnell heimisch zu fühlen.

Anknüpfungspunkte gibt es viele, für jedes Alter und jede Interessenlage oder jedes Hobby. Da ist zum einen die Münchner Volkshochschule, die im Gasteig beheimatet ist. In ihrem Angebot von insgesamt 13.000 Veranstaltungen ist für wirklich jeden etwas dabei. Allein mehr als fünfzig Fremdsprachen werden unterrichtet. Auch Deutsch als Fremdsprache kann man hier erlernen; jedes Jahr pauken rund 20.000 ausländische Mitbürger deutsche Vokabeln und Grammatik. Der türkische G'miastandler (= Gemüsehändler auf gut Bayerisch), der italienische Gastwirt, aber auch der asiatische Mediziner oder der russische Professor sind allesamt in München ohnehin herzlich willkommen und fester Bestandteil in den Stadtvierteln und Gesellschaftszirkeln. Multikulti wird in München gerne gelebt.

Und auch für die typisch münchnerischen Freizeitaktivitäten gibt es zahlreiche Vereine, in denen man schnell Gleichgesinnte kennenlernt. Die Sektion »München und Oberland« des Deutschen Alpenvereins bietet für Bergfexe, und solche, die es werden wollen, Skiausflüge, Bergtouren per pedes oder auf dem Rad, Schneeschuhwandern, Kletterkurse im Kletterzentrum Gilching, Hüttentrekking und vieles mehr an. Die Theatergemeinde München hilft ihren kulturbegeisterten Mitgliedern seit mehr als sechzig Jahren bei der Auswahl der richtigen Veranstaltung und beim Kartenerwerb. Das Angebot umfasst Aufführungen in mehr als zwanzig Spielstätten allein in München sowie Kinotreffs und Tagesfahrten. Mehrere Kulturreisen pro Jahr bieten vielfältige Möglichkeiten, andere Opernfans oder Theaterbegeisterte näher kennenzulernen.

Körperlich Aktive finden Fitness- und Yogazentren in jedem Stadtviertel oder können auf geführten Radtouren nicht nur die Stadt, sondern auch gleich andere Neubürger kennenlernen. Wem das alles zu anstrengend ist, der zieht was Schickes an und geht in eine der angesagten Bars, von denen sich viele dadurch auszeichnen, dass das Publikum durchaus zwischen zwanzig und siebzig Jahre alt sein kann. Im Tabacco, Schumann's, in der Bar des Hotels Cortina oder bei Brenner trifft man immer interessante Leute – vom arabischen Opernstar und seinem Leibarzt bis zum indischen Diplomaten haben wir schon Bekanntschaften geschlossen. Aber: »Schiach darfst net sei und a bissel a guata Schmäh« hilft nicht nur in Wien, sondern eben auch in München bei der Kontaktaufnahme.

Weil Münchner und Italiener
einfach harmonieren

Eigentlich heißt München ja gar nicht München, sondern »Monaco di Baviera« und ist – wie einem Münchner oft augenzwinkernd verraten – die nördlichste Stadt Italiens.

Seit Jahrhunderten gibt es zwischen Italien und München eine ganz besondere Verbindung, und seit Jahrhunderten strömen Italiener in die barocke Stadt mit ihrer lässigen südlichen Lebensart, wo man auch schon mal ein Auge zudrückt und angeblich ab und zu eine Hand die andere wäscht – was so manchen gestrengen Preußen naserümpfend bemängeln lässt, der »Mezzogiorno« beginne eigentlich schon in Oberbayern.

So richtig angefangen hat das alles mit Henriette Adelaide von Savoyen, die der bayerische Kurfürst Ferdinand Maria 1653 aus Turin holte und zur Frau nahm. Nach der Geburt des gemeinsamen Sohnes Max Emanuel ließ er ihr ein Schloss bauen, natürlich von einem italienischen Baumeister. Hinter dem Schloss entstand ein Park, und alles zusammen nannte die Kurfürstin fortan »Borgo delle Ninfe« – Namensgeber des Schlosses Nymphenburg (historischer Mittelteil) und des umliegenden Münchner Stadtteils. Außerdem stiftete sie München aus Dankbarkeit für die Geburt ihres Sohns eine Kirche und wählte als betreuenden Orden die italienischen Theatiner aus. Die Mutterkirche der Theatinerkirche steht übrigens im italienischen Sant'Andrea della Valle.

Neben der Architektur macht sich der italienische Einfluss besonders in der Gastronomie bemerkbar – vom Aperitivo bis zur Zuppa Romana. Nirgendwo gibt es so viele Osterias, Espressobars, Ristorantes und Pizzerien wie in München, darunter Promi-Lokale wie das Acquarello und das mit einem Michelin-Stern gekrönte Acetaia bis zur uritalienischen Bar Centrale in Münchens Altstadtkern, wo sich vor allem im Sommer die Gäste – wie in Italien üblich – auf der Straße tummeln.

Italienische Spuren lassen sich aber selbst dort finden, wo man sie zunächst gar nicht vermutet: So ist die berühmte Ur-Münchner Kabarettistin und Partnerin des unvergesslichen Karl Valentin, Liesl Karlstadt, eigentlich italienischer Herkunft: Als Elisabeth Wellano wurde sie als fünftes von neun Kindern eines italienischen Bäckermeisters in Schwabing geboren. Und die »Gstanzl« – urbayerische improvisierte Spottlieder – gehen angeblich auf das italienische Wort »stanza« für Strophe zurück.

Einer Bevölkerungsstudie zufolge leben in München mehr als 22.000 Italiener; das ist mehr als in jeder anderen deutschen Stadt. Wer es nicht glaubt, sollte sich nach einem wichtigen italienischen Fußballsieg einfach auf den »Corso di Monaco« – die Leopoldstraße in Schwabing – begeben und sich unter die dicht gedrängten Massen und den nicht enden wollenden Autokorso ausgelassener, siegestrunkener italienischer Fans mischen.

Ausgelassenheit auf Italienisch gibt es traditionell auch auf dem zweiten Wiesn-Wochenende, dem »Italienerwochenende«. Dann nämlich entleert sich der Stiefel jedes Jahr und seine Bürger strömen zu Zehntausenden in endlosen Wohnmobilkolonnen Richtung München und seiner Festzelte und halten die Stadt für ein Wochenende fest im Griff. Umgekehrt ist die Brennerautobahn Richtung Gardasee die beliebteste Rennstrecke für stadtmüde Münchner.

Dass Italien in München »hip« ist, zeigt sich selbst in Film und Fernsehen. So wurde die Komödie »Rossini – oder die mörderische Frage, wer mit wem schlief« im Schwabinger Restaurant Romagna Antica gedreht, einem jahrzehntelangen Szenetreff der Münchner Filmbranche. Und auch der Serienheld »Monaco Franze« war eine gelungene Mischung aus charmanter mediterraner Leichtlebigkeit und bayerischer Schlitzohrigkeit.

Wenn man im Sommer in der untergehenden Abendsonne am Odeonsplatz draußen vor dem Café Tambosi sitzt, seinen Cappuccino mit der unnachahmlichen Crema genießt und auf die in goldenes Licht getauchte Theatinerkirche blickt, könnte man sich fast auf einer Piazza in Verona wähnen. Dann lehnt man sich einfach wohlig zurück und genießt – la vita è bella a Monaco di Baviera.

KAPITEL 3

Bauten, die nicht nur Bayern beeindrucken

Weil die Residenz auch Könige nicht kaltlässt

Wenn man beim Gang durch die Residenzstraße an der West-Fassade der Münchner Residenz entlangläuft, lässt sich nicht erahnen, dass sich hinter diesen Mauern das größte Innenstadt-schloss Deutschlands, sieben Innenhöfe, eine Kirche, ein Theater, ein bedeutendes Museum mit 130 Schauräumen, eine überquellende Schatzkammer aus den Zeiten der bayerischen Monarchie, ein beliebtes Weinlokal und etliche Konzert- und Veranstaltungssäle verbergen. Man sollte sich also die Zeit nehmen, von der Residenzstraße aus über den Max-Joseph-Platz, dann durch die Alfons-Goppel- und die Hofgartenstraße zum Ausgangspunkt zurückkehrend den gesamten Komplex zu umrunden, um einen Eindruck von dessen beeindruckenden Dimensionen zu gewinnen. Denn die Bayerischen Herzöge, Kurfürsten und Könige, die hier seit Beginn des 16. Jahrhunderts bis zum Jahr 1918, als der letzte Bayerische König, Ludwig III., vom Thron verjagt wurde, residierten, haben keine Kosten und Mühen gescheut, um ihre Macht durch imposante Gebäude, prachtvolle Säle und wertvolle Kunstsammlungen zu demonstrieren.

Beim Besuch der zahlreichen Wohn- und Repräsentationsräume, Hofkapellen und Festsäle des Residenzmuseums können Sie höfische Pracht und opulente Ausstattung, repräsentative Kunstwerke und architektonische Details von der Renaissance über Barock und Rokoko bis hin zum Klassizismus aus nächster Nähe bewundern. Das Herzstück der zahlreichen Räumlichkeiten ist dabei das Antiquarium, der mit 66 Metern Länge größte und prunkvollste Renaissance-Raum nördlich der Alpen. Die Schatzkammer des Museums zeigt edelste Goldschmiedearbeiten und seltene Kostbarkeiten aus Elfenbein und echtem Kristall, darunter sogar die bayerischen Kroninsignien. Auch ein Besuch des Cuvilliés-Theaters ist absolut lohnenswert, denn dieses »Opera-Haus« im schönsten Rokokostil wurde nach dem Zweiten Weltkrieg neu aufgebaut und wird auch heute noch vom Bayerischen Staatsschauspiel regelmäßig als Aufführungsort genutzt.

Doch nicht nur die Gebäude und Räume, auch die wunderschönen Innenhöfe und Außenanlagen verdienen Beachtung. Der Brunnenhof dient im Sommer als stilvolle Kulisse für die unterschiedlichsten Open-Air-Konzerte von klassischer Musik bis hin zu temperamentvollen italienischen Nächten. Im Kaiserhof können Sie an einem der Tische der Pfälzer Weinstube Platz nehmen und einen Schoppen genießen. Der neu gestaltete Kabinettsgarten ist mit seiner klaren Gestaltung, den flachen Wasserläufen und schlichten Ruhebänken eine Oase der Ruhe inmitten der Großstadthektik. Wer echtes Münchner Flair sucht, bezieht eine Parkbank im Hofgarten, schaut dort den Boule-Spielern zu, bewundert die üppig blühenden Blumenbeete oder lauscht den Straßenmusikanten, die mit Vorliebe den achtbögigen Pavillon in der Mitte des Parks für ihre kostenlosen Konzerte nutzen.

Übrigens: Egal, ob man die Residenz durch den Eingang zum Kaiserhof vom Hofgarten her oder durch den Durchgang zum Brunnenhof in der Residenzstraße betritt: An den blanken Nasen der dort aufgestellten bronzenen Löwen erkennt man sofort, dass man diese unbedingt »anlangen« muss – denn das bringt Glück. Und darauf kann man sich verlassen, denn in München liegt das Glück überall sehr nahe!

Weil der Friedensengel so festlich ist

Es ist eine der beeindruckendsten und charakteristischsten Ansichten, die München zu bieten hat: auf der Höhe des Hauses der Kunst die prachtvolle Prinzregentenstraße hinabzuschauen und an ihrem Ende, jenseits der Isar, den Friedensengel zu erblicken, der goldglänzend und fast ätherisch über der Stadt zu schweben scheint.

Aber schweben tut er nicht, denn die insgesamt 38 Meter hohe Säule, auf der die Figur steht, welche der Siegesgöttin Nike von Panaios nachempfunden ist, ist Teil einer Denkmalanlage, mit deren Bau im Jahre 1896 begonnen wurde, um nach dem Deutsch-Französischen Krieg von 1870/71 an den Frieden zu gemahnen.

Hinter der Brücke über die Isar teilt sich die breite Straße, und mitten in diesem nach Bogenhausen hin ansteigenden Rondell, das zugleich Teil der Maximiliansanlagen ist, befindet sich ein Brunnen mit vier kleinen Delfin- und Puttenfiguren, die mit kleinen Fontänen lustig vor sich hin plätschern. Gleich dahinter führen zwei Treppen zu einer Aussichtsterrasse, von der aus man den umgekehrten Blick über die Prinzregentenstraße Richtung Innenstadt genießen kann. Hier oben steht auch der Tempel, der das Fundament des Friedensengels und seiner Säule bildet. Die Korenhalle des Tempels wird von Goldmosaiken geschmückt, die Allegorien von Krieg und Frieden, Sieg und Segen für die Kultur darstellen, und an den Ecksäulen befinden sich Darstellungen berühmter Kaiser, Könige und Feldherren und die zwölf Taten des Herkules. Und oben auf der Säule überblickt er die gesamte Stadt, der sechs Meter hohe Engel mit seiner Flügelspannweite von fünf Metern. In der rechten Hand hält er als Symbol des Friedens einen Ölzweig, in der linken ein Standbild der Pallas Athene, Göttin der

Weisheit und des Kampfes, die als Städtebeschützerin nicht nur für Frieden, sondern auch für Wohlstand sorgen soll.

Wie unverzichtbar der Friedensengel für München, seine Einwohner und das Stadtbild ist, wurde deutlich, als die riesige Figur im Jahr 1981 ihre Säule verlassen musste, weil sie aufgrund von Beschädigungen herabzustürzen drohte. Einsam und leer ragte die unbewohnte Säule zwischen den Bäumen der Isaranlagen hervor und viele Münchner hatten bei diesem Anblick das Gefühl, als würde tatsächlich ein Stück ihrer selbst fehlen. Weil noch dazu bei der Demontage so unsachgemäß vorgegangen worden war, dass der Engel zusätzliche »Verletzungen« erlitten hatte, dauerte es geschlagene zwei Jahre, bis er vollständig restauriert und rundherum mit 24-karätigem Blattgold wieder zum Strahlen gebracht worden war und mit einem kleinen Volksfest 1983 endlich wieder seinen angestammten Platz beziehen konnte.

Und weil er halt einfach dazugehört, der Engel, wird er auch in die Festivitäten der Stadtbewohner einbezogen. In jeder letzten Nacht des Jahres versammeln sich so Tausende von Menschen zu seinen Füßen, denn die kleine Parkanlage ist ein Klassiker unter den Münchner Open-Air-Locations zum Silvesterfeiern. Mit Sektflaschen und Raketen bepackt, wird hier gefeiert, getrunken, geböllert und genossen – und hoch oben breitet der Friedensengel seine goldenen Flügel aus und wacht über seine Münchner.

Weil die Feldherrnhalle uns täglich imponiert

Auf dem Weg in die Innenstadt steigt man am Odeonsplatz aus der U-Bahn und findet diesen Platz vor der Feldherrnhalle unverhofft dicht bevölkert vor. Fröhliche Menschentrauben oder Info-Stände erschweren den Durchgang, Musik oder die Stimme eines engagierten Redners dringt ins Ohr: Wieder findet eine der Veranstaltungen statt, für die dieser zentrale und weiträumige Ort sich anbietet. Oft verdeckt dann eine große Bühne teilweise den Blick auf die mächtige Feldherrnhalle, die den Odeonsplatz nach Süden begrenzt und den Ausgangspunkt der Ludwigstraße bildet.

Errichtet wurde die Feldherrnhalle in Form einer Loggia Mitte des 19. Jahrhunderts im Auftrag König Ludwigs des I. von Bayern, der damit der bayerischen Armee und ihren siegreichen Feldherren ein Denkmal setzen wollte. Daher auch der Name. So findet sich im linken Torbogen die Bronzestatue des Grafen Tilly, im rechten die des Fürsten Wrede; die beiden imposanten Herren wurden nach Entwürfen von Ludwig von Schwanthaler aus eingeschmolzenen Kanonen gegossen. Das »Armeedenkmal« in der Mitte der Halle an der rückwärtigen Wand hatte dann Prinzregent Luitpold 1892 aufstellen lassen. Natürlich fehlen auch zwei steinerne Löwen nicht.

Traurige Berühmtheit erlangte die Feldherrnhalle durch den Hitler-Putsch 1923, als es hier zu einer Schießerei zwischen Putschisten und der Landpolizei kam. In der Folge ließ Adolf Hitler 1933 ein Mahnmal an der Feldherrnhalle errichten, dem jeder Vorübergehende mit dem Hitlergruß Respekt zollen sollte. Allerdings ließ sich der Münchner schon damals nicht so leicht zum Gehorsam zwingen. Wer seine Gesinnung für sich behalten, aber nicht unangenehm auffallen wollte, umging die zweifelhafte Anweisung mit einem Trick. Man überquerte nicht den Platz davor, sondern ging hinter der Feldherrnhalle durch die Viscardigasse, die im Volksmund bald den Spitznamen »Drückebergergasserl« erhielt.

Unpolitisch ist die Feldherrnhalle auch heute nicht, denn sie dient oft als Ausgangspunkt oder Endstation für Kundgebungen aller Art: Von Friedensdemonstrationen über fröhlich-freche Schülerdemos gegen die Bildungsreformen bis hin zu lautstarken, von Kuhglocken und Blasmusik untermalten Protesten der Bauern gegen die fallenden Milchpreise finden hier viele Anliegen ein Podium. Neben der Eigenschaft, seinem Unmut über die Machenschaften der »Großkopferten« ungehemmt Ausdruck zu verleihen, ist der Münchner ja auch dafür bekannt, dass er gern lebt und feiert. Deswegen zeigt der Odeonsplatz vor der Feldherrnhalle ebenso oft auch seine sinnenfrohe, volkstümliche oder kulturelle Seite. Dann kann man unter freiem Himmel hochkarätigen Orchestern und Solisten lauschen, beim »Ander Art«-Festival am zweiten Oktoberfestsamstag die kulturelle Vielfalt der bayerischen Hauptstadt kennenlernen, bei einem Aktionstag der Münchner Unis durch verschiedenste Teleskope einen genaueren Blick auf den bayerischen Himmel werfen oder sich während eines vom Sportamt München organisierten Aktionstages in Streetball oder Streetdance üben.

Und wem das alles zu anstrengend ist, der setzt sich an einem sonnigen Tag einfach auf die Treppen der Feldherrnhalle und genießt den Ausblick auf die prachtvolle Ludwigstraße bis zum Siegestor oder erfreut sich bei einem Prosecco vor dem Café Tambosi gegenüber am Blick auf das gesamte Ensemble der Feldherrnhalle und der benachbarten barocken Theatinerkirche.

Weil das Rathaus am Marienplatz nicht nur mit seinem Glockenspiel betört

Natürlich ist es ein Muss: Egal, ob Einheimischer, Zugereister oder Tourist – das Glockenspiel im Turm des Münchner Neuen Rathauses muss man einfach gesehen haben. Täglich um elf und um zwölf Uhr und von März bis Oktober auch um 17 Uhr bietet sich dasselbe Schauspiel: Die Menschenmenge auf dem Marienplatz hält inne, alle Blicke richten sich nach oben, und schon ertönt das fünftgrößte Glockenspiel Europas. Die Figuren im oberen Teil stellen ein herzogliches Ritterturnier dar, während unten die Schäffler ihren berühmten Tanz aufführen, der der Legende nach auf die Pestzeit Anfang des 16. Jahrhunderts zurückgeht. Weniger bekannt ist das abendliche Schauspiel: Punkt 21 Uhr werden die beiden Erker des Rathauses beleuchtet; auf der einen Seite dreht ein mittelalterlicher Nachtwächter seine Runde, während auf der anderen Seite das Münchner Kindl und der Friedensengel erscheinen. Wenn das Licht ausgeht, senkt sich die Nacht über München – und das Nachtleben beginnt!

Aber nicht allein deshalb lohnt es sich, dem neugotischen Ensemble in der Mitte Münchens seine Aufmerksamkeit zu widmen. Der Sitz des Münchner Oberbürgermeisters und des Stadtrats, der das Karree zwischen Marienplatz, Dienerstraße, Landschaftsstraße und Weinstraße einnimmt, hat auch sonst einiges zu bieten: Bei genauerem Hinsehen entdeckt man auf der reich verzierten Fassade mit ihren Türmchen, Fenstern und Arkaden die Darstellung fast sämtlicher Wittelsbacher Fürsten, aber auch verschiedenste Münchner Originale, neugotische Wasserspeier in Form von Fratzen und Masken, allegorische Bilder und Szenen aus Heiligenlegenden und volkstümlichen Sagen. Das imponierende Reiterstandbild unter dem steinernen Baldachin stellt den Prinzregenten Luitpold dar. Der Balkon des Amtszimmers des Oberbürgermeisters unterhalb des Glockenspiels dient erfolgreichen Sportlern häufig als beliebte Bühne, um sich nach einer Ehrung durch das Stadtoberhaupt den wartenden Münchnern zu zeigen, so wie es häufig der Fall ist, wenn der 1. FC Bayern mal wieder Deutscher Meister geworden ist.

Der Rathausturm, der das Glockenspiel beherbergt, wird vom Münchner Kindl gekrönt. Diese Symbolfigur des Münchner Stadtwappens stellt eigentlich einen Mönch dar und soll in dieser Form an die Gründung der Stadt erinnern. Irgendwann im Lauf der langen Stadtgeschichte machte sich das kleine Wesen jedoch selbstständig, kletterte aus dem Wappen und ziert heute unter anderem Trambahnen und Gullideckel. Und hin und wieder passiert es auch, dass das Kindl statt des Eidbuches einen Bierkrug in der Hand hält, wie etwa beim jährlichen Trachtenumzug am ersten Sonntag des Oktoberfests.

Dass der Fischbrunnen an der südöstlichen Ecke des Marienplatzes voller Münzen liegt, die Touristen in der Hoffnung auf anhaltenden Wohlstand dort hineinwerfen, hat er sicherlich mit zahlreichen Brunnen auf der Welt gemein. Aber dass der Oberbürgermeister höchstpersönlich dort jeden Aschermittwoch seinen leeren Geldbeutel gründlich auswäscht, damit das Stadtsäckel im kommenden Jahr wieder neu gefüllt werden kann, ist dagegen eine der liebenswerten typisch Münchner Traditionen.

Einen Logenplatz für den direkten Blick auf die Rathausfassade hat übrigens derjenige, der sich in dem im fünften Stock des gegenüberliegenden Gebäudes gelegenen Café Glockenspiel rechtzeitig einen Fensterplatz sichert.

Weil das BMW Hochhaus
höchste Ingenieurskunst darstellt

Das BMW Hochhaus, auch »Vierzylinder« genannt, ist ein echter Hingucker und eines der Wahrzeichen sowohl Münchens als auch seiner Bayerischen Motoren Werke. Der erfolgreiche Automobilhersteller, der schon in den sechziger Jahren rasant wuchs, brauchte damals eine neue Konzernzentrale. Und sie sollte anders sein, als Verwaltungsgebäude typischerweise aussehen, und sie sollte das Image des Automobilkonzerns widerspiegeln: progressiv, visionär, technisch perfekt und mit ausgefallenem, futuristischem Design. Als unübersehbarer Ausdruck der Marktmacht des Automobilherstellers sollte es zugleich natürlich höher sein als alle anderen Gebäude der Stadt.

Und so entschied sich BMW im Jahr 1968 für den Entwurf des Wiener Architekturprofessors Karl Schwanzer. Das Gebäude in Form eines Vierzylinders – eine Hommage an den Anfang der sechziger Jahre eingeführten und überaus erfolgreichen Vier-Zylinder-Motor – ist eine einmalige Hängekonstruktion, die schon damals international viel Anerkennung erfuhr: Die vier Zylinder stehen nicht auf dem Boden, sondern jedes einzelne der insgesamt 22 Stockwerke ist an einer schlanken Betonsäule als Mittelstück und Rückgrat des Bauwerks aufgehängt.

Die Zeit drängte, denn die Olympischen Spiele von 1972 standen vor der Tür, und selbstverständlich sollte direkt neben dem Olympiastadion keine Großbaustelle die Aussicht verschandeln. Hier erwies sich die Hängekonstruktion als großer Vorteil. Die einzelnen Geschosse konnten im Rohbau am Boden erstellt werden und wurden anschließend hydraulisch nach oben gezogen, wobei man beim obersten Stockwerk anfing und »hängend« nach unten arbeitete. Damit ließ sich auch ein hässliches Baugerüst um die Gesamtbaustelle vermeiden.

Pünktlich zum Richtfest im Jahr 1971 lief der millionste BMW vom Band; pünktlich auch die äußere Fertigstellung des »Vierzylinders« zur Olympiade. Die eigentliche Einweihung des mit 99,5 Metern damals höchsten Gebäudes Münchens fand neun Monate später statt. Allerdings war die neugebaute Zentrale, in der alle wichtigen Konzernfunktionen untergebracht sein sollten, aufgrund des rasanten Wachstums des Unternehmens zu diesem Zeitpunkt schon wieder zu klein. Übrigens: Was heute gang und gäbe ist, war damals unschicklich und sogar verboten: »Schleichwerbung« in Form von BMW-Logos, die für die gesamte Dauer der Olympiade von allen Gebäuden abmontiert werden mussten.

Unmittelbar neben dem Vierzylinder befindet sich als Teil des architektonischen Gesamtkonzepts das BMW Museum – von der Bevölkerung ein wenig respektlos, aber durchaus stolz »Weißwurstkessel«, »Salatschüssel« oder auch nur »Schüssel« genannt, in der heute Wechselausstellungen gezeigt werden. Auch das BMW Museum mit seiner ganz anderen Form ist eine technische Glanzleistung. Die Spannbetonschale, die an ihrer engsten Stelle einen Durchmesser von weniger als zwanzig Meter hat und sich nach oben bis auf einen Durchmesser von 41 Metern erweitert, trägt das Dach und ist somit eine selbsttragende Konstruktion. Die spiralförmige Besucherstraße im Inneren wird lediglich von vier Säulen getragen. Und damit der an sich schon weithin auffällige Gebäudekomplex auch aus der Luft nicht übersehen wird, tragen Vierzylinder und Museum auf dem Dach das berühmte BMW-Logo.

Seit 1999 steht der Gebäudekomplex, der unter anderem als Schauplatz für den amerikanischen Science-Fiction-Film »Rollerball« diente, unter Denkmalschutz. Die Architektur ist heute noch so einmalig wie zur Zeit der Entstehung. Nur eines war relativ bald überholt: Einige Jahre später wurde der Vierzylinder als höchstes Gebäude der Stadt vom Hypo-Haus abgelöst.

Inzwischen wurden BMW Hochhaus, BMW Museum und BMW Werk um die BMW Welt ergänzt – das beeindruckende futuristische Abholzentrum mit Event-Charakter, dessen Architektur ebenso einzigartig ist wie die des Vierzylinders und des BMW Museums. Kein Zweifel: Die BMW-Konzernzentrale und ihre angeschlossenen Gebäude sind – wie die Autos auch – ein technisches und ästhetisches Gesamtkunstwerk, auf das München zu Recht stolz ist!

Weil das Nationaltheater
der schönste »Kulturpalast« ist

Auch die Münchner, die nicht zu den zahlreichen Opernfans in der Isarmetropole gehören, lieben ihr Opernhaus, das Nationaltheater am Max-Joseph-Platz im Herzen der Stadt, unweit vom Odeonsplatz und direkt an der Maximilianstraße.

Und schön ist die Spielstätte der Bayerischen Staatsoper und des Bayerischen Staatsballetts ja wirklich! Die Vorhalle mit korinthischen Säulen und der zweifache Dreiecksgiebel lassen es wie einen griechischen Tempel wirken. Das von Ludwig von Schwanthaler entworfene Mosaik im oberen der beiden Giebel zeigt Pegasus mit den Horen, das Relief im unteren Giebel stellt Apollo und die neun Musen dar. Gestaltet hat es Georg Brenninger. Beide Darstellungen lassen sich vom ersten Stock des gegenüberliegenden Restaurants Spatenhaus, wo viele Münchner mit einer kleinen Stärkung ihren Theaterabend beginnen, besonders gut betrachten.

Bis das Haus in seinem heutigen Glanz erstrahlen konnte, hatte es eine wechselvolle Geschichte zu ertragen: Als 1795 das erste Münchner Opernhaus am Salvatorplatz geschlossen wurde, forderten die Bürger ein großes Opernhaus, war das alte Haus mit seinen rund 555 Plätzen doch ohnehin schon lange nicht mehr der Opernbegeisterung gewachsen gewesen. König Maximilian I. Joseph entschloss sich 1810, den Architekten Karl von Fischer mit der Planung und Realisierung des neuen Königlichen Hof- und Nationaltheaters zu beauftragen. Ein Jahr später begannen die Bauarbeiten, die allerdings 1813 unterbrochen werden mussten. Das »Diridari« (= Geld) war ausgegangen. Zu allem Überfluss brach 1817 ein Feuer aus, das Teile des noch im Bau befindlichen Theaters zerstörte. Als man 1818 das Theater endlich in

Betrieb nehmen konnte, war nur ein Bruchteil der ursprünglichen Baupläne umgesetzt worden. Schon fünf Jahre später wurde das Gebäude von einem weiteren Brand komplett zerstört. Während der Vorstellung brach im Januar 1823 Feuer aus, das Löschwasser war gefroren und trotz verzweifelter Versuche, den Brand mit dem Brauwasser der Brauereien und sogar mit Bier zu löschen, wurde man den Flammen nicht rechtzeitig Herr.

Leo von Klenze wurde unverzüglich mit dem Wiederaufbau des Hauses beauftragt und diesmal dauerte es nur zwei Jahre, bis man 1825 das um die Vorhalle erweiterte Theater wiedereröffnen konnte. Fast drei Jahrzehnte blieb das Nationaltheater dann von Unbill verschont. 1854 musste es aber wegen der Verbreiterung der angrenzenden Maximilianstraße verkleinert werden.

In den folgenden Jahrzehnten konnte man die Oper genießen, Wagners Opern wurden zur Regierungszeit König Ludwigs II. hier uraufgeführt und sogar im Zweiten Weltkrieg wurde die Bühne bespielt. Im Oktober 1943 aber zerstörten feindliche Bomber das Haus bis auf die Grundmauern. Noch lange nach dem Krieg klaffte diese Wunde im Herzen der Stadt und der klägliche Rest des Gebäudes drohte einzustürzen. Da gründeten sich die »Freunde des Nationaltheaters e.V.«, die vehement den Wiederaufbau des Opernhauses im alten Stil forderten. 1952 sammelte dieser bis heute aktive Verein in einer Tombola die ersten 650.000 Mark für den Wiederaufbau. Es folgten Unterschriftensammlungen und weitere Spendenaktionen. Am 21. November 1963 war der Verein am Ziel: Das Nationaltheater wurde mit über 2000 Zuschauerplätzen als eines der größten Opernhäuser der Welt wiedereröffnet.

Dass sich dieses Engagement gelohnt hat, weiß man spätestens dann, wenn man in großer Abendrobe an einem lauen Abend unter den korinthischen Säulen steht. Man blickt hinaus auf den Max-Joseph-Platz, genießt seinen Pausen-Champagner und spürt einmal mehr: »Schöner als in München kann es gar nirgends sein.«

Weil einen die Aussicht vom Alten Peter einfach umhaut

Wenn man schon vorher wissen möchte, was einen erwartet, und den freundlichen älteren Herrn an der Kasse nach der Anzahl der Stufen fragt, die zur Aussichtsplattform im Turm der Kirche St. Peter führen, dann beugt er sich mit einem verschmitzten Lächeln aus seinem winzigen Kassenhäuschen und klappt einen mit Klebstreifen am Fenster befestigten Werbeprospekt der Touristeninformation hoch – und darunter erscheint die mit dickem Stift auf ein Blatt Papier geschriebene Zahl 306. 306 Stufen muss man überwinden, um auf der vierzehnten Ebene des Turms aus einer Seitentür zu treten und erst einmal kurz innezuhalten. Und das nicht nur, weil man nach dem Aufstieg außer Atem ist. Sondern vor allem deswegen, weil der Ausblick, der sich einem nun bietet, einfach grandios ist.

Die Kirche St. Peter, im Volksmund liebevoll »Alter Peter« genannt, ist die älteste Pfarrkirche Münchens; sie liegt auf dem Petersbergl zwischen Marienplatz und Viktualienmarkt. Das Gebäude hat eine bewegte Geschichte hinter sich und wäre beinahe dem Zweiten Weltkrieg zum Opfer gefallen, denn die Zerstörungen waren so groß, dass sich ein Wiederaufbau nicht zu lohnen schien. Nur der Hartnäckigkeit der beiden damaligen Stadtpfarrer ist es zu verdanken, dass das Bistum seine Meinung änderte, die Kirche unter großem Aufwand wieder instand setzte und den Münchnern eines ihrer geliebten Wahrzeichen zurückgab. Die waren darüber so glücklich, dass sie sich nach Abschluss der Bauarbeiten Anfang der fünfziger Jahre auf dem Marienplatz versammelten und die Münchner »Stadthymne« anstimmten, die mit den Worten beginnt: »Solang der Alte Peter am Petersbergerl steht …« Die

Melodie zu diesem Text kennt in Bayern übrigens fast jeder: Sie dient als Pausenzeichen und Verkehrsfunk-Erkennungsmelodie des Bayerischen Rundfunks.

Doch zurück auf den Turm: Die ganze Stadt, die sich mit ihren offensichtlichen, aber auch den heimlichen Schätzen in alle Himmelsrichtungen erstreckt, liegt einem hier im wahrsten Sinne des Wortes zu Füßen: In nächster Nähe der Marienplatz mit seinem imposanten Rathaus und seinem großstädtischen Gewimmel, die Achse der Ludwig- und Leopoldstraße mit ihren prachtvollen und monumentalen Gebäuden, die an der Theatinerkirche beginnt und bis ans Siegestor und weit darüber hinaus reicht, das Olympiastadion mit seinem markanten Fernsehturm, das grüne Band der Isar, das die Stadt von Norden nach Süden durchzieht, und aus deren Parkanlagen der Friedensengel, das imposante Maximilianeum und der moderne Bau des Kulturzentrums am Gasteig hervorragen, und schließlich, ganz im Süden, das unglaubliche Panorama der Voralpen mit ihren zahlreichen Bergketten und Gipfeln. Wer Glück hat und einen sonnigen, wenn nicht gar föhnigen Tag erwischt, kann von hier aus einen Fernblick von bis zu einhundert Kilometern genießen. Romantikern sei empfohlen, den Turm in den Wintermonaten zu besteigen, wenn die Öffnungszeiten bis 19 Uhr es ermöglichen, das funkelnde Lichtermeer der abendlichen Stadt ohne Touristenandrang in aller Stille zu bestaunen.

Ein Tipp: Es empfiehlt sich, beim Besuch der Innenstadt den Aufstieg auf den Turm vor dem Einkaufsbummel aufs Programm zu setzen, denn das steinerne Treppenhaus im unteren Teil des Turmes ist so eng, dass es kaum möglich ist, die Treppe mit gut gefüllten Einkaufstüten zu erklimmen.

Weil die Frauenkirche
eine echte Volkskathedrale ist

Sie ist nicht so rausgeputzt wie all die anderen. Keine Engel und Putten wie in der Asamkirche. Kein italienischer Spätbarock wie in der Theatinerkirche. Stattdessen: pure, aufstrebende, lichte Gotik. Und doch ist sie die eindrucksvollste und gewaltigste unter den Münchner Kirchen: die Frauenkirche.

Rekordverdächtig für das ausgehende Mittelalter, wird der dreischiffige Hallenbau in nur zwanzig Jahren Bauzeit errichtet und 1494 eingeweiht. Meister Jörg von Halspach schafft, was sich sein Auftraggeber, Herzog Sigismund, wünscht: einen monumentalen Dom – aber bittschön nicht zu teuer. Doch als der Rohbau 1479 steht, sind die Kassen leer. Das soll auch der Grund dafür sein, dass die zwei Türme unterschiedlich hoch sind: Der Südturm ist glatt einen Meter kürzer geraten, weil das Geld nicht gereicht hat. So pragmatisch sah im Mittelalter Sparpolitik aus!

Der Dom zu Unserer Lieben Frau (so heißt die Frauenkirche eigentlich) ist das Wahrzeichen Münchens schlechthin. Die beiden Türme ragen knapp hundert Meter in den Himmel und sind von fast jedem Standort in der Altstadt zu sehen. Aber auch aus größerer Entfernung – bei Föhnwetter sogar über Hunderte Kilometer hinweg – sind die Zwillingstürme in der Münchner Skyline gut erkennbar. Bis heute darf übrigens kein anderes Gebäude innerhalb des mittleren Rings höher als hundert Meter gebaut werden – dank eines Beschlusses der Münchner Stadtverwaltung.

Ganz anders als barocke Kirchen mit ihren prachtvollen Fassaden wirkt die Frauenkirche durch ihre Kargheit. So bescheiden und zurückhaltend ihre Bauweise, so dominant prägt sie aufgrund ihrer Größe das Stadtbild. Nicht nur wegen ihrer hohen Türme, sondern auch wegen des Kirchenschiffs mit einer Länge von 109 Metern. Ihre Dimensionen sind schlichtweg überwältigend. Vor allem, wenn man aus einer der umliegenden kleinen Straßen tritt und unvermittelt davorsteht. Die Frauenkirche ist wunderbar geeignet zur Orientierung in der Innenstadt. Selbst wenn man bei seinen Erledigungen kreuz und quer durch das Münchner Zentrum läuft – ein kurzer Blick zu den Türmen genügt und man weiß wieder, wo man gerade ist.

Auch innen wirkt die Kirche durch ihre gewaltige Größe. Viel Licht und die hellen Farben lassen den Innenraum alles andere als düster, sondern freundlich wirken. Neben vielen anderen Kunstschätzen sind die farbigen Glasfenster besonders schön. Sie zeigen in ihrem heutigen Zustand erlesene Beispiele der Glasmalkunst vom frühen 14. bis zum späten 16. Jahrhundert.

Wer mal bewusst einen Kontrapunkt zum hektischen Alltag (ja, so was kommt trotz bayerischer Gemütlichkeit auch mal vor) setzen möchte, der sollte einen Besuch im Dom machen. Mancher Münchner benützt die Frauenkirche während eines Einkaufsbummels, einer Mittagspause oder nach einem Arzttermin für das, wofür Kirchen da sind: zur Besinnung. Die Schlichtheit und Ordnung, die die Hallenkirche ausstrahlt, bieten gute Voraussetzungen, für ein paar Minuten vom Treiben der Stadt abzulenken, innerlich zur Ruhe zu kommen – oder einfach nur dem Herrgott ein paar Gedanken zu schicken oder eine Kerze anzuzünden.

Freilich können sich die Münchner ihre Liebfrauenkirche nicht wegdenken. Aber es geht dabei um viel mehr als darum, dass hier eine der größten Hallenkirchen Süddeutschlands steht. Viele echte Münchner – da gibt es keine Diskussion – gehen selbstverständlich an Heiligabend zur Christmette in die Frauenkirche. Mit »ihrem« Dom kann die Gemeindekirche in ihrem Stadtviertel da einfach nicht mithalten!

Weil Olympiaturm und Olympiapark nicht nur Sportlern was zu bieten haben

Sommerliche Morgendämmerung im Olympiapark. Während leicht übermüdete Studenten die Überreste der nächtlichen Feier zusammenräumen, um sich im nahe gelegenen Studentenwohnheim noch ein paar Stunden Schlaf zu gönnen, sind die anderen Besucher bereits hellwach: Rüstige Rentner führen ihre »Zamperl« (kleine Hunde) Gassi, schwitzende Fitnessfanatiker drehen vor Arbeitsbeginn eine Joggingrunde und unausgeschlafene Mütter sind mit ihren kleinen Frühaufstehern bereits auf dem Weg zum Kinderspielplatz, um dort mit Gleichgesinnten in Ruhe den mitgebrachten Morgenkaffee zu trinken, während der Nachwuchs eifrig im Sandkasten buddelt. Schulklassen und Besucher aus aller Welt warten auf die erste Stadion- und Parkführung. Die Mutigeren unter ihnen haben sich zur zweistündigen Zeltdach-Tour angemeldet, bei der sie gut gesichert die einzigartige Konstruktion des Stadiondachs erklettern und gleichzeitig eine tolle Aussicht auf die Stadt genießen können.

Zunächst war die Skepsis groß, als München 1966 den Zuschlag für die Olympischen Sommerspiele 1972 erhielt und die ersten Pläne für das moderne Stadion auf den Tisch kamen, denn der Münchner, der zwar weltoffen, aber auch sehr konservativ sein kann, braucht manchmal eine gewisse Zeit, um sich mit großen Neuerungen anzufreunden. Doch wenn er mal etwas ins Herz geschlossen hat, kennt seine Zuneigung keine Grenzen, und so ist die großartige Anlage längst zu einem der Lieblingsplätze der Bevölkerung geworden – weil sie so viel zu bieten hat, egal, ob man nun sport- oder kulturbegeistert ist oder sich einfach erholen will.

Da ist der Olympiaturm mit seinem Drehrestaurant, in dem man ausgesprochen lecker schlemmen und dabei im Lauf einer Stunde das gesamte Panorama der Stadt von oben betrachten kann, ohne einen einzigen Schritt zu tun. Im Theatron am Olympiasee treffen sich Musikfans jeden Sommer zu den beliebten Open-Air-Konzerten, bei denen auch junge und noch unbekannte Bands Bühnenerfahrung sammeln dürfen. Ganz in der Nähe haben sich diejenigen verewigt, die es schon zu Ruhm gebracht haben: Am Ufer des Sees befindet sich der Munich Olympic Walk Of Stars, in dessen Beton schon viele Stars ihre Handabdrücke hinterlassen haben, von Elton John über die WM-Elf von 1974 bis hin zum Dalai Lama. Das muss Hollywood den Münchnern erst mal nachmachen!

Jeder fängt mal klein an, und so haben auf dem Olympiaberg, von Einheimischen immer noch »Schuttberg« genannt, weil dort ursprünglich die Trümmer der im Zweiten Weltkrieg zerstörten Münchner Gebäude abgelagert wurden, schon viele Münchner Kinder das Skifahren gelernt; inzwischen bevölkern ihn vor allem flippige Snowboarder, die dort auch häufig ihre spektakulären Contests veranstalten. Auch das Tollwood-Festival, das als kleines Alternativfestival begann und inzwischen zu einer festen Einrichtung im Münchner Jahreslauf geworden ist, schlägt im Sommer seine Zelte im Olympiapark auf. Kaum ein Münchner, der hier nicht mindestens einen Abend verbringt, über das Gelände schlendert, Spezialitäten aus aller Welt probiert, das kunterbunte Angebot der Verkaufsstände begutachtet oder sich ein Konzert anhört.

Weil der Olympiapark ein so lebendiger Ort ist, gibt es auch immer wieder was Neues zu entdecken. Jüngste Attraktion ist das Sea Life Center, in dem man vom heimischen Süßwasserbewohner bis zur riesigen Meeresschildkröte Gonzales über 8000 verschiedene Wasserwesen bestaunen kann.

Aber da jeder auch im Olympiapark wie überall in München ganz nach seiner Fasson glücklich werden darf, kann man den

Park fern von allen Events und Attraktionen auch ganz einfach nutzen – für einen ausgedehnten und gemütlichen Spaziergang. Platz genug gibt es ja.

Weil Asamkirche und Asam-Schlössl
Kitsch und Schönheit vereinen

Wenn man die Sendlinger Straße entlangschlendert, läuft man fast an ihr vorbei. So unscheinbar wirkt sie, eingepfercht in die historische Häuserzeile der belebten Einkaufsstraße. Doch wer sich in ihr Inneres begibt, ist überwältigt. Die Asamkirche, die den Namen ihrer Erbauer, des berühmten Stuckateurs Egid Quirin Asam und seines Bruders, des kurfürstlichen Hofmalers Cosmas Damian Asam, trägt, heißt offiziell St.-Johann-Nepomuk-Kirche und ist ein Kleinod des Spätbarocks. Wer von der betriebsamen Sendlinger Straße eintritt, ist erst einmal überwältigt von der Pracht aus Gold, Marmor, Figuren und Schnitzereien und dem farbenprächtigen Deckenfresko mit Szenen aus dem Leben des Heiligen Nepomuk.

Die Asam-Brüder, die als Bildhauer, Stuckateure, Maler und Architekten tätig waren, arbeiteten überwiegend gemeinsam in Süddeutschland und gehören zu den wichtigsten Vertretern des deutschen Spätbarocks. Zwischen 1729 und 1733 erwarb Egid Quirin Asam mehrere Grundstücke in der Sendlinger Straße und baute sich dort ein Wohnhaus – das heutige Asam-Haus –, dessen Fassade er nach eigenen Vorstellungen mit prächtigen Stuckaturen ausschmückte. Gleich nebenan errichteten die beiden Brüder eine Privatkirche zu ihrem ganz persönlichen Seelenheil, die sie dem Heiligen Nepomuk widmeten. Da es sich um keine Auftragsarbeit handelte, konnten die Gebrüder Asam die Kirche ganz nach ihrem Gusto bauen und gestalten, wobei den Münchner Bürgern die Idee einer Privatkirche gar nicht gefiel, sodass die 1746 fertiggestellte Kirche später der Öffentlichkeit zugänglich gemacht werden musste.

Die Asamkirche, deren Inneres nur 8 mal 29 Meter misst, gilt als schönste Barockkirche Bayerns. Im Zweiten Weltkrieg wurde sie völlig zerstört, später aber detailgetreu restauriert. Ein Besuch lohnt sich besonders am Vormittag, wenn das Licht durch das große Ostfenster einfällt.

Neben Asam-Haus und Asamkirche errichteten die Asam-Brüder außerdem das Asam-Schlössl. Im Jahr 1724 erwarb Cosmas Damian Asam einen ehemaligen Landsitz im heutigen Stadtteil Thalkirchen, der damals aber noch weit vor den Toren der Stadt lag, baute ihn nach seinen Vorstellungen zu seinem Wohnhaus um und schmückte ihn mit zahlreichen Fresken. Auf der Südseite legte er einen barocken Schlossgarten an, für den sein Bruder Egid Quirin Asam eine Kapelle baute. Im Zweiten Weltkrieg brannte das Schlössl aus, wurde später aber ebenfalls einschließlich der Fresken vollständig rekonstruiert. Im Jahr 1992 erwarb die Münchner Brauerei Augustiner Bräu das Anwesen und verpachtete es als gastronomischen Betrieb.

Seit 1993 ist das Asam-Schlössl ein hervorragendes und sehr heimeliges bayerisches Restaurant mit gemütlichem Biergarten, das seit Eröffnung von derselben Pächterin als historische Gastwirtschaft betrieben wird. Seit 2007 ist das Restaurant bio-zertifiziert; zwei Jahre später wurde es vom bayerischen Wirtschaftsminister mit dem »ServiceQ«-Gütesiegel für Qualität und Service ausgezeichnet. Neben der hohen Qualität ist das Asam-Schlössl auch wegen seines besonderen Flairs und der stilvollen Räumlichkeiten eine sehr beliebte Adresse, auch für Feiern und Festlichkeiten aller Art: Neben dem Hauptgastraum – den urigen Tiroler Stuben – gibt es noch zwei Kaminzimmer, das Asam Zimmer und das Cosmas Damian Zimmer und natürlich den prachtvollen Fresko-Barocksaal im zweiten Obergeschoss.

Wer einen besonderen Anlass feiern möchte, findet im Asam-Schlössl einen wunderschönen und echt Münchner Rahmen. Aber auch für einen kulinarischen Abstecher nach einem Besuch im

Tierpark Hellabrunn oder einem Spaziergang entlang der Isar lohnt sich der Besuch dieses barocken ehemaligen Künstlersitzes. Dass die Gebrüder Asam mit ihren Bauten heute für geistiges und leibliches Wohl sorgen, ist und bleibt typisch bayerisch.

KAPITEL 4

Sehen und
gesehen werden

Weil man im Englischen Garten
mit und ohne Kleidung anbandeln kann

Das Treiben im Englischen Garten ist ein gutes Beispiel für die viel gerühmte »Liberalitas bavariae«, die spezielle Freizügigkeit im südlichen Bundesland und seiner Metropole München. Die Geisteshaltung wird oft zusammengefasst unter dem Motto »leben und leben lassen«. Im Münchner Stadtpark zeigt sie sich unter anderem darin, dass sich dort elegant gekleidete Bürger beim Sonntagsspaziergang weder an musizierenden Althippies noch an den FKK-Badenden, den »Nackerten«, stören. Viele »Externe« wundern sich über solchen Freigeist, scheint er doch der konservativen Grundhaltung vieler Münchner zu widersprechen. Beim Bayern und besonders beim Großstädter aus München ist es aber so: Er beobachtet bestimmte Dinge – wie eben das Nacktbaden – längere Zeit. Dann merkt er, dass es eigentlich keinen Schaden anrichtet. Danach ignoriert er das Exotische, er muss ja selbst nicht mitmachen. Aber es stört ihn nicht mehr, wenn's andere tun.

Die meisten Münchner nehmen es sogar gelassen, dass sie fast überall im Park auf Unbekleidete treffen, obwohl offiziell für FKK-Aktivitäten nur die Schönfeldwiese im südlichen Teil des Englischen Gartens hinter dem Haus der Kunst freigegeben ist. Dort fließt der Schwabinger Bach vorbei – ein stark strömender Seitenarm des Eisbachs. Der Bayer richtet, nachdem er das Stadium der Gelassenheit erreicht hat, seinen Blick lieber auf die schönen Seiten des Gesamtbildes der Gesellschaft, als sich über kleine Splitter(nackt)gruppen aufzuregen.

Dieses Gesamtbild lässt sich im Englischen Garten besonders gut studieren. Schon als die gut vier Quadratkilometer große Grünanlage (eine der größten der Welt) im Jahr 1792 für die

Öffentlichkeit freigegeben wurde, war sie bewusst als Volkspark, als Erholungsstätte für jedermann, konzipiert worden. Die damals 40.000 Münchner Bürger sollten eine Möglichkeit zur Bewegung im Grünen, aber auch zu Begegnungen untereinander erhalten.

Auch heute noch kommt man im Englischen Garten leichter mit anderen Menschen ins Gespräch als anderswo. In den großen Biergärten am Chinesischen Turm, in der Hirschau oder beim Seehaus sowieso. Dort entwickeln sich Kontakte oft schon beim Anstehen am Bierausschank oder der Essensausgabe. Eine beliebte Möglichkeit, mit anderen eine Unterhaltung aufzunehmen, bieten auch die Gruppen von Zuhörern, die sich stets um die zahlreichen Musiker bilden, die die Wiesen des Englischen Gartens bevölkern – und gerne Sechziger-Jahre-Klassiker von Donovan oder Bob Dylan mit Gitarrenbegleitung zum Besten geben.

Manche finden sich auch unvorhergesehen in einem Fußballspiel wieder, nachdem sie etwa einen ausgekommenen Ball zurückgekickt haben. Oder man findet im Winter bei einer spontanen Schneeballschlacht Anschluss. Oder bei den Theateraufführungen, die bisweilen im nördlichen Teil des Parks (nahe dem Biergarten Aumeister) unter dem Sternenhimmel stattfinden, oder beim ...

Besonders schön (und kommunikativ) ist es im Englischen Garten im Frühjahr. Dann zieht es alle nach draußen, jeder öffnet sein Herz und ist empfänglich für ein Augenzwinkern oder ein kurzes (oder auch längeres) Gespräch. Und besonders schön ist es dort auch im Sommer, im Herbst und im Winter ...

Weil sich auf der Leopoldstraße Flaneure von PS-Protzen nicht stören lassen

Die Leopoldstraße gehört sicher zu den bekanntesten deutschen Verkehrsadern. Das zeigt sich schon allein daran, dass sie – wie nur wenige Straßen – mit einem eigenen Eintrag im Internet-Lexikon »Wikipedia« gewürdigt wird. Sie bildet die Verlängerung der mondänen Ludwigstraße, mündet stadtauswärts in die eher gewerblich geprägte Ingolstädter Straße und durchzieht ganze drei Stadtteile: die Maxvorstadt, Milbertshofen und natürlich Schwabing. Ihr »Herzstück« aber liegt zwischen dem Siegestor und der Münchner Freiheit. Eine Erklärung für die Popularität der Meile ist sicherlich ihre Vielfältigkeit. Es gibt – sollte man das Glück haben, hier zu wohnen – eigentlich keinen praktischen Grund, diesen Teil der Stadt jemals zu verlassen.

An der Ludwig-/Leopoldstraße findet sich die Ludwig-Maximilians-Universität, was ihr streckenweise studentisches Flair verleiht, genauso wie zahlreiche Boutiquen von erschwinglich bis luxuriös. Daneben Hotels, Banken, Versicherungen, Autohäuser, Sprachschulen, Kinos, Theater, Einrichtungshäuser, Optiker, Parfümerien, Friseure, Buchhandlungen, Fitness- und Sonnenstudios. Von den meisten Geschäftstypen residieren an der vierspurigen Straße gleich mehrere. Und natürlich die Gastronomie. Hier reicht das Angebot von Steakhäusern (Asado, Block House), über Tex-Mex-Läden (Tijuana), italienische Lokale (Italy, L'Osteria, Al Pacino, Don Luca), Japaner (Bento Box) bis zu zahlreichen Eisdielen (Gino oder Baci, die Eisdiele des Starkochs Alfons Schuhbeck).

Diese Eiscafés, aber auch Kaffeehäuser wie das traditionelle Café an der Uni oder Lokale wie das Roxy oder Bachmaier Hofbräu bieten ideale Voraussetzungen zum »Sehen und gesehen

werden«. Hier wurden das Flanieren und das interessiert-des-
interessierte Beobachten des anderen Geschlechts quasi erfunden.
Von den zahlreichen Außenplätzen hat man die besonders breiten
Gehsteige gut im Blick. Wer vor einem Cappuccino oder Campari
sitzt, kann ganz in Ruhe beobachten, ob die oder der Bewunderte
auffallend häufig vorbeikommt – und sich einen Reim darauf machen. Auch wer das Trottoir entlangschlendert, hat gute Chancen,
Blickkontakt herzustellen. Wer sollte einen daran hindern, sich
gerade hier für ein Eis zum Mitnehmen anzustellen oder besonders
ausgiebig ein Schaufenster zu begutachten? Von den Freiluft-
Tischen sieht man aber auch hervorragend auf die Fahrbahnen
der Leopoldstraße. Das ist wichtig für all jene, die hier sowieso
keinen Parkplatz finden, aber trotzdem zeigen möchten, dass sie
sich einen Porsche, Ferrari oder Bentley leisten können. Wenn sie
betont langsam auf der rechten Spur rollen und zumindest so tun,
als ob sie eine Parklücke suchen, wird ihnen so viel Aufmerksamkeit zuteil wie sonst nirgends in der Stadt.

Klar ist daher, dass auch die Autokorsos, die stets nach Siegen
der deutschen Fußballmannschaft bei internationalen Turnieren
oder bei wichtigen Erfolgen des FC Bayern München stattfinden,
auf der Leopoldstraße fahren – man will ja gesehen werden.

Weil es am Gärtnerplatz und im Glockenbachviertel Kunst und Krempel gibt

Es gibt in München – wie wahrscheinlich in jeder Metropole – Stadtteile, die sich im Laufe der Zeit so gut wie nicht verändern. Dazu gehören das Lehel oder Haidhausen. Auch wenn man nach Jahren zurückkehrt, wird man dieselben Lokale oder Modegeschäfte vorfinden. Das liegt zum Teil daran, dass die Mieten dort besonders hoch sind und nicht eben einladend für Gründer, aber auch an den Bewohnern, die vielleicht selbst bereits etwas etablierter sind und eine gewisse Beständigkeit schätzen.

Und es gibt Quartiere, für die gilt genau das Gegenteil. Dort löst eine Eröffnungs-Party die nächste ab. Schon nach einer längeren Urlaubsreise kann es sein, dass man zwei, drei neue Clubs oder Ladengeschäfte vorfindet. Auch entdecken die dort Lebenden Althergebrachtes stets wieder neu, werkeln, verändern, modernisieren, dekorieren um. Sie leben in und mit ihrem Viertel, wollen sich zeigen und selbst schauen – statt sich in der heimeligen Wohnung einzuigeln. Zu diesen ruhelosen, agilen Kiezen gehören das Gärtnerplatzviertel und das Glockenbachviertel, benannt nach dessen zentralem Platz bzw. einem Münchner Stadtbach, der – teils unterirdisch – in Richtung Sendlinger Tor fließt. Das zeigt sich beispielsweise an der großen Zahl kleiner Ateliers und Galerien, die auch junge, noch unbekannte Künstler ausstellen. Auch gibt es zahlreiche Secondhandläden – nicht ramschig, sondern stilbewusst – in dieser Nachbarschaft. Deren Bewohner, darunter viele Schwule und Lesben, Künstler sowie auch junge Familien, sind außerdem sehr musikaffin. Wird eine neue Stilrichtung populär, eröffnen die ersten entsprechenden Clubs natürlich in der Gegend um das große Gärtnerplatz-Rondell. Ein Beispiel für die Kreativität der Clubbetreiber: Als die (frühere) HypoVereinsbank in der Müllerstraße eine Filiale aufgab, dauerte es nicht lange, bis dort eine Lounge eröffnete, die sich schlicht »Die Bank« nannte – und zügig eine Art Kultstatus erlangte.

Bei allem Neuen schätzen Münchner an diesem Teil der Innenstadt aber auch, dass er nicht zwanghaft modisch sein will (dazu ist er viel zu cool), sondern auch traditionelle Lokale überleben lässt. Beispielsweise existiert das Fraunhofer in der gleichnamigen Straße seit 1774. Es gibt dort bodenständige Gerichte und eine seit Langem eingeführte Kleinkunst- und Kabarett-Bühne. Im Zentrum des hippen Viertels residiert das Gärtnerplatztheater – eines der größten und schönsten Münchens. Den Platz selbst nahmen seine Anrainer erst etwa ab der Jahrtausendwende so richtig in Beschlag. Seither sind die kleinen Grünflächen dort sowie die Cafés rundherum fast ständig lebhaft bevölkert.

Ein weiterer Grund, das Gärtnerplatz- und das Glockenbach-Viertel als Ausgangspunkt für eine tägliche oder nächtliche München-Tour zu wählen, sind die vielen Anziehungspunkte in deren Nachbarschaft: Direkt angrenzend befindet sich der Sankt-Jakobs-Platz mit dem Jüdischen Zentrum, der Viktualienmarkt mit Leckereien aus aller Welt, die Isar (die hier einen besonders breiten grünen Uferstreifen hat) zum Relaxen und das Schlachthofviertel. Dort können Nachtschwärmer ebenfalls hervorragend ausgehen, etwa, wenn sie rund um den Gärtnerplatz bereits alles erkundet haben – aber das ist extrem unwahrscheinlich.

Weil Hofgarten und Café Tambosi
Klatsch mit Klasse verbinden

Eine der großen »Bühnen« der Stadt ist zweifelsohne das Café Tambosi, dessen Vordereingang am Odeonsplatz liegt und dessen Innenhof sich zum Hofgarten hin öffnet. Sofort, wenn sich ein paar Sonnenstrahlen zeigen, sind zumindest die Plätze an den kleinen runden Bistro-Tischen an der Frontseite des Traditionscafés schnell besetzt. Dann findet man zwar meistens im Garten noch Platz. Doch die Aussicht im vorderen Teil ist halt einfach besser: Von der einen Seite, aus Richtung der Leopoldstraße und des Englischen Gartens, strömen attraktive, lässige junge Menschen in die Stadt. Aus der anderen Richtung, von der Brienner Straße, Theatiner- und Maximilianstraße, machen sich besser situierte, elegant gekleidete Münchner mit ihren Einkäufen auf den Weg ins Kaffeehaus oder zum Lunch.

Im Tambosi legt man sich dezenter auf die Pirsch als etwa in den Straßencafés im nahe gelegenen Schwabing. Man beobachtet auf eine gediegenere Weise. Dass man selbst beobachtet wird, wenn man einen der begehrten Sitzplätze ergattert hat, versteht sich von selbst. Für diese Eleganz des Sehens und Gesehenwerdens im Luigi Tambosi gibt es viele Gründe: Die erhabenen Gebäude in direkter Nähe wie die Feldherrnhalle oder die Theatinerkirche, aber auch das edle Café-Ensemble selbst. Daneben die Geschichtsträchtigkeit des Unternehmens: Das Tambosi ist Münchens ältestes durchgehend betriebenes Café und besteht seit 1775. Schon im frühen 19. Jahrhundert war es selbstverständlich, sich für ein Rendezvous im Tambosi zu verabreden, wenn man etwas gelten wollte. Zudem das erlesene Publikum: Auf der Internetseite des Tambosi findet sich eine extra Rubrik, auf der Klatsch, Tratsch und Zeitungsbeiträge über die illustren Gäste zusammengestellt sind. Keineswegs zuletzt machen auch die kunstsinnigen Angestellten einen Teil seines Flairs aus: Regelmäßig studiert das Team eine eigene Oper ein (etwa »Rossinis Wiesn«) und trägt sie im Café vor.

Ein Teil seines Charmes und seiner Vorzüge als »Ort des Beobachtens« verdankt das – im Inneren charmant angestaubt eingerichtete – Café auch seiner Nähe zum Hofgarten. Auf den geschwungenen Wegen und unter den Arkadengängen des 1617 fertig gestellten Renaissance-Gartens wandelt man bewusst langsam, statt zu hetzen und kann durchaus die gleiche Stelle mehrmals passieren – falls man dort etwas besonders Attraktives entdeckt hat. Im Zentrum der Anlage, an einem kleinen Pavillon, dem Diana-Tempel, lässt man sich nieder und lauscht den oftmals dort stattfindenden Musikdarbietungen. Nur gelegentlich weht ein Lüftchen der Macht von der Staatskanzlei herüber, die während der Amtszeit des CSU-Ministerpräsidenten Edmund Stoiber an die Stirnseite des Hofgartens gesetzt wurde. Das Gebäude, das das ehemalige Armeemuseum in sich aufgenommen hat, entzweit von jeher die Münchner. Während es die einen als gelungene Kombination alter Bausubstanz mit modernen Elementen preisen, schmähen es andere als »Palazzo Protzo«. Seis drum. Irgendwie ist in München jedes neue Bauvorhaben umstritten – es will ja gut überlegt sein, ob und wie sich etwas ändern soll.

Immer populärer wird es jedenfalls, auf den Schotter-Flächen des Hofgartens Boule oder Boccia zu spielen – nicht nur unter älteren Herren. Könnte es für eine Kontaktanbahnung oder ein kurzes Schwätzchen eine bessere Möglichkeit geben?

Weil die Maximilianstraße natürlich nobel ist

In der Straße, die direkt vom bayerischen Regierungssitz Maximilianeum über die Maximiliansbrücke in Richtung Innenstadt führt, haben sich sämtliche namhaften internationalen Mode- und Schmuck-Marken niedergelassen: von Dolce & Gabbana über Versace, Louis Vuitton, Dior, Chanel, Hermès bis Bulgari oder Wempe. Einerseits ist es etwas bedauernswert, dass diese globalen Konzerne in jeder Großstadt der Welt identisch zu finden sind und die eingesessenen, lokalen Fachgeschäfte verdrängen. Andererseits: Jede wirkliche Metropole braucht genau so eine Super-Shopping-Meile, auf der alles international und auf höchstem Niveau ist. In München ist dies eben die Maximilianstraße – von der Münchner Jung-Schickeria schlicht »Maxi« genannt. Und: Ein paar »echte Münchner« sind ja noch da – wie der Herrenausstatter Unützer.

Zum Anspruch, ganz oben mitzuspielen, passt es auch, dass selbst kleinere Baulücken geschlossen und etwas angegraute Fassaden aufs Feinste restauriert wurden. Vor dieser Kulisse lässt es sich trefflich flanieren und – falls die finanzielle Potenz vorhanden ist – die gut gefüllten Einkaufstaschen launig in der Luft schwenken. Dieses Statussymbol soll den gewöhnlichen Passanten signalisieren, dass man selbst gerade »das Nötigste« gekauft hat. Es dürfte für einige der Luxus-Shopperinnen ein kleiner Trost dafür sein, dass ihre Jugendtage schon etwas länger zurückliegen. Selbst als Drohung können die (Zahnarzt-, Anwalts-, Gutsbesitzer-)Gattinnen ihre Einkaufszüge in der Maximilianstraße einsetzen: Die Ankündigung, bei etwaigen Fehltritten des Mannes dort dessen Kreditkarte zum Glühen zu bringen, soll schon so manchen Ehemann diszipliniert haben. Wahrscheinlich sieht man aus ähnlichen Gründen in den Geschäften der Straße überdurchschnittlich viele

Herren, die ihre Damen zum Einkaufen begleiten – nur um ein ganz klein wenig zu bremsen.

Doch die Maximilianstraße auf einen international geprägten Einkaufs-Boulevard zu reduzieren, wäre unfair. Man merkt dort durchaus noch, dass man sich mitten in München befindet – an der Trambahn etwa oder daran, dass an ihrem Ende einige bayerische Wirtshäuser (etwa das Spatenhaus) traditionelle Schmankerl anbieten.

Man findet dort auch eines der besten Hotels Münchens (das Vier Jahreszeiten), zahlreiche hochklassige Galerien, die Kammerspiele und natürlich die Oper. Am Abend strömen die Gäste elegant gekleidet – nach wie vor überwiegend in Abendkleid und Smoking – in die Vorstellungen, verströmen ein feierliches Ambiente und ziehen die Blicke auf sich.

Ein anderer liebenswerter Blickfang in der Maximilianstraße ging leider verloren: Nachdem Designer und Münchner Original Rudolph Moshammer (»Mosi«) im Januar 2005 einem Gewaltverbrechen zum Opfer gefallen ist, wurde dessen Boutique inmitten der Prachtstraße geschlossen. Bis dahin hatten nicht nur Touristen ihre Nasen an die Schaufensterscheiben gedrückt, um einen Blick auf die im Laden shoppenden Promis zu erhaschen. Wenn man ganz großes Glück hatte, kam gerade Mosi selbst mit seiner Hündin Daisy heraus oder – noch besser – seine Mutter mit lila gefärbten Haaren, die sich im Rolls-Royce ein paar Häuser weiter zum Friseur fahren ließ – ganz großes Kino!

Weil man im Univiertel
das Leben studieren kann

Natürlich: Es mag Universitäten geben, die moderner und prak-
tischer sind als die Ludwig-Maximilians-Universität (LMU) in
München. Etwa weil dort alle Gebäude und Hörsäle zeitsparend
auf einem Campus versammelt sind statt auf zahlreiche, teils weit
auseinander liegende historische Häuser verteilt. Oder weil man
in der Mensa nicht ewig lange anstehen muss. Aber: Auch wenn
andere Universitäten vielleicht effizienter organisiert sind, die
Münchner Hochschulen bieten dennoch Top-Qualität. Die LMU
spielt als eine von nur drei deutschen Lehranstalten unter den
weltweit hundert besten mit (neben Göttingen und Heidelberg,
laut »Times Higher Education World University Ranking 2010«).
Auch die Technische Universität (TU) gehört zu den erfolgreichs-
ten des Landes.

Doch seien wir ehrlich: Während der Studienzeit kommt es
nicht – oder zumindest nicht nur – darauf an, dass Dinge praktisch
und effizient sind. Sie müssen schön sein, kreativ, inspirierend. Die
Straßen, Parks, Cafés und Kneipen, die die Universität umgeben,
müssen deshalb ansprechend sein und den Rahmen für ein soziales
Leben bieten, an das man sich noch Jahre später gerne zurück-
erinnert. Sie sind die Stätten, an denen sich junge Menschen die,
neben dem Fachwissen, unerlässlichen Kenntnisse und Fähig-
keiten aneignen, die ihr Dasein erst wirklich glücklich und erfolgreich machen. »Wie teile ich mir die Zeit so ein, dass ich es trotz
der lästigen BWL-Prüfung noch auf alle drei wichtigen Partys in
dieser Woche schaffe?«, »Wie mache ich mich bei der/dem An-
gebeteten rar und interessant, ohne sie/ihn zu vergraulen?« oder

»Wie macht der aus dem höheren Semester das nur, dass er stets von mindestens drei Mädels umgeben ist?«.

Für all diese Studien bietet München ein ideales Umfeld. Allein in fußläufiger Distanz zur Universität finden sich alle Arten von Cafés und Lokalen. Darunter Klassiker wie der Alte Simpl in der Türkenstraße, der seit etwa 1900 Kulisse für hochgeistige Gespräche ist. Dort trafen sich Ludwig Thoma, Olaf Gulbransson oder Thomas Theodor Heine aus dem Umfeld der Zeitschrift »Simplicissimus«. Daneben lädt natürlich der Englische Garten mit Chinesischem Turm, Seehaus und Wiesen zum Nachdenken und Studieren ein. Mit dem Fahrrad erweitern die jungen Suchenden ihren Aktionsradius deutlich – und können beispielsweise in der Innenstadt Wirtschaft(en) studieren. Wird einem der Trubel in der Stadt einmal zu viel (das soll selbst bei Studenten vorkommen), kann man mit den S-Bahnen bequem ins Umland fahren – an den Ammersee oder den Starnberger See, im Winter zum Skifahren. Sogar die Semesterferien lassen sich so auf angenehme Weise verbringen.

Dieses ganze reizvolle »Drumherum« kann letztlich sogar den Lernerfolg beflügeln: Wer in München studiert, ist permanent umgeben von schönen, erstrebenswerten Dingen – Autos, Wohnungen in schönen Stadtvierteln, gute Kleidung. Bis auf wenige Luxusstudenten wird jeder mitbekommen, dass es all das nicht umsonst gibt, sondern dass man dafür arbeiten und zuvor fleißig büffeln muss. Das dürfte eine dieser Erkenntnisse sein, die man eher im Münchner Leben erhält als im Hörsaal.

Weil der Kleinhesseloher See und das Seehaus Sonnenschein noch schöner machen

Hier gibt es eigentlich immer etwas zu sehen – am Kleinhesseloher See im Englischen Garten und dem dortigen Restaurant Seehaus. Der See mit seinen drei Inseln – der Königs-, Kurfürsten- und der Regenteninsel – ist zwar künstlich angelegt. Das fällt aber heute nicht mehr besonders auf, da er bereits 1803 ausgehoben wurde und seither schön eingewachsen ist. Wer sich dort ein Tret- oder Ruderboot mietet, kann ruhig vor sich hin schippern oder sich treiben lassen und in der Sonne dösen. Oft ergibt sich ein kleiner Flirt, wenn Bootfahrer sich auf dem nicht besonders großen Gewässer (Fläche etwa 80.000 Quadratmeter) gleich mehrfach kreuzen. Die Kapitäne können aber auch ganz nahe an die Tische des Biergartenbereichs des Seehauses navigieren und dort die Gäste beobachten. An diesen Plätzen direkt am Wasser ist es besonders bewegend und bayerisch, den Sonnenuntergang zu genießen. Nur zur Information: Baden kann man im Kleinhesseloher See nicht, was aber wegen der häufig vorkommenden Schlingpflanzen ohnehin kein Vergnügen wäre.

Es ist erstaunlich, wie schnell sich im Seehaus die Reihen füllen, sobald auch nur ein paar Sonnenstrahlen auftauchen. Es wirkt, als ob all die Besucher, die dann herbeiströmen, irgendwo in der Nähe auf den Startschuss zu einer Biergartenmaß und einer Brotzeit gewartet hätten. Auch die Angestellten des Lokals sind stets darauf vorbereitet, dass es jederzeit losgehen kann, und fahren dann sofort den Betrieb hoch. Insgesamt ist das Publikum im Biergarten und im Bedienbereich des Restaurants etwas gehobener – etwa im Vergleich zum Chinesischen Turm. Dass hier Barbour-Jacken und Seidentüchlein überdurchschnittlich oft zum

Outfit gehören, schmälert aber die kommunikative Atmosphäre keineswegs. Besonders bei großen Fußball-Turnieren wie der Europa- oder Weltmeisterschaft hat sich das Seehaus als Treffpunkt mit Großleinwänden etabliert. Da redet dann sowieso jeder mit jedem. Während der WM 2010 wurde vom Seehaus aus sogar »Waldis WM-Club« übertragen – eine launige Talkrunde unter Mitwirkung von Fußballgrößen wie Paul Breitner oder Hansi Müller.

Rund um das Seehaus finden auch regelmäßig Bauern- oder Flohmärkte statt, die vor dem malerischen Hintergrund besonders viel Spaß machen. Im Winter kann man auch Enten und Schwäne füttern oder im Freien einen Glühwein trinken. Der schmeckt besonders gut, nachdem man – falls der See dick genug zugefroren ist – beim Schlittschuhfahren ordentlich gefröstelt hat. Schlittschuhfahren auf dem Kleinhesseloher See ist übrigens wieder eines dieser typisch münchnerischen Verbote: Es ist zwar offiziell untersagt, weil in den See der Oberstjägermeisterbach fließt und das Eis daher ungleichmäßig dick sein könnte. Kontrollieren will das Verbot aber niemand und die meisten wissen nicht einmal davon.

Weil sich im Nymphenburger Park trefflich lustwandeln lässt

Nicht nur in Venedig gibt es Kanäle, sondern auch in München haben wir einige rund um das Schloss Nymphenburg. Der Pasing-Nymphenburg-Kanal wurde angelegt, um den Nymphenburger Schlosspark von der Würm aus mit Wasser zu versorgen, durch den gesamten Park zieht sich der Mittelkanal, zwei kleinere Kanäle nach Osten und Nordosten leiten das Wasser ab. Auch wenn sich diese Kanäle gegenüber ihren norditalienischen Vorbildern eher klein ausnehmen, steht deren Umgebung an Schönheit und Romantik Venedig in nichts nach.

Als im Jahr 1662 der Wittelsbacher Kurprinz Max Emanuel von Bayern geboren wurde, sollte als Geschenk für die junge Mutter, Kurfürstin Henriette Adelaide von Savoyen, ein Schloss mit Garten errichtet werden. Als geeigneten Standort wählte man das Gebiet zwischen den damaligen Dörfern Obermenzing und Neuhausen. Das Schloss war als Sommerresidenz außerhalb der Stadt gedacht. Über zwei Jahrhunderte wurde die Anlage erweitert und bereichert. Beispielsweise mit dem Bau der Pagodenburg, der Badenburg und der Amalienburg, die als liebreizende Lustschlösschen und sogenannte Parkburgen noch heute gerne besucht werden. Aber auch die zahlreichen Staffage- und Zweckbauten wie die Magdalenenklause und das Dörfchen oder auch das Palmenhaus bereichern die Schönheit und Vielfalt des Nymphenburger Parks. Die Garten- und Parkanlagen in der heutigen Form schuf maßgeblich Friedrich Ludwig Sckell in den Jahren von 1799 bis 1823, dem das Kunststück gelang, den gestalteten französischen Barockgarten mit dem englischen Landschaftspark aufs Harmonischste zu vereinen.

Zusammen mit den Auffahrtsalleen, dem Schlossrondell, dem Hauptschloss und dem Park bedeckt die gesamte Anlage eine Fläche von knapp 230 Hektar. Eine Besonderheit des Parks ist der gekonnte Einsatz von Wasser. Es gibt neben den Kanälen zwei Seen und zusätzlich noch Fontänen und die Große Kaskade. Überall im Park sind Skulpturen und Statuen zu sehen. Alles in allem entsteht so eine erhebende, fast feierliche Atmosphäre, die man aufgrund der gelungenen Parkgestaltung sehr entspannt genießen kann. Und das lassen sich die Münchner nicht zweimal sagen. Heute sind Park und Schloss bequem mit der Straßenbahn zu erreichen und bieten das ganze Jahr über reichlich Möglichkeiten, um die Seele einmal baumeln zu lassen.

Im Winter, wenn die Kanäle und Seen zugefroren sind, fahren junge Liebespaare, hoffnungsvolle Singles und Junggebliebene Schlittschuh. Auch die Eisstockschützen kommen auf ihre Kosten. In allen anderen Jahreszeiten lassen sich abwechslungsreiche Spaziergänge unternehmen und das Palmenhaus lädt ganzjährig zum Kaffeetrinken ein. Stilvolle Hochzeiten werden hier gefeiert und das Schloss bietet die Kulisse für märchenhafte Brautfotos. Sogar das tägliche Gassiführen des Hundes wird vor dieser Kulisse zu etwas Besonderem und so ist nicht verwunderlich, dass sich hier auch schon das ein oder andere Paar in der Mitte des Lebens gefunden hat. Einen Sommer lang führt man »Maxi« und »Waldi« gemeinsam aus, kommt zwanglos ins Gespräch und plötzlich wird mehr daraus.

Der Nymphenburger Park ist also für vieles gut, nur für eines nicht: Fahrradfahren ist verboten – aber man will dort ja auch herrschaftlich lustwandeln und dabei Pflanzen, Tiere und Menschen beobachten. Da wäre Radeln ja viel zu hektisch.

Weil Roecklplatz und Dreimühlenviertel ganz besonderen Münchnern ihren Auftritt bieten

Wenn man sich ein freundliches Biotop in einer Stadt vorstellt, kann einem durchaus so etwas vorschweben wie der Roecklplatz. Er stellt quasi das Herz des Dreimühlenviertels in der Isarvorstadt, nahe dem Schlachthofviertel, dar. Und das Herz des Herzens ist ein Spielplatz inmitten des wuseligen, lebhaften Rondells. Benannt ist der Platz nach einem Handschuhhersteller, der schon die österreichische Kaiserin Sissi belieferte und noch heute seinen Firmensitz dort unterhält. Ein früherer Firmenchef hat auch den schmucken Jugendstil-Brunnen gestiftet, der den Platz ziert.

Bevölkert wird das Areal den ganzen Tag über und im Sommer bis spät am Abend. Tagsüber sitzen Mütter oder Väter, deren Kinder sich auf dem Spielplatz vergnügen, beim Italiener und trinken Kaffee oder Prosecco mit Erdbeeren oder essen mit ihren Sprösslingen ein Eis. Viele biegen auch schwungvoll mit ihren Fahrrädern am Roecklplatz ein, wenn sie von dem nahe gelegenen »Flaucher« an der Isar heimkehren und eine Rast einlegen wollen. Sobald es dämmert, bevölkern immer mehr Gäste auch die Tische eines kurdischen Lokals – was aber nicht bedeutet, dass die begehrten Plätze vor der Eisdiele frei werden. Des Abends kommen auch gerne junge Menschen auf einen Drink vorbei, bevor sie in einem der angrenzenden »Weggeh-Viertel« richtig loslegen. Schon in direkter Nähe des Platzes finden sich zahlreiche Speiserestaurants (darunter ein kreolisches) oder Bars, die meisten mit Stühlen und Tischen davor – auf die man ausweichen kann, wenn der Platz selbst bereits komplett gefüllt ist.

Mühelos kann man jedenfalls mehrere Stunden hier verbringen und zwischenzeitlich die Lokalität wechseln, was die Möglichkeiten des Sehens und Gesehenwerdens und einer etwaigen Kontaktaufnahme enorm verbessert. Ohnehin scheint es so, als ob sich viele der Besucher des Roecklplatzes untereinander kennen. Die Heimeligkeit des Platzes und die Vertrautheit seiner Besucher lösen bei vielen spontan das Gefühl aus, hier auch dazugehören zu wollen. Und auch wenn einem das nicht dauerhaft vergönnt ist, so nimmt einen das bunte Völkchen gern für ein paar Stunden offen bei sich auf.

Auch liegt, egal zu welcher Uhrzeit, über der Szenerie stets eine echte, ungespielte Lässigkeit. Man gewinnt den Eindruck, dass die Menschen, die hier sitzen und beobachten, tatsächlich mehr Zeit haben (oder sie sich nehmen) als die sonst eher eiligen Münchner. Deshalb ist ein Besuch hier auch gut geeignet, um etwa nach einer hektischen Einkaufstour oder nach einem stressigen Arbeitstag die Anstrengung abzustreifen und auf angenehme Weise »herunterzukommen«.

Zum offenen und liberalen Ambiente passt es auch hervorragend, dass sich genau hier das Restaurant »Roecklplatz« niedergelassen hat. Das ist ein Gastronomiebetrieb, der nach dem Vorbild des britischen Starkochs Jamie Oliver Jugendlichen mit problematischen sozialen Hintergründen die Möglichkeit bietet, eine Ausbildung zu absolvieren. Ins Leben gerufen wurde das Projekt von drei erfahrenen Wirten und einem Träger der Jugendhilfe. Auf der Speisekarte steht Leckeres wie Panzerotti, Maishühnchen oder aufwändige Desserts. Allein wegen dieses kulinarischen Anziehungspunktes lohnt sich auch für Touristen ein Besuch am Roecklplatz.

Weil Brienner Straße und Königsplatz mittendrin statt nur dabei sind

Nicht nur auf der Leopold- und der Maximilianstraße lässt es sich herrlich flanieren, sondern auch die Brienner Straße und der Königsplatz eignen sich hervorragend dafür. Diese geschichtsträchtigen Plätze beeindrucken mit architektonischen Meisterwerken, die sogar in München ihresgleichen suchen.

Die Brienner Straße verdankt ihren Namen übrigens der Stadt Brienne-le-Château in Frankreich, wo 1814 der preußische Feldmarschall Blücher mit Hilfe bayerischer Truppen Napoleon den I. entscheidend schlagen konnte. Unter Ludwig I. wurden Brienner Straße und Königsplatz zu einem umfassenden Kunstwerk ausgebaut und gestaltet. Dabei setzte Ludwig I. seine Vorstellungen eines »Isar-Athens« vor allem am Königsplatz um. Der Torbau, den man am Königsplatz bewundern kann, ist ein Beispiel hierfür und gleichzeitig ein Denkmal für den griechischen Freiheitskampf des Wittelsbacher Königs Otto von Griechenland.

Einen fantastischen Anblick bietet ebenfalls der Karolinenplatz. Als erster Platz überhaupt in München wurde er als Strahlenplatz konzipiert, mit einem herrlichen Rundumblick auf die angrenzenden Bauten. Ein wahrer Blickfang ist der Obelisk in der Mitte, der auf dem Schnittpunkt zwischen Brienner und Barer Straße in den weiß-blauen Himmel ragt. Der Obelisk ist ein Mahnmal, das an die bayerischen Gefallenen des Russlandfeldzuges Napoleons 1812 erinnert, bei dem Bayern noch auf der Seite Frankreichs kämpfte.

Rund um die Brienner Straße und den Königsplatz ist ein quirliges Viertel entstanden, in dem das kulturelle Leben der Landeshauptstadt voll zur Entfaltung kommt. Zahlreiche Museen und

Ausstellungsorte laden dazu ein, staunend zu verweilen, die Geschichte zu studieren und München einmal aus einer gänzlich neuen Perspektive zu betrachten. Zu nennen wäre beispielsweise das über die Grenzen hinaus bekannte Café Luitpold mit seinem »Museum zur Kaffeehauskultur« sowie die Galerie Wimmer, Münchens älteste Kunstgalerie, die seit dem Jahr 1825 existiert. Das Münchner Volkstheater, eine der bekanntesten und beliebtesten Bühnen Münchens, befindet sich ebenfalls in der Gegend. Das dazugehörige Restaurant Volksgarten ist ein bei Alt und Jung beliebter Schauplatz fürs Sehen und Gesehenwerden.

Auch bei einem Besuch der anderen zahlreichen Cafés und Restaurants kann man seine Seele baumeln lassen und entspannen. Die Sorge für das leibliche Wohl war den Münchnern schon immer ein wichtiges Anliegen. Und so ist auch für jeden Geschmack etwas zu finden. Mit frischer Energie kann es dann zur nächsten Station gehen, denn in diesem Viertel ist Shoppen nach Lust und Laune angesagt. Wenn Ihnen dabei das Geld ausgehen sollte – kein Problem, denn die Räumlichkeiten der Bayern LB befinden sich in der Brienner Straße 18, dort können frische Mittel rund um die Uhr beschafft werden. Das Bankhaus residiert im Wittelsbacher Palais, in dem sich in der Nazizeit das Hauptquartier und das Gefängnis der Gestapo befanden. Wer also anderes im Sinn hat, als Geld abzuheben, dem sei zur Vorsicht geraten, denn die Mauern der Gebäude sind so massiv wie der bekannte bayerische »Dickschädel«.

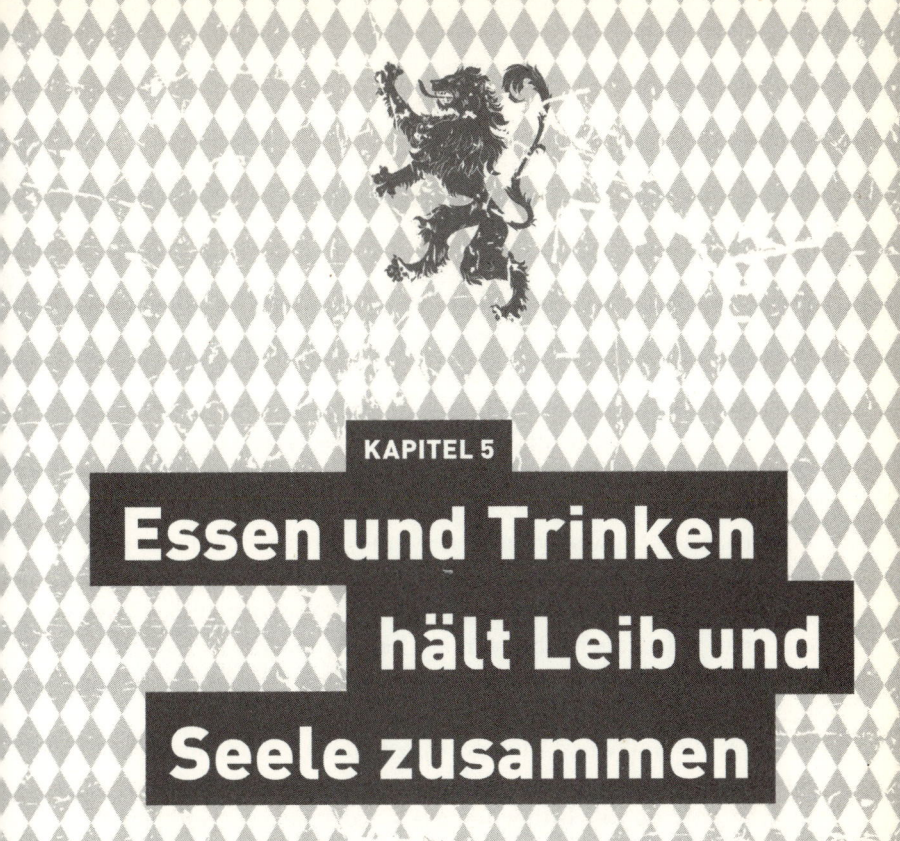

KAPITEL 5

Essen und Trinken hält Leib und Seele zusammen

Weil Weißwürste vor zwölf
am besten schmecken

Die Münchner Weißwurst hat eine lange Tradition. Überlieferungen zufolge war sie das geglückte Zufallsergebnis einer Notlösung des Moser Sepp, Münchner Metzger und Gastwirt der Schenke »Zum Ewigen Licht« am Marienplatz. Ihm sollen – so will es die Legende – am Rosenmontag des Jahres 1857 bei der morgendlichen Zubereitung der beliebten Kalbsbratwürste die Schafssaitlinge ausgegangen sein, und so füllte er das Wurstbrät kurzerhand in Schweinedärme, denn die ersten Bestellungen gingen schon ein. Aus Sorge, der Schweinedarm könnte beim Braten platzen, brühte er die Würste lediglich auf. Nachdem seine Gäste das erste Misstrauen überwunden hatten, entwickelte sich die neue Wurstschöpfung zu einem echten Renner – und das ist sie heute noch.

Die echte Weißwurst ist ungefähr zwölf bis 15 Zentimeter lang und wiegt zwischen achtzig und neunzig Gramm. Offiziell handelt es sich dabei um eine Brühwurst aus feingemahlenem Kalbfleisch, Schweinespeck, Eischnee, Petersilie und anderen Gewürzen. Und weil sie nicht gepökelt ist, weist sie eine grauweiße Färbung auf. Aufgrund ihrer typischen Farbe, Form und Konsistenz hat die Weißwurst ungerechterweise schon viel Spott und Häme unwissender Nicht-Bayern einstecken müssen. Als »dick, weiß und glibberig« beschrieb sie einst »Die Zeit«, und der berühmte Gastrokritiker Wolfram Siebeck bezeichnete sie respektlos als »Albinopimmel«. Das hat der Beliebtheit der Weißwurst, die im Jahr 2007 ihren 150. Geburtstag feierte, aber keinen Abbruch getan. Denn wer einmal eine richtig gute, frische und hausgemachte Weißwurst probiert hat, weiß, dass sie ein echtes »Schmankerl«

– also eine Delikatesse – ist, und lässt sich fortan nicht mehr von ihrem Genuss abhalten.

Traditionell wird sie frühmorgens hergestellt und darf – so will es der Brauch – das »Mittagsläuten um zwölf Uhr« nicht hören. Das liegt daran, dass es zur Zeit ihrer Erfindung keine Kühlung gab und die Würste damals roh verkauft wurden. Und Wurstbrät verdirbt eben schnell. Heute ist das natürlich nicht mehr so. Man bekommt sie beim Metzger gebrüht und im Lokal zu jeder Tageszeit serviert.

Bei ihrer Zubereitung sollte man ein wichtiges Detail beachten: Am besten schmecken Weißwürste, wenn sie bei ungefähr siebzig Grad Celsius für zehn bis 15 Minuten im offenen Topf ohne Deckel erwärmt werden. Keinesfalls dürfen Weißwürste gekocht werden, denn dann platzen sie und verlieren ihren Geschmack. Üblicherweise werden sie im Paar serviert, sie sind nämlich ziemlich gehaltvoll und machen ordentlich satt.

Auch für den Verzehr gibt es Regeln. Wer's zünftig mag, »zuzelt« die Weißwurst. Das heißt, er nimmt sie in die Hand und saugt das Wurstbrät aus der Pelle – die wird nämlich nicht mitgegessen. Etwas vornehmer, aber irgendwie »unbayerisch«, sind der »Längsschnitt« oder der »Kreuzschnitt« und das anschließende Herauslösen des Wurstbräts mit Messer und Gabel. Egal für welche Technik man sich entscheidet, genießt man Weißwürste am besten zusammen mit einer echten bayerischen Brezn und einem Weißbier – und natürlich mit Senf. Aber halt, auch hier gibt es eine Regel, denn Senf ist nicht gleich Senf. Und zur Weißwurst gehört nun mal zwingend echter bayerischer süßer Senf. Scharfer Senf, Ketchup oder – noch grauenhafter – Mayo haben an und auf einer Weißwurst nichts zu suchen!

Und weil die Münchner so stolz auf ihre Weißwurst sind, hat die Schutzgemeinschaft Münchner Weißwurst versucht, die »Original Münchner Weißwurst« in Brüssel schützen zu lassen. Leider hat das nicht geklappt, weil das Bundespatentgericht im

Jahr 2009 abschließend befand, die weitaus überwiegende Menge aller Weißwürste komme inzwischen nicht mehr aus München, sondern aus anderen Teilen Bayerns. Der Kenner lässt sich weder von Spott und Schmäh noch von solchen bürokratischen Spitzfindigkeiten verdrießen und genießt auch weiterhin seine original Münchner Weißwurst – vor oder nach zwölf Uhr, gezuzelt oder längsgeschnitten, ganz wie's ihm beliebt. Ein zünftiges »Mahlzeit« und »lassen's Eana schmecken«!

Weil unsre Brezen oft kopiert, aber nie erreicht werden

Die Münchner Brezn ist einfach sensationell. Ohne Brezen schmecken die Münchner Weißwürste nur halb so gut, ist die Wiesn nicht komplett und sind Leberkas und Obazda a »fade G'schicht« – die Brezn ist einfach ein unverzichtbarer Bestandteil der zünftigen bayerischen Brotzeitkultur. Sie ist gut gegen den kleinen Hunger zwischendurch und als Beilage zu Spareribs, Hendl und Bayerischem Wurstsalat aus keinem Münchner Biergarten wegzudenken. Selbst bei Geschäftsbesprechungen werden in Münchner Unternehmen oft Brezen gereicht oder es wird zum »Brezenfrühstück« eingeladen. Die Brezn ist sozusagen das kulinarische Pendant zum Dirndl – das Richtige für alle Gelegenheiten.

Nach offizieller Definition handelt es sich bei der Brezn um ein traditionelles Laugengebäck, das zumeist mit grobem Salz bestreut ist. Die echte Münchner Brezn besteht aus Weizenmehl, Wasser, Hefe, Kochsalz und Fett und wird vor dem Backen kurz in dreiprozentige Natronlauge getaucht, was ihr den charakteristischen Geschmack und ihr typisches Aussehen verleiht. Ihre Kruste ist dünn, glänzend, kastanienbraun und an ihrer dicksten Stelle nach dem Backen aufgeplatzt. Innen ist der Teig hell, saftig und weich – und vor allem: Sie hat dicke Arme. Das ist wichtig, denn auch die Brezenarme sind innen saftig und zart, und das ist eines der vielen Details, an denen man die Kopie vom Original unterscheiden kann. Denn kopiert wurde und wird sie oft. Was in anderen Landesteilen allerdings so alles als »Brezel« daherkommt – bisweilen harte Teigstränge mit dürren, hungrigen Ärmchen, zu trocken oder zu salzig oder vom Geschmack her mehlig bis fad –, kann es mit der echten, unverwechselbaren Münchner Laugenbrezn einfach nicht aufnehmen. Deren Ruhm reicht sogar bis in die USA, wo die »Pretzel« allerdings eher als Snack in Form einer Dauerbackware, ähnlich den Salzstangen, angeboten wird, und das nicht nur am »National Pretzel Day«. Überhaupt ist bei Brezen-Imitationen Vorsicht geboten: Bekanntermaßen verschluckte sich ein ehemaliger US-Präsident an selbiger und verlor für kurze Zeit das Bewusstsein.

Die Brezn, die es grundsätzlich in salziger und süßer Variante gibt, hat Geschichte. Das Zunftzeichen der Bäcker und »Gebildebrot« – ursprünglich ein religiöses Festtagsgebäck –, dessen Form zum Beten verschränkte Arme symbolisiert und von der es heißt, dass dreimal die Sonne hindurchscheint, wurde vornehmlich zum Neujahrstag, zum Palmsonntag und zum Erntedankfest gebacken. Im katholischen Bayern mit seinen vielen Klöstern ist die Brezn daher besonders verbreitet.

Und wie bei den berühmten Münchner Weißwürsten kursiert auch über die Entstehung der Laugenbrezn eine Legende, der zufolge sie das geglückte Ergebnis einer Verwechslung ist. Und das kam so: Im Jahr 1839 arbeitete Anton Nepomuk Pfannenbrenner als Bäcker im Münchner Kaffeehaus des Königlich Bayerischen Hoflieferanten Johann Eilles. Eines schönen Tages griff er, als er seine Brezen wie üblich mit Zuckerwasser glasieren wollte, in den falschen Behälter und erwischte Natronlauge, mit der eigentlich die Backbleche gereinigt wurden. Er hatte Glück, das Ergebnis war schmackhaft und überzeugend, und so war die Münchner Laugenbrezn geboren, die nachweislich am 11. Februar 1839 erstmals verkauft wurde und sich bis zum heutigen Tag größter Beliebtheit erfreut.

Inzwischen gibt es vielfältige Versionen der Münchner Brezn – »veredelt« mit Kürbiskernen, Sesam oder Mohn oder mit Käse überbacken; es gibt sie als Butterbrezn, als Laugenstangerl oder Laugensemmel und im Riesenformat als »Wiesnbrezn«, wie sie nicht nur auf dem Oktoberfest, sondern im Sommer auch im

Biergarten angeboten wird. Und der Münchner Starkoch Alfons Schubeck macht daraus seine leckeren Brezenknödel.

Ob veredelt oder pur, immer jedoch bewahrt die Münchner Laugenbrezn ihren unverwechselbaren Geschmack, ihr glänzendes, »resches« – knuspriges – Äußeres und ihr zartes Inneres. Das macht ihr keiner nach. Da sagen wir einfach: An Guadn!

Weil es das Münchner Bier
von hell bis dunkel gibt

Was gibt es Schöneres, als bei einer Maß oder einem Weißbier über die Welt zu sinnieren – im berühmten Münchner Hofbräuhaus, in einem der Münchner Biergärten oder wo auch immer?

Bier ist in Bayern – und selbstverständlich auch in München – ein Grundnahrungsmittel und kein alkoholisches Getränk. Bier und München gehören zusammen wie Frühling und Mai. Wenn in München gebraut wird, liegt oftmals der Geruch von Hefe, Hopfen und frischem Brot in der Luft. Und dass Bier hier eine ganz besondere Bedeutung hat, lässt sich schon daran erkennen, dass die nach eigenen Angaben älteste Bierbrauerei der Welt – die ehemalige Klosterbrauerei und heutige Bayerische Staatsbrauerei Weihenstephan mit Sitz in Freising vor den Toren Münchens – direkt dem bayerischen Wissenschaftsministerium und das berühmte Münchner Hofbräuhaus dem bayerischen Finanzministerium unterstellt ist. Die Pflege der Münchner Bierkultur und -tradition ist ebenso Ehrensache wie die Einhaltung des Reinheitsgebots, demzufolge ausschließlich Wasser, Hopfen und Malz – sowie Hefe für das Weißbier – zum Brauen verwendet werden dürfen. Das bayerische Reinheitsgebot ist Münchnern und Bayern schon immer so wichtig gewesen, dass die bayerische Regierung seinen Fortbestand 1919 sogar zur Bedingung für die Zustimmung zur Weimarer Verfassung machte.

Das Bierbrauen an sich ist fast so alt wie die Stadt München selbst, wobei sich der Hopfenanbau in Bayern erst im Mittelalter so richtig verbreitete und Bier den bis dahin dominanten Wein verdrängte. Wie so oft waren Klöster und ihre Klosterbrauereien auch beim Bierbrauen Trendsetter. Sie waren nämlich die Ersten, die lange vor dem Erlass des Reinheitsgebots auf den Zusatz von Kräutern, Gewürzen und sonstigen »Geschmacksverstärkern«, die das Bier haltbar und nach damaligem Sprachgebrauch »trincklich« machen sollten, verzichteten. Gebraut wurde bis ins 19. Jahrhundert vor allem dunkles, eher süßes Bier, das nahrhafter und gehaltvoller als das Helle ist und den Mönchen besonders in der Fastenzeit tatsächlich als Nahrungsmittel diente.

Bis heute machen die Namen der wichtigsten Münchner Brauereien die Bedeutung der Klosterbrauereien deutlich: Neben Löwenbräu, Hofbräu und Hacker-Pschorr gehören die Brauereien Augustiner, Paulaner und Spaten-Franziskaner zu den ganz Großen. Dazu kommen unter anderem Weihenstephan, Ettal und das berühmte Andechs, die ihren Sitz nicht direkt in der Stadt, sondern im Münchner Umland haben. Die Klosterbrauerei Andechs ist übrigens die einzige, die ganzjährig Bockbier braut und verkauft, das wesentlich stärker ist als das »normale« Helle. Wer nach dem Besuch des Andechser Bräustüberls oder der Klostergaststätte schon einmal Mühe hatte, den Heiligen Berg hinabzusteigen, kann davon ein Lied singen. Bockbier, auch Starkbier genannt, ist eigentlich eher ein »Winterbier«, weil es mehr Stammwürze und einen höheren Alkoholgehalt hat.

Münchner Bier ist – anders als die Münchner Weißwurst – auch eine offiziell geschützte geografische Bezeichnung. Doch welches nun das schmackhafteste ist und welcher Biersorte man den Vorzug gibt, ist eine ganz persönliche Entscheidung. Ob Helles, Pils, Dunkles, Bock oder sogar Doppelbock oder das beliebte und für München so typische naturtrübe Hefeweißbier – das es ebenfalls hell und dunkel gibt –, Hauptsache es kommt aus München oder Umgebung. Bestellt wird »a Maß« oder »a Hoibe«, also ein Liter oder ein halber Liter, und weil es so lecker schmeckt, bleibt es selten bei einer.

Und so vergeht die Zeit – im Sommer im Biergarten im Schatten ausladender Kastanien, im Winter gemütlich in der Stammkneipe. Und bevor man sich endlich auf den Heimweg macht, heißt's oft: »Kumm ... zwick ma no a Hoibe.«

Weil die Großmarkthalle und ihre Gaststätten der »Bauch von München« sind

Mit seinem Roman »Der Bauch von Paris« hat der französische Schriftsteller Émile Zola im 19. Jahrhundert den Großmärkten von Paris ein Denkmal gesetzt. Das, was in Frankreichs Metropole früher »Les Halles« im Zentrum waren und später der Rungis-Markt in einem Außenbezirk wurde, ist in München der Großmarkt mit dem zugehörigen Schlachthof. Er findet sich im gleichnamigen Stadtviertel, das zentral zwischen Thalkirchen und dem Glockenbachviertel nahe der Isar liegt.

Auch die Münchner lieben ihren Großmarkt und zollen den Menschen, die dort arbeiten, Respekt – schon weil sie mit dafür sorgen, dass alles Mögliche frisch auf die Tische kommt und weil sie dafür extrem früh aufstehen müssen.

Ab drei Uhr in der Nacht rollen Lastwagen aus mehr als achtzig Ländern der Erde an. Deren Ladungen werden trotz der nächtlichen Stunden von den Arbeitern (von denen viele noch am gleichen Morgen als Tagelöhner in einem kleinen Büro am Rand des Marktes rekrutiert wurden) rasant auf Gabelstapler und dann auf die Hallen und Lager verteilt.

Einerseits handelt es sich beim Großmarkt München um ein Multimilliarden-Unternehmen, welches organisiert, dass knapp vierhundert Import- und Export-Unternehmen sowie Groß- und Klein-Händler mit insgesamt 3000 Mitarbeitern jährlich sechshundert Tonnen Waren umschlagen und dabei etwa 1,5 Milliarden Euro umsetzen.

Andererseits handelt es sich bei dem 310.000 Quadratmeter großen Areal um ein eigenes Biotop, in dem viele Münchner Originale, italienische oder türkische Gemüseverkäufer, aber auch

Blumenhändler und ihre Stammkunden trotz der großen Hektik stets Zeit für ein kleines Schwätzchen finden.

Gute Gelegenheit hierzu bieten jedenfalls die Gaststätten auf dem Gelände: Am bekanntesten davon dürfte das »Wirtshaus im Schlachthof« sein. In dem roten Klinkerbau finden regelmäßig TV-Übertragungen und Kabarettveranstaltungen – unter anderem »Ottis Schlachthof« mit Ottfried Fischer – statt. Auch ohne Rahmenprogramm lohnt sich ein Besuch in dem urig eingerichteten bayerischen Lokal, das im Sommer einen gemütlichen Biergarten bietet, der selten überlaufen ist.

In puncto »bayerisches Ambiente« steht die »Gaststätte Großmarkthalle« dem »Wirtshaus im Schlachthof« in nichts nach. Das Gasthaus spielte auch in der Kult-Fernsehserie von Franz Xaver Bogner aus den achtziger Jahren »Zur Freiheit« die zentrale Rolle und hat (trotz Renovierung) seither nichts von seinem Charme eingebüßt. Heute lockt es Gäste vor allem mit seinen Weißwürsten an, die viele Münchner für die besten der Stadt halten. Sie werden im Keller selbst hergestellt und kommen direkt aus dem Kessel zu den Gästen. Insider nennen diese besonders frischen Exemplare »Erstgebrühte«. Beliebt ist die »Gaststätte Großmarkthalle« auch im Fasching, wenn das Bedürfnis nach einem herzhaften Schmankerl in den frühen Morgenstunden bei vielen besonders groß ist. Besucher sollten aber wissen, dass das Lokal – angepasst an die Gepflogenheit des Großmarkts – sehr früh öffnet, aber auch früh schließt (wochentags 7–17 Uhr, Samstag 7–13 Uhr, Sonn- und Feiertag geschlossen).

Wer nur kurz »einkehren« möchte, kann dies auch bei einem der Kioske direkt in den Hallen tun. Dort treffen sich besonders viele der Angestellten auf einen lebensnotwendigen Kaffee oder ein Paar Würstel. Allein die Gespräche über Schwammerl, Trends bei Obst und Gemüse oder allerlei Vorkommnisse auf dem Markt, die man dort stets belauschen kann, sind einen Besuch wert.

Weil nur Münchner Biergärten wirklich originell und echt sind

Ein Biergarten ist »eine traditionelle Einrichtung, eine im Freien gelegene Schank- und Speisewirtschaft, die in erheblichem Umfang mit Bäumen bepflanzt ist und wo der Verzehr mitgebrachter Speisen möglich ist« – so lautet die offizielle Definition der »Neuen Biergartenverordnung«. Aber eigentlich ist ein echter Münchner Biergarten viel mehr, nämlich ein Ort der Begegnung, an dem sich Jung und Alt, Arm und Reich, Einheimische und Auswärtige mischen und – solange Petrus mitspielt und die Sonne scheint – im Schatten großer Kastanien nach Herzenslust bayerische Gemütlichkeit und Lebensfreude genießen, sprichwörtlich den Herrgott einen guten Mann sein lassen und obendrein auch für das leibliche Wohl sorgen können.

Der Münchner Biergarten hat eine lange Tradition. Ursprünglich durfte Bier wegen der Brandgefahr, die mit dem Sieden verbunden war, nicht im Sommer gebraut werden, sondern lediglich vom Tag des Heiligen Michael (29. September) bis zum Tag des Heiligen Georg (23. April). Damit das Märzenbier über den Sommer haltbar blieb, wurden neben den Brauhäusern große Bierkeller gebaut. Und um die Kühlung weiter zu verbessern, pflanzten die Brauer um die Keller herum schattenspendende Bäume mit großen Blättern – die Kastanien. Bald darauf wurde unter diesen Bäumen Bier ausgeschenkt. Auf den Protest der anderen Münchner Gastwirte hin verbot der bayerische König Ludwig I. allerdings dort den Verkauf von Speisen. Und so kam es, dass man bis zum heutigen Tag seine Brotzeit selbst mitbringen darf.

Was gibt es Schöneres, als an einem heißen Sommertag zum Feierabend mit Freunden in den Biergarten zu radeln? Echte

Profis sind gut gerüstet – mit einem Weidenkorb, aus dem die obligatorische Stofftischdecke (am besten rotkariert), zünftige Holzbrettchen, ein scharfes Messer für den »Radi« (Rettich), Radieserl, Griebenschmalz, Senf, Tomaten, bayerischer Wurstsalat, Presssack, Obazda und bayerischer Hartkäse gezaubert werden. Wer keine Lust zum Vorbereiten hat, kann diese Schmankerl im Biergarten mittlerweile auch fertig kaufen, und frische Brezen dazu sowieso. Dazu ein zünftiges Weißbier oder »a Maß«, und das Glück ist vollkommen!

München hat so viele Biergärten, dass man sie gar nicht alle aufzählen kann. Eine besondere Erwähnung verdienen neben der Waldwirtschaft auf alle Fälle der Biergarten am Chinesischen Turm im Englischen Garten, wo es besonders international zugeht und im Hochsommer oft bayerische Blaskapellen für die entsprechende Untermalung sorgen; außerdem der Königliche Hirschgarten, der mit 8000 Plätzen der größte Biergarten Europas ist und über ein zwei Hektar großes Wildgehege verfügt; der Paulaner-Biergarten am Nockherberg mit seinem traditionellen Lampionfest; der Biergarten am Seehaus im Englischen Garten mit der schönen Aussicht auf den Kleinhesseloher See, der in der Abendsonne glitzert, und natürlich der Klassiker Menterschwaige am Hochufer der Isar in Harlaching. Doch auch die vielen anderen Biergärten haben jeder einzelne seinen ganz besonderen Reiz.

Spätestens bei der zweiten Maß »ruckt ma z'samm« auf der Bank und schließt neue Freundschaften mit den Sitznachbarn. Und wenn man spätabends endlich den Heimweg antritt, stellt man fest, dass der Abend mal wieder so richtig »griabig« – gemütlich – war.

Weil in unseren Traditionslokalen nicht nur der Schweinsbraten grandios schmeckt

Der Besuch eines der zahlreichen Traditionslokale in München ist – nicht nur – ein kulinarisches Highlight. Hier pflegen die Leute noch bayerisches Brauchtum und die hohe Kunst des Bierbrauens. Der Gast kann im kleinen wie großen Rahmen hervorragende Speisen und Getränke genießen und die weltbekannte Geselligkeit der Münchner aus erster Hand in Augenschein nehmen.

Auf der Speisekarte stehen saftige Schweinsbraten mit einer herrlich knackigen Kruste. Da läuft einem schon das Wasser im Munde zusammen, wenn die Wirtin – traditionell im Dirndl – den Braten an den Tisch bringt. Zusammen mit Knödel und Kraut serviert, erfährt man Gaumenfreuden der besonderen Art. Dazu gibt es selbstverständlich ein frisches Helles oder ein zünftiges Weißbier. Wer keinen Schweinsbraten mag, kommt aber nicht zu kurz. Denn die Auswahl an Fleisch- und Fischgerichten ist in jedem Traditionslokal groß.

Im Sommer herrscht in den Biergärten der Lokale rege Geschäftigkeit und die Bierbänke sind prall gefüllt. Doch wie es die Tradition gebietet, findet sich immer noch ein Plätzchen. Man darf nur nicht schüchtern sein, wenn man sich zu Fremden an die Bierbank setzen will. Auch wenn manch einer grimmig dreinschaut, so ist das Eis beim ersten Prost gebrochen und es entwickeln sich amüsante Gespräche. Stoff zum Diskutieren gibt es in München schließlich reichlich und die Kombination aus Sonne und Bier trägt ihren Teil zu einer gelungenen Kommunikation bei.

Das Paulaner am Nockherberg ist ein Traditionslokal, das man unbedingt einmal im Leben besuchen sollte, denn hier findet der weit über die Grenzen bekannte »Salvator-Ausschank« statt.

Dieses Starkbierfest, die sogenannte »Münchner fünfte Jahreszeit«, beginnt im März. Ein Spektakel und eine Riesengaudi für die Besucher, denn es wird dem Gast allerlei für sein Geld geboten. Das Fest beginnt mit dem traditionellen »Politiker-Derbleckn«, der »Salvator-Probe«. Unter dem Gejohle der begeisterten Gäste wird dabei Politikern aller Parteien kräftig der Marsch geblasen, die Leviten gelesen oder wie man hier sagt: Sie werden »abgewatscht«. Mittlerweile ist der »Salvator-Ausschank« so beliebt, dass er sogar im Fernsehen live übertragen wird. Wer Glück hat (oder ein »Großkopferter« ist) und eine Einladung ergattert, sollte sich dieses Vergnügen unter keinen Umständen entgehen lassen, denn es ist ein unvergessliches Erlebnis bayerischer Tradition in Reinkultur.

Der Hofbräukeller am Wiener Platz im Stadtteil Haidhausen ist seit über hundert Jahren ein weiteres Beispiel gelebter Münchner Tradition und Gastlichkeit. Der malerische Biergarten mit seinen uralten Kastanien lädt zum Verweilen und Entspannen ein. Die Brotzeit können sich die Gäste natürlich selbst mitbringen oder auf die frischen Speisen des Wirthauses zurückgreifen. Das Gebäude auf dem Gelände, im Stil der Neurenaissance, ist ein Ort, der besonders eng mit der Münchner Tradition verknüpft ist, denn hier werden in einem Theater die Stücke des beliebten und bekannten Komikerduos Karl Valentin und Liesl Karlstadt aufgeführt. Da sag einer noch, in den Wirtschaften gibt es nur Schweinsbraten!

Weil Dallmayr, Käfer & Co.
ganz besondere Delikatessen bieten

Wer schon mal die Dallmayr-Werbung im Fernsehen gesehen hat, könnte auf die Idee kommen, dass es sich bei der hübschen, adrett gekleideten Verkäuferin um eine Schauspielerin und bei dem gediegenen Ambiente um eine geschickt gebaute Kulisse handelt, die der Sehnsucht des Menschen nach der guten alten Zeit Rechnung trägt. Wer aber den Fuß über die Schwelle des Geschäftshauses mit der prächtigen Fassade in der Dienerstraße setzt, dem wird klar, dass es sich bei der Fernsehszene nicht um das Arrangement eines Marketingexperten handelt – denn die Wirklichkeit ist noch viel schöner als die Werbung.

Da stehen sie in Lebensgröße hinter altertümlichen Holztheken, die jungen Damen in blauen Kleidern mit weißen Schürzen, und wiegen liebevoll jede einzelne Kaffeebohne oder jedes Gramm Tee auf einer Balkenwaage ab, bevor sie sie behutsam in die Tüte gleiten lassen. Aber es ist ja bei Weitem nicht nur die große Auswahl an exquisiten Kaffee- und Teesorten, die einen Besuch bei Alois Dallmayr zu einem besonderen Erlebnis macht – nicht umsonst zählt Dallmayr seit über hundert Jahren zu den besten Delikatessenhäusern Europas. Durch den Haupteingang betritt man eine von Marmorsäulen getragene Gewölbehalle, in der sich Theken mit edlen Fleisch- und Wurstwaren, Lachs- und Kaviarspezialitäten, einem riesigen Angebot frischer Pasta, knusprigen Brotsorten, farbenprächtige Obst- und Gemüseauslagen und die gläsernen Vitrinen des kalten Büfetts aneinanderreihen. Und nicht nur Kinder stehen staunend vor dem Brunnen mit den niedlichen Putten, in dessen Wasser sich lebendige Flusskrebse tummeln. Wahrscheinlich ist der Einkaufskorb schon jetzt prall gefüllt, dabei ist der Rundgang noch längst nicht beendet, denn es warten noch andere Abteilungen des weitläufigen Ladens auf einen Besuch: die Weinecke mit feinen Weinen und ausgewählten Spirituosen aus aller Welt, die Patisserie mit ihren köstlichen Torten, Petits Fours und Gebäck aus eigener Herstellung, die Regale mit einer Auswahl von über 150 verschiedenen Marmeladen, Konfitüren und Honigspezialitäten, oder die unwiderstehliche Glastheke mit ihren Pralinen und Schokoladen aus der hauseigenen Confiserie. Und allem entströmt eine Gediegenheit und Qualität, die es einfach nur beim Dallmayr gibt.

Aber vielleicht lieben Sie es ja etwas weniger traditionell, dafür aber mondäner und mit dem typischen Münchner Schickimicki-Touch? Dann sind Sie beim Feinkost Käfer in der Prinzregentenstraße am richtigen Ort, denn da ist das Angebot noch ausgefallener und das Publikum noch illustrer. In den feinen Münchner Kreisen ist es selbstverständlich, dass man seine Lebensmitteleinkäufe beim Käfer erledigt. Wo sonst findet man unter einem Dach alles von der Himbeer-Veilchen-Konfitüre fürs Frühstück über das unverzichtbare kaltgepresste Arganöl und die Essigcreme mit Trüffelaroma für den Wellness-Salat zum Mittagessen bis zu den fertig gekochten Schlemmereien, die die gestresste Bogenhausener Hausfrau dem Gatten zum Abendessen auf den Tisch bringt, weil ihr Tag zwischen Charity, Personal Trainer und Powershopping wieder mal so anstrengend war, dass sie es nicht mehr schafft, sich selbst an den Herd zu stellen? Und damit der Einkauf nach der Qual der Wahl nicht auch noch zu einer körperlichen Strapaze wird, kann man beim Käfer die vollen Einkaufskörbe an der Kasse deponieren und sich bei einem Glas Champagner im Bistro erholen, während die freundliche Kassiererin alles in große Tüten packt, die ein livrierter junger Mann anschließend zum parkenden Auto oder Taxi trägt und sorgfältig im Kofferraum verstaut. Ein Hauch von Dekadenz – auch das macht München so liebenswert.

Weil im Pschorr und anderswo immer noch Gerichte aus der guten alten Zeit gekocht werden

Altmünchner Wirtshaustradition in Reinkultur hat der Pschorr zu bieten. Wer gern Fleisch isst und es deftig liebt, der landet mit Sicherheit irgendwann hier am Viktualienmarkt direkt neben der Schrannenhalle. Oder in einer anderen »Wirtschaft«, in der noch so richtig urig-bayerisch aufgekocht wird.

Der Wirtshausklassiker im Pschorr und anderswo ist natürlich der Schweinsbraten: Schön krustig muss er sein, nach altbayerischer Art zubereitet, mit hausgemachtem Semmelknödel und Speck-Krautsalat. Ein weiterer Inbegriff für bayerische Spezialitäten ist die Schweinshaxe – von manchem Münchner liebevoll »Haxn« oder »Haxerl« genannt. So eine Schweinshaxe – außen resch gebraten und innen saftig – ist ein kulinarischer Hochgenuss. Dafür muss man allerdings auch was tun: sich durch die leckere Kruste arbeiten (für viele der Hauptgrund, eine Haxe zu bestellen) und danach das Fleisch vom Knochen lösen. Zum Glück gibt's immer ein scharfes Messer dazu, sonst hätte man keine Chance, dem Haxerl Herr zu werden. Serviert gehört die Schweinshaxe übrigens mit gutem Krautsalat und Knödeln, die noch richtig nach Kartoffeln schmecken: So wie beim Pschorr, da sind die Kartoffelknödel nämlich handgedreht!

Wem läuft da nicht das Wasser im Mund zusammen, wenn er die Speisekarte liest: Knödelgröstl mit Bratenfleisch, Zwiebeln, frischem Majoran und Ei; im Rohr geschmorte Ochsenwade; Zwiebelrostbraten; geschmorter Ochsenschwanz; Tellerfleisch von der Ochsenbrust mit frisch geriebenem Kren (Meerrettich) und Kartoffelsalat; Bierkutschergulasch mit Semmelknödel und

Salatteller. Da sieht man die Gerichte beinahe schon dampfend auf dem Tisch vor sich stehen!

Natürlich werden in einem gscheiten Münchner Wirtshaus auch Innereien meisterhaft zubereitet. Während Innereien in vielen Regionen Deutschlands als zu unfein galten, besitzen sie im Süden eine lange Tradition. Das lässt sich in München im Pschorr und anderswo schön erleben. Ein gutes Einsteiger-Essen für Leute, die sich zum ersten Mal an Innereien wagen, sind saure Lüngerl. Wer einmal recht verkatert ist, sollte nach dem Ausschlafen zum Pschorr gehen und dieses Gericht bestellen. Saure Lüngerl haben den Ruf, selbst größere Schäden durchzechter Nächte zu reparieren! Die Innereien (Lunge, Herz, Bries) in saurer Essigsoße, mit etwas saurem Rahm und gehackter Petersilie verfeinert, von einem handgedrehten Semmelknödel begleitet, sollen neutralisierend wirken. Aber nicht nur saure Lüngerl, gebackene Milzwurst mit Kartoffelsalat, gegrilltes Rinderherz sowie Blut- und Leberwurstgröstl zieren die Speisekarten. Das Weisse Bräuhaus im Tal pflegt besonders die traditionelle Kronfleischküche. Daneben werden dort auch noch andere Innereien zubereitet: Kalbs- und Schweinslunge, Kutteln und Kalbsbries, Spanferkelleber, geschnetzelte Schweinsleber mit gerösteten Zwiebeln und Champignons, Schweinsnieren »sauer« mit Bratkartoffeln – der Innereienliebhaber findet hier alles, was sein Herz begehrt!

Zugegeben, diätgeeignet sind die Schmankerl aus der guten alten Zeit kaum. Aber herzhaftes und zünftiges Essen ist der Inbegriff der bayerischen Gemütlichkeit und spielt für die Münchner eine große Rolle. Beisammensitzen, politisieren, einen krustigen Schweinsbraten essen, ein frischgezapftes Bier dazu trinken – was braucht der Münchner mehr?

Weil man bei einer »Steh-Halben« im Andechser am Dom wunderbar philosophieren kann

Viele von denen, die im Andechser am Dom einkehren, bleiben dort um einiges länger hängen als geplant. Besonders der lebhafte Außenbereich zieht sogar die Vorbeieilenden magisch an, die eigentlich gar keine Einkehr geplant hatten. Das ist ein kleiner, überdachter Hof mit urigem Holzboden und offiziell vierzig Plätzen an erhöhten Stehtischen mit Hockern – meistens aber drängen sich dort wesentlich mehr Gäste. Das liegt nicht zuletzt auch daran, dass man dort trotz des strengsten Rauchverbots der Republik zum Bier eine »quarzen« kann. Der Bereich, von den Wirtsleuten selbst etwas schicker »Arkaden« genannt, wird im Winter mit Heizstrahlern wohlig gewärmt und mit Tannenzweigen dekoriert. So ist man temperaturtechnisch drinnen, aber gleichzeitig auch noch mitten im Geschehen rund um Marienplatz und Dom dabei.

Das besondere Flair des kleinen Vorbaus der Traditionsgaststätte speist sich großteils aus der Mischung der Gäste. Banker in feinem Zwirn lassen dort den Arbeitstag ausklingen, viele erholen sich nach einer ausgiebigen Einkaufstour – bepackt mit Tüten der angesagten Läden und Labels –, Touristen stoßen dazu, andere verfolgen auf dem kleinen TV-Gerät in der Ecke ein Fußballspiel. Hinzu kommt: Traditionelle Bierlokale wie der Augustiner sind sowohl bei jungen Leuten beliebt als auch bei Senioren – und bieten so eine seltene Möglichkeit für Gespräche über Altersgrenzen hinweg. Überhaupt fällt es hier besonders leicht, miteinander ins Gespräch zu kommen: Anders als in den allermeisten anderen Gaststätten ist es hier eine Selbstverständlichkeit, freie Plätze am eigenen Tisch an (anfangs noch) Fremde zu geben. Angesichts des

Andrangs, der meistens herrscht, wäre es erstens grob unhöflich, dies nicht zu tun, und zweitens gehört das Zusammenwürfeln der Gäste hier quasi zum Konzept. Wenn nötig, klären die Ober oder Bedienungen die Platzfrage mit einem entschiedenen »Ihr setzt euch da dazu« – wer wollte dieser Autorität (die immerhin über die Bierausschank-Hoheit verfügt) widersprechen?

Oft ist dann ein spontanes Lob des ausgeschenkten Bieres der erste Ansatz für ein Gespräch mit den Tischnachbarn. So ist es im Andechser (was keineswegs für alle bayerisch daherkommenden Wirtshäuser gilt) durchaus gerechtfertigt, von Bierkultur zu sprechen. Ausgeschenkt werden diverse Sorten ausschließlich aus der Klosterbrauerei Andechs – vom klassischen Hellen über Weißbiere bis zum berühmt-berüchtigten Andechser Doppelbock (7,1 Prozent Alkohol!) –, alle aus dem Fass und schnellstens an den Tisch gebracht. Wer möchte, kann sich sogar ein kleines Party-Fässchen auf den Tisch stellen lassen – und steht so fast automatisch im Zentrum interessierter Nachfragen.

Gerade weil die Gäste so unterschiedlich sind, entspinnt sich an den Tischen keineswegs nur belangloser Kneipen-Smalltalk, sondern bisweilen nachgerade philosophische Gespräche. Vermutlich wird das unterstützt von der Wirkung des Gerstensafts, vielleicht aber auch von der Würde des nahen Doms und dessen beeindruckendem Geläut. Klar ist den Beteiligten zumeist auf jeden Fall: Die diskutierten Gedanken sind sinnenschwer und gewichtig und die Gespräche werden sich daher bestimmt noch etwas hinziehen – sodass es auf jeden Fall geboten scheint, erst einmal ein weiteres Bier zu bestellen.

Weil das Weisse Bräuhaus im Tal eigentlich unbeschreiblich ist

Wer vom Marienplatz, vom Viktualienmarkt oder von der breiten Einkaufsstraße »Im Tal« herkommend das Weisse Bräuhaus betritt, taucht ein in eine jahrhundertealte Gastwirtschaftskultur, die sich seit seiner Gründung 1872 kaum verändert zu haben scheint. Den Besucher umfangen unvermittelt Wirtshaus-Dampfschwaden und eine Lärmkulisse aus Gelächter, Gesprächen und »Vorsicht!«-Rufen der Bedienungen. Es lohnt sich, hier zu verweilen und die Chance zu nutzen: Alteingesessene Münchner essen hier gern zu Mittag oder bleiben auf »eine Halbe«. Eine Stunde im Weissen Bräuhaus heißt echte Münchner Lebensart schnuppern.

Die mannshohe Vertäfelung aus im Lauf der Zeit dunkel und speckig gewordenem Holz mit der Sitzbank, die an der gesamten Wand entlangläuft, und der Boden aus dicken, uralten Eichendielen sind Markenzeichen des Traditionshauses, ebenso wie die langen oder runden großen Tische, die zumeist voll besetzt sind. Von Privatsphäre keine Spur – Zweiertische gibt es hier nicht. Man muss sich halt zusammenraufen.

Erspäht der Besucher eine Lücke zwischen den Gästen, so strebt er zielstrebig darauf zu und bringt entschlossen die entscheidende Frage vor: »Grüß Gott, ist da noch frei?« Sollten es weniger freie Plätze sein als Platzsuchende – kein Problem, es rücken alle gern noch ein bisserl zusammen. Da sitzen nun drei Geschäftsleute am Tisch, davon ist mindestens einer Amerikaner. Ein Paar im mittleren Alter, das sind wohl Tagesgäste, ein schweigsamer Mann im Strickjanker vor seinem Weißbier – das könnte ein »Echter« sein. Am Nebentisch sitzen Kräuterweiber vom Viktualienmarkt in dicken, gefältelten Röcken und eine kleine Gruppe japanischer Touristen. Weitere Gäste drängen durch die Tür und suchen nach Plätzen.

In all dem Gedränge steht unerwartet schnell eine der großen, kräftig gebauten und resoluten weiblichen Bedienungen des Weissen Bräuhauses am Tisch – natürlich im Dirndl. »Was darf's sein?«, fragt sie forsch, ohne zu lächeln. Eine echte Münchner Bedienung ist etwas barsch, aber nicht wirklich unfreundlich, und wenn man sachkundig und zielsicher bestellt, erntet man zum Lohn ein zufrieden genicktes »Jawoll«. Ein Gast bestellt einen »Bayerischen Bauernschmaus«, obwohl es erst kurz nach elf Uhr ist, und er befürchtet, dass es dafür wohl noch zu früh sei. »Geht das?«, fragt er zaghaft. »Gehen tut es nicht«, antwortet die Bedienung, ohne eine Miene zu verziehen, »aber bringen kann ich es Ihnen halt.«

Wer wagemutig ist, probiert etwas aus der traditionellen Münchner Kronfleischküche. Die Münchner Küche kennt viele Zubereitungsarten von Innereien, und das Kronfleisch – das Zwerchfell von Rind, Kalb oder Schwein – gilt als ebensolche. Es sollte innen noch rosa sein und wird gern mit viel Schnittlauch und Kren (Meerrettich) genossen. Wem das zu exotisch ist, der greift vielleicht doch lieber auf die »Münchner Bratenküche« zurück und bestellt sich die »resch gebratene Schweinsbratwurst mit Aventinus-Bier übergossen, dazu Sauerkraut und Reiberdatschi« (Kartoffelpuffer). Dazu lässt man sich eine der Weißbier-Spezialitäten des Bräuhauses schmecken, von blond über kristall bis zur Hopfenweißen oder dem dunklen, starken Weizen-Doppelbock, dem Aventinus. Fest steht jedenfalls eines: Dieses traditionelle Münchner Wirtshaus-Ambiente ist selten geworden, ihr Bestand ist aber im Weissen Bräuhaus durch den regen Besuch von Einheimischen wie Touristen Gott sei Dank vorerst einmal gesichert.

KAPITEL 6

Kultur?
Sowieso!

Weil die Oper in München für alle ist

Opernbesuch – eine elitäre, vom Staat subventionierte Angelegenheit für Kulturbeflissene und die oberen Zehntausend? In anderen Städten vielleicht, aber nicht in München. Das beweisen die Münchner Zahlen des »Statistischen Jahrbuchs«: Die Bayerische Staatsoper war im Jahr 2009 zu 94,5 Prozent ausgelastet, und wer eine gute Karte für eine Vorstellung ergattern will, sollte sich beizeiten darum kümmern.

Trotzdem ist ein Opernbesuch in München nicht etwa eine alltägliche Unternehmung, sondern immer wieder eine festliche Angelegenheit. Dafür sorgt schon das prachtvolle Nationaltheater am Max-Joseph-Platz, das die Bayerische Staatsoper beherbergt. Schon vor über zweihundert Jahren waren die Münchner Bürger so eifrige Operngänger, dass die 560 Plätze des Residenztheaters, in dem damals die aktuellsten Opern zur Aufführung kamen – so beispielsweise die Uraufführung von Mozarts »Idomeneo« im Jahre 1781 –, für das opernbegeisterte Publikum nicht mehr ausreichten. Und daher erteilte Kurfürst Max Joseph den Auftrag, ein »Opernhaus für alle« zu errichten. Es dauerte einige Jahre, bis die Bauarbeiten am neuen Nationaltheater beendet waren, doch schon kurz nach seiner Einweihung fiel das prächtige Gebäude einem Brand zum Opfer und musste noch einmal vollkommen neu errichtet werden. Leo von Klenze war der Baumeister, der der Oper schließlich seine heutige Form mit der imposanten, von zwei Giebeln gekrönten Fassade, der an einen griechischen Tempel erinnernden Säulenvorhalle und dem unvergleichlich eleganten und imposanten Zuschauerraum gab. Und so kann sich wohl niemand, der am Abend die strahlend hell erleuchtete Eingangshalle des Gebäudes betritt und das in Abendrobe gekleidete

Publikum die Treppen emporströmen sieht, der festlichen Atmosphäre entziehen.

Es mag an dieser langen Operntradition liegen, dass das Münchner Opernpublikum im Ruf steht, eher konservativ zu sein und allzu modernen Inszenierungen skeptisch gegenüberzustehen. Der unvergessene »ewige Stenz« Monaco Franze alias Helmut Fischer aus der gleichnamigen Fernsehserie, der ja seine Stadt über alles liebte und ihr trotzdem oder gerade deshalb kritisch gegenüberstand, fällte sogar ein vernichtendes Urteil, als er äußerte, »dass wir in München ein Publikum ham, was hint' und vorn von nix was versteht und sogar jeden Reinfall zu einem einmaligen Erlebnis hochjubelt«. Mit dieser Kritik ist er sicher »ein bisserl« übers Ziel hinausgeschossen, Tatsache aber ist, dass sich mancher Regisseur schallende Buh-Rufe und heftigen Protest gefallen lassen muss, wenn er das Publikum mit einer zu innovativen Inszenierung überrascht. Auf der anderen Seite gibt es aber wohl kaum ein anderes Publikum auf der Welt, das seinen Stars, den Dirigenten und dem Ensemble derart zu Füßen liegt, sodass nach einer gelungenen Aufführung der Applaus und die Standing Ovations schier nicht abreißen.

Und was hat es zu bedeuten, wenn an einem Abend im Juni oder Juli Scharen von Menschen mit Picknickkörben, Klappstühlen und Wolldecken Richtung Nationaltheater pilgern? Dann ist im Rahmen der Opernfestspiele wieder »Oper für alle« angesagt und Oper wird tatsächlich zu einem Fest fürs ganze Volk. Da kann jeder unter freiem Himmel und völlig kostenlos auf einer riesigen Leinwand eine der hochkarätigen Aufführungen miterleben und dabei die besondere Mischung aus klassischem Musikgenuss und südlicher Lebensfreude genießen. Einfach einzigartig – und typisch München!

Weil Cineasten hier
Film- und Kinovielfalt finden

Die wichtigste Filmstadt Deutschlands ist nicht nur Heimat zahlreicher Schauspieler, Filmgesellschaften, Regisseure und Produzenten, sondern auch das reinste Mekka für Hobby-Cineasten. Mehr als dreißig Lichtspielhäuser allein im Stadtgebiet sorgen für Kinospaß für jeden Geschmack – von hypermodernen Multiplex-Sälen wie dem Mathäser Filmpalast und dem CinemaxX, über Fremdsprachen- bis zu anspruchsvollen Programmkinos für Streifen jenseits des Mainstreams.

Unter anderem ist München auch die Heimat eines der ältesten noch bespielten Kinos der Welt – des Neuen Gabriel, das seit 1906 ununterbrochen in Betrieb ist. In den Achtzigern bis in die neunziger Jahre war das Kino, das in unmittelbarer Nähe zum Hauptbahnhof liegt, vorübergehend ein »Schmuddelkino«, wurde dann aber renoviert und gilt seitdem als Geheimtipp. Neben dem guten Programm gibt es hier frisch gezapftes Bier und man darf die Weingläser sogar mit in den Kinosaal nehmen.

Ein besonderes Highlight ist das aufwändig renovierte Filmtheater am Sendlinger Tor. Auf roten Plüschsesseln mit großzügiger Beinfreiheit kann der Kinofan zwischen neoklassizistischen Säulen in der Königsloge oder auf den romantischen Balkonen in nostalgischer Erinnerung an die große Zeit der Lichtspielära und der Filmpaläste schwelgen und gleichzeitig modernste Filmtechnik genießen. Ein echter Hingucker ist das traditionell und nach altem Stil handgemalte Filmplakat über dem Kinoeingang.

Unter den Programmkinos sticht vor allem das Kino Theatiner Film in der Theatinerstraße hervor, das als eines der besten gilt und auf französischsprachige und Low-Budget-Produktionen in der Originalfassung spezialisiert ist. Das hervorragende Programm lässt sogar die recht unbequemen Holzstühle vergessen. Zu den originellsten Häusern gehört das ebenfalls holzbestuhlte Maxim Kino an der Donnersberger Brücke. Gezeigt werden unter anderem »experimentelles Kino« und russische Filme. Ein Geheimtipp für echte Cineasten und in seiner Art konkurrenzlos ist das Filmmuseum im Münchner Stadtmuseum. Hier laufen restaurierte historische Filme, Stummfilme und unbekannte Produktionen aus verschiedenen Ländern und Jahrzehnten.

Wer Filme lieber im Original genießen möchte, ist in den Fremdsprachenkinos Cinema in der Nymphenburger Straße und Atlantis nahe dem Hauptbahnhof richtig aufgehoben. Originalfassungen zeigen auch die Museum Lichtspiele in der Nähe des Deutschen Museums. Hier läuft übrigens seit mehr als dreißig Jahren durchgehend die legendäre »Rocky Horror Picture Show«.

Im Sommer wird Münchens Kinowelt zum Open-Air-Spektakel. Unter dem Motto »Kino, Mond & Sterne« findet an der Seebühne im Westpark jedes Jahr im Juli und August Kinovergnügen unter freiem Himmel statt. »Kino am Pool« bietet das Ungererbad in Schwabing von Juni bis Mitte August. Der größte Event ist jedoch das Kino Open Air am Königsplatz. Immer im Juli verwandelt sich der Königsplatz für acht Tage in einen riesigen Freiluft-Kinosaal mit einer dreihundert Quadratmeter großen Leinwand. Zwischen Propyläen, Glyptothek und Staatlicher Antikensammlung wird das Kino am lauen Sommerabend vor historischer Kulisse zu einem besonderen Erlebnis.

Die Krönung ist das alljährliche Internationale Festival der Filmhochschulen München, kurz »Filmfest München« genannt und zweitgrößtes deutsches Filmfestival nach der Berlinale. Seit einem Vierteljahrhundert geben sich nationale und internationale Filmgrößen hier ein Stelldichein. Das Filmfest gilt aber auch als Entdeckerbühne für talentierten Nachwuchs. Unter anderem wurde hier 1991 der damals noch unbekannte Regisseur Sönke

Wortmann mit dem Förderpreis Deutscher Film ausgezeichnet. Was das Filmfest so besonders macht, sind die ungezwungene Atmosphäre und das große Publikumsinteresse, wenn ganz München vom Kinofieber ergriffen wird und mit Leidenschaft die neuesten Filme diskutiert.

Filmfans kommen in München rund ums Jahr voll auf ihre Kosten. Daher lautet unsere Empfehlung: In der nächsten Kneipe das Gratis-Programm-Magazin »in-München« besorgen und auf ins Kino!

Weil das Filmfest als Jahrmarkt
der Kreativität gilt

Im Grunde braucht der Filmliebhaber in München gar kein Festival, denn bei der großen Anzahl der Kinos, die die Stadt zu bieten hat, findet jeder das ganze Jahr über genau das Kinoprogramm, nach dem ihm gerade der Sinn steht. Ob Blockbuster im Multiplex-Kino oder Stummfilm im Filmmuseum, ob Programmkino oder ausländische Produktionen in Originalsprache, ob Doku-, Experimental- oder Kultfilm – kein Kino-Wunsch kann ausgefallen genug sein, um in München nicht erfüllt zu werden.

Und trotzdem ist das Filmfest München, das jährlich Ende Juni/Anfang Juli stattfindet, für alle Cineasten und Filmfreaks das Highlight des Jahres. Dann versammelt sich in der Isarmetropole wieder alles, was im Filmbusiness Rang und Namen hat, rote Teppiche werden für die geladenen VIPs, B- und Möchtegern-Promis ausgelegt, die einschlägigen In-Locations werden auf Hochglanz poliert und sieben Tage und Nächte lang dreht sich alles nur noch um die bewegten Bilder auf der Leinwand. Aber nicht nur wegen des Celebrity-Faktors und der räumlichen Nähe der Veranstaltungsorte, die sich vom Kulturzentrum am Gasteig, dem Mittelpunkt des Geschehens, an der »Isarmeile« entlang bis in die Innenstadt aneinanderreihen, ist das zweitgrößte deutsche Filmfest ein Publikumsmagnet. Dafür sorgen vielmehr die über 250 nationalen und internationalen Produktionen, die in München ihre europaweite oder sogar weltweite Uraufführung erleben – was für den Cineasten mitunter einen wahrhaften Marathon bedeutet. Aber diese Strapazen nimmt er natürlich gern in Kauf, denn nur hier und jetzt kann er neben den großen Namen der Filmbranche auch die Werke von Neulingen und Außenseitern aus aller Welt begutachten, sich auf fremde Sichtweisen einlassen und seine ganz eigenen Festivalgewinner küren. Dass im Lauf der 28-jährigen Geschichte des Filmfests schon einige Newcomer auf der Teilnehmerliste standen, die dann später zu großer Berühmtheit gelangten, wie – um nur einige Namen zu nennen – Leonardo DiCaprio als Zwanzigjähriger, Quentin Tarantino bei der Erstaufführung seines Kultfilms »Pulp Fiction« oder die damals noch völlig unbekannten Coen-Brüder, darauf sind die Münchner natürlich besonders stolz.

Was dem Filmfest München aber seinen besonderen Charme verleiht, sind seine sommerliche Feststimmung, seine Leichtigkeit und seine Publikumsnähe. Nirgendwo sonst ist es für den Filmfan so leicht, ungezwungen Kontakte zu knüpfen und mit Filmschaffenden ins Gespräch zu kommen. Wenn sich die Profis im Anschluss an die Vorstellung ihrer Werke in den Kinosälen der Diskussion stellen, ist die Meinung aller Zuschauer gefragt und der Student der Hochschule für Film und Fernsehen kommt genauso zu Wort wie der filmbegeisterte Laie oder der renommierte Filmkritiker. Und nicht selten passiert es, dass der intensive Austausch im nächsten Biergarten fortgesetzt wird. Natürlich geht es auch ums Geschäft, werden hinter verschlossenen Türen Deals und Projekte zwischen Regisseuren, Produzenten und Sponsoren ausgehandelt, aber viel mehr noch geht es um spannende Begegnungen, Träume und Visionen, um die Auseinandersetzung mit den Themen der Zeit und den künstlerischen Ausdrucksmöglichkeiten. Dass dabei auch entspannt gefeiert und genossen wird, das liegt halt an der Münchner Lebensart.

Weil Volkstheater und Iberl Bühne einfach gute Unterhaltung bieten

Wer bei »Volkstheater« nur an »Komödienstadel«, derbe Gaudi oder ähnliche Klischees denkt, der wird wahrscheinlich seinen Fuß nicht freiwillig über die Schwelle eines so benannten Theaters setzen. Womit er sich allerdings um ein echtes Vergnügen bringt, denn in München gibt es zwei Institutionen, die trotz – oder gerade wegen – ihrer Volksnähe allerbeste Unterhaltung bieten.

Wer es besonders bodenständig mag, der macht sich auf den Weg nach Solln, in die Iberl Bühne. Denn die ist nicht nur ein Theater, sondern – wie es der langjährige Münchner Oberbürgermeister Christian Ude so treffend ausdrückt – ein Gesamtkunstwerk. Der Gründer und Betreiber des Theaters, Georg Maier, ist Autor, Regisseur, Dramaturg, Schauspieler und Musikant in einer Person. Und so kommen im Theatersaal, der außerdem ein echtes Wirtshaus ist, auch nur Stücke aus seiner eigenen Feder zur Aufführung. Zwei Voraussetzungen sollte man allerdings erfüllen, wenn man plant, die Iberl Bühne zu besuchen: Zum einen sollte man solide Grundkenntnisse der bayerischen Sprache besitzen, denn wer nicht einmal weiß, dass ein »Grantlhuaba« ein griesgrämiger Mensch und eine »Ratschkathl« ein geschwätziges Weibsbild ist, für den wird es schwierig sein, der Aufführung zu folgen und den oft hintersinnigen Witz der Stücke zu verstehen. Und zweitens sollte der Besucher oder die Besucherin nicht allzu zart besaitet sein, denn auf dieser Bühne kann es schon mal recht »krachert« zugehen. Wer sich aber davon nicht abhalten lässt und sich dazu noch die Zeit nimmt, sich mit einer bodenständigen bayerischen Mahlzeit auf die Vorstellung einzustimmen, der wird unter Garantie einen äußerst vergnüglichen Abend verleben – und bei Stücken wie »O'zapft is ...!« oder »Ned um a Fünferl eine Moral« der bayerischen Volksseele ein Stückchen näherkommen.

Weniger handfest, aber nicht weniger volkstümlich im positiven Sinne geht es im Münchner Volkstheater an der Brienner Straße zu. Hier kommen nicht nur bayerische Klassiker wie »Der Brandner Kaspar und das ewig' Leben« in zeitgemäßer, frischer Inszenierung zur Aufführung, sondern auch ein klassisches Volkstheaterrepertoire von Shakespeare über Büchner und Ibsen bis Dürrenmatt. Ein ganz eigenes Profil hat sich das Münchner Volkstheater auch durch die enge Zusammenarbeit mit zeitgenössischen Autoren kritischer Volksstücke wie Peter Turrini, Franz Xaver Kroetz, Patrick Süskind oder Juli Zeh geschaffen, die hier nicht nur selbst Regie führen, sondern zum Teil auch als Schauspieler auftreten. In den ersten Jahren nach seiner Eröffnung war es vor allem die wunderbare Ruth Drexel, die als Regisseurin und später als Intendantin das Volkstheater prägte, ihm ein treues Publikum bescherte und es zu einem unverzichtbaren Teil des Münchner Theaterlebens machte.

Dass das bis heute so geblieben ist, liegt aber nicht nur am sorgfältig ausgewählten Repertoire und den gekonnten Inszenierungen, sondern auch an Ruth Drexels Nachfolger, dem innovativen, unkonventionellen Intendanten Christian Stückl, der sich unter anderem als Modernisierer des »Jedermann« in Salzburg und als Spielleiter der Oberammergauer Passionsspiele einen Namen gemacht hat. Die Begeisterung, das Temperament und die Spielfreude, mit der er, das engagierte Ensemble und die jungen Gastregisseure ans Werk gehen, sind einfach ansteckend und garantierten Theaterfreude pur. Tradition und Moderne unter einem Hut? In München auch im Theater kein Problem!

Weil die Kabarettszene
zum Lachen und Schießen ist

Kabarett – die »geistvolle Zeitkritik« – hat in München eine lange Tradition. Am 13. April 1901 eröffnete in der Türkenstraße 28 im Rückgebäude der Gaststätte »Zum Goldenen Hirschen« das erste politische Kabarett in Deutschland – die »Elf Scharfrichter«. Kurz vor Hitlers Machtergreifung gründeten Klaus und Erika Mann, die Münchner Schauspielerin Therese Giehse und der Münchner Musiker Magnus Henning das literarische Kabarett »Die Pfeffermühle«. Dieses Kabarett, das »indirekt politisch« arbeitete, musste bald nach Eröffnung schon in die Schweiz abwandern, wo es zum wichtigsten europäischen Exil-Kabarett wurde.

Die Münchner Kabarettszene ist bis heute sehr lebendig. Zu den ältesten Kabaretts gehört das Heppel & Ettlich, das nach 33 Jahren in der Schwabinger Kaiserstraße Ende 2009 seinen Spielbetrieb in das ehemalige Kammertheater Schwabing in der Feilitzschstraße verlegt hat. Das Heppel & Ettlich, benannt nach seinen Gründern Henry Heppel und Wolfgang Ettlich, wurde bereits mit dem Ehrenpreis des Schwabinger Kunstpreises ausgezeichnet. Neben Doris Dörrie trat hier sogar schon Oberbürgermeister Christian Ude mit einem Kabarettprogramm auf.

Tradition hat auch das Theater Drehleier in der Rosenheimer Straße, das im Jahr 2011 sein 35-jähriges Bestehen feiert und in dem schon Künstler und Kabarettisten wie Sigi Zimmerschied und Konstantin Wecker auf der Bühne standen.

Das Lustspielhaus in der Schwabinger Occamstraße ist ebenfalls eine feste Größe der einheimischen Kabarettszene. Neben etablierten Kabarettisten wie Ottfried Fischer und Bruno Jonas treten hier auch vielversprechende Nachwuchstalente auf. Apropos

Ottfried Fischer – seine beliebte kabarettistische TV-Sendung »Ottis Schlachthof« wird live aus dem Münchner Wirtshaus im Schlachthof gesendet.

Der Star unter den Münchner Kabarettbühnen ist und bleibt jedoch die Lach- und Schießgesellschaft, die 1956 als politisches Kabarett von Sammy Drechsel und Dieter Hildebrandt gegründet wurde, der auch mit seinen TV-Sendungen »Notizen aus der Provinz« und »Scheibenwischer« große Erfolge feierte. Auch der bekannte Kabarettist Bruno Jonas gehörte einst zum Ensemble.

Die Kabarettbühnen wären natürlich nur Holzbretter, wenn die Münchner Kabarettisten nicht wären. Einer der berühmtesten ist Gerhart Polt, der wie Dieter Hildebrandt, Ottfried Fischer und Bruno Jonas – um nur einige zu nennen – weit über die Landesgrenzen hinaus bekannt wurde. Unübertroffen seine Kinofilme »Kehraus« und »Man spricht deutsh«. Gerne tritt er mit der Biermösl Blosn auf, die musikalisches Kabarett vom Feinsten bietet. Auf wunderbare Weise üben die Brüder, die die »Blosn« (hochdeutsch »Blase« im Sinne von Gruppe, Clique) bilden, in »Gstanzln« humorvoll-bissige Zeitkritik, untermalt von Tuba, Ziehharmonika und Schuhplattler und natürlich im Trachtengwand.

Ein Original und Urmünchner Kabarettist ist Andreas Giebel – in seinem bürgerlichen Vorleben unter anderem Masseur und Hausmeister einer Münchner Grundschule. Giebel, den das Lustspielhaus als »einfühlsamen Berserker des Kabaretts« beschrieb, wurde unter anderem mit dem Deutschen Kleinkunstpreis, dem Bayerischen Kabarettpreis und dem Deutschen Kabarettpreis ausgezeichnet. Neben seinen Soloprogrammen war er auch Gast in den TV-Sendungen »Neues aus der Anstalt« und »Ottis Schlachthof« und spielt seit 2006 den Kommissar Prantl in der Serie »Die Rosenheim-Cops«. Wer des Bairischen einigermaßen mächtig ist und das Glück hat, in der Stadt zu weilen, wenn er auftritt, sollte ihn auf keinen Fall verpassen.

Wie der legendäre Münchner Kabarettist Karl Valentin schon sagte, hat jedes Ding drei Seiten – eine positive, eine negative und eine komische. Wer Zeitkritik witzig-bissig verpackt erleben will, kommt am Münchner Kabarett nicht vorbei.

Weil sich in der »Langen Nacht«
alles um Musik, Museen und mehr dreht

In einer Stadt wie München fällt es natürlich nie schwer, die Nacht zum Tag zu machen, aber dreimal im Jahr ist das Nachtschwärmen geradezu ein Muss – gemeint sind die »Langen Nächte«, genauer gesagt die Lange Nacht der Museen, die Lange Nacht der Musik und die Lange Nacht des Einkaufens.

Seit 1999 findet jedes Jahr im Herbst die inzwischen berühmte Lange Nacht der Museen statt, in der rund neunzig Museen, Galerien, Sammlungen und auch Kirchen von 19 Uhr bis zwei Uhr morgens ihre Pforten für Erlebnishungrige, Kunstsinnige und Nachtschwärmer öffnen, um außerhalb der offiziellen Öffnungszeiten Kunst, Kultur und Geschichte lebendig werden zu lassen; begleitet von vielfältigen Sonderprogrammen und Attraktionen. Da der Andrang jedes Jahr groß ist, empfiehlt sich eine frühzeitige Planung und – man weiß ja nie, ob der Münchner Wettergott mitspielt – eine wetterfeste Ausrüstung inklusive Thermosflasche, denn Schlangestehen ist im nächtlichen Museumsvergnügen inbegriffen, das jedes Jahr mehr als 20.000 Besucher anlockt. Für 15 Euro gibt es ein Kombiticket, mit dem man nicht nur alle Ausstellungsorte besuchen, sondern auch die fünf Shuttlebusse benutzen kann, die ab dem Odeonsplatz fünf Routen abfahren. Wer will, kann sich natürlich auch seine eigene Route zusammenstellen, sollte sich aber besser nicht zu viel vornehmen, denn so eine spannende Nacht ist schnell vorbei.

Ob man in der Alten Pinakothek alte Meister bewundern oder im Feuerwehrmuseum Feuerwehrmann spielen, im Jagdmuseum den Jagdhornbläsern zuhören oder im Rockmuseum auf der Aussichtsplattform des Olympiaturms in 190 Meter Höhe die Geschichte der Rockmusik erleben und einen einmaligen Ausblick über das nächtliche München genießen will, die Lange Nacht der Museen ist so vielseitig, dass sie bei Jung und Alt gleichermaßen beliebt ist. Sogar das Lapidarium des zu diesem Anlass in schaurigblaues Licht getauchten Südfriedhofs ist seit Neuestem mit dabei und gibt interessante Einblicke in die Bestattungskultur.

Unterhaltsam und abwechslungsreich geht es auch bei der Langen Nacht der Musik zu. Immer im Wonnemonat Mai swingt und rockt München unter dem Motto »Eine Stadt – eine Nacht – 400 Konzerte« eine Nacht lang von 20 Uhr bis drei Uhr früh in ungefähr hundert Lokalen, Konzerthäusern, Hotels, Theatern, Kirchen, Tanzschulen und anderen Spielorten. Der größte Veranstaltungsort ist das Kulturzentrum Gasteig mit seinen fünf Konzertsälen und unzähligen Foyerbühnen, der in seinen Cafeterias zudem kulinarische Nachtverpflegung bietet, falls auch der eigene Magen irgendwann »Musik« macht.

Wer will, folgt einer der vier Shuttlebus-Routen oder lässt sich einfach durch die Nacht treiben, horcht hier hinein, schwingt dort das Bein oder groovt im Takt jazziger Klänge. Und wem das noch nicht reicht, der fährt mit in der »Ois is Blues«-Tram mit Live-Blues, Boogie-Woogie und Barbetrieb oder im Partybus »Club and Line«, der zu Rock-, Pop-, Elektro- und House-Sound durch das nächtliche München saust. Hauptsache, es gibt was auf die Ohren.

Ein drittes nächtliches Highlight ist die Lange Nacht des Einkaufens, die im Jahr 2010 zum vierten Mal stattgefunden hat. Bis zur Geisterstunde haben alle Geschäfte der Münchner Innenstadt geöffnet und bieten Powershoppern und Flaneuren neben der Möglichkeit zum Einkauf außerhalb der geregelten Öffnungszeiten ein abwechslungsreiches Programm, zum Beispiel eine verführerische Dessous-Show unter freiem Himmel, futuristische Laserspektakel, heiße karibische Show-Acts oder die Möglichkeit, sich mit Airbrush-Tattoos verzieren zu lassen.

Wer in einer solchen Nacht zu Hause bleibt, ist selbst schuld, denn München hat nachts mindestens genauso viel zu bieten wie tagsüber. Deswegen heißt es bei der nächsten Langen Nacht: Schlafmützen aufgepasst, schnell das Sandmännchen aus den Augen reiben und auf ins nächtliche Getümmel. »A Gaudi« ist garantiert!

Weil München Bühnen von Weltruf hat: von den Kammerspielen bis zum Metropoltheater

Wer »Schwanensee« nicht mit einem Teil des Münchner Tierparks Hellabrunn in Verbindung bringt, dem sei bestätigt, dass sich in München die internationale Bühnenprominenz regelmäßig die Klinke in die Hand gibt. Die Bretter, die die Welt bedeuten, sind hier derart hochkarätig »bespielt«, »besteppt«, »besprochen« oder »betanzt«, dass München einen Vergleich mit Metropolen wie New York nicht zu scheuen braucht. Ob Sie ein Musical bevorzugen, ein Theaterstück sehen oder einem renommierten Orchester lauschen möchten – stets ist eine erstklassige Besetzung garantiert, die Kunst auf allerhöchstem internationalen Niveau präsentiert.

Ein Besuch der Münchner Kammerspiele ist immer ein Hochgenuss. Sie wurden 1911 von dem Intendanten Otto Falckenberg gegründet und bieten bis heute einen einzigartigen Spielplan. Im Mittelpunkt stehen dabei Klassikerinszenierungen und Uraufführungen. Dabei zählen die Münchner Kammerspiele zu den renommiertesten Sprechtheatern der Republik, was durch Gastspiele auf den wichtigsten Bühnen im In- und Ausland sowie Einladungen zum Berliner Theatertreffen eindrücklich belegt ist. Auch unter den Besuchern genießt das Ensemble der Münchner Kammerspiele einen ausgezeichneten Ruf. Zu verdanken ist dies sicherlich auch den Intendanten von Weltformat, wie Otto Falckenberg selbst oder Frank Baumbauer. Die Aufführungen finden an verschiedenen Orten statt. Zu nennen sind in erster Linie das Schauspielhaus, die Spielhalle und der Werkraum. Im Werkraum haben zudem Nachwuchskünstler die Möglichkeit, ein breites Publikum für sich zu begeistern, denn hier werden regelmäßig Jahrgangsinszenierungen eines Studienjahres der Otto-Falckenberg-Schule aufgeführt.

Auch das Metropoltheater in München-Freimann genießt inzwischen Weltruf. Die Aufführungen finden in einem ehemaligen Kino statt. Der Spielplan des Metropoltheaters zeichnet sich durch eine Reihe von Uraufführungen aus und das Ensemble bedient sich dabei eines Repertoires aus Eigenproduktionen sowie Film- und Musiktheaterstücken. Das hohe Ansehen des Metropoltheaters sowie die große Spielkunst des Ensembles werden durch die Verleihung des Bayerischen Theaterpreises im Jahr 2002 untermauert. Die Schauspielerinnen und Schauspieler erzeugen bei ihren Darbietungen eine einzigartige »dichte« Atmosphäre, die unter anderem in der Nähe zum Publikum begründet ist. Intensiviert werden die Stücke natürlich auch durch den Charme der fünfziger Jahre, denn der Stil von »damals« ist in den Räumlichkeiten des Spielhauses erhalten geblieben.

Die Münchner Kammerspiele und das Metropoltheater zeichnet übrigens eine Gemeinsamkeit aus: Beide Häuser sind Teil eines Projekts namens TUSCH, das für »Theater und Schule« steht. Das Projekt wurde im Jahr 2009 unter der Schirmherrschaft des Münchner Oberbürgermeisters Christian Ude ins Leben gerufen und umfasst neben den oben genannten Spielhäusern noch drei weitere Mitstreiter: Das Bayerische Staatsballett, das Bayerische Staatsschauspiel sowie das Staatstheater am Gärtnerplatz sind ebenfalls mit von der Partie. Jedes Haus geht dabei mit je einer Schule eine Partnerschaft über zwei Jahre ein. Das Projekt soll der Förderung der kulturellen und ästhetischen Bildung an Münchner Schulen dienen.

Eine tolle Sache, die zeigt, wie engagiert sich München um den Nachwuchs kümmert – und zwar nicht nur in der Wirtschaft!

Weil auf den Tollwood-Festivals
die Welt bei uns zu Gast ist

Das Tollwood-Festival ist seit mehr als zwanzig Jahren fester Bestandteil des Münchner Kulturlebens. Angefangen hat alles im Jahr 1988, als die Initiatoren Uwe Kleinschmidt und Rita Rottenwallner aus der Münchner Kleinkunstszene mit dem ersten elftägigen Tollwood-Sommerfestival ein Kulturexperiment wagten, das es bis dahin in dieser Form nicht gegeben hatte, nämlich eine Mischung aus Musik – damals noch überwiegend einheimischer Bands und Interpreten –, bildender und darstellender Kunst und Umweltengagement. Schon zwei Jahre später wurde das Musikprogramm international, und 1992 wurde neben dem Sommer-Tollwood erstmals auch ein Winter-Tollwood veranstaltet.

Jedes Jahr im Juni fiebert nun ganz München dem Sommer-Tollwood im Olympiapark entgegen, das in der letzten Juniwoche beginnt und bis Mitte Juli dauert. Jährlich lockt es mittlerweile mehr als eine Million Besucher an. Schon Monate vorher erscheint das Programmheft, und es empfiehlt sich, Karten für Konzerte und andere Live-Acts frühzeitig zu bestellen, denn sie sind meistens ausverkauft. Beim Tollwood ist die ganze Welt zu Gast – spanische und portugiesische Theatergruppen sowie Pantomimen, Gaukler, Zirkusakrobaten und Straßentheater aus aller Herren Länder treten hier auf. Und aus so manchem Tollwood-Geheimtipp wurde später ein echter Star. Zum Teil geht es sehr avantgardistisch zu, wie beispielsweise bei der brachial-archaischen katalanischen Theatergruppe »La Fura dels Baus«. Bei den Konzerten ist ebenfalls jede Richtung vertreten: Joe Cocker war schon hier, Udo Lindenberg, Miriam Makeba, der Jazz-Star Branford Marsalis und viele andere.

Doch auch, wenn man einfach nur so über das Festivalgelände schlendern will, gibt es viel zu entdecken. Der »Markt der Ideen« lockt mit internationalem Kunsthandwerk und ebenso internationaler Küche. Nahezu alle Gastrostände, ob marokkanisch, türkisch, thailändisch oder bayerisch, sind bio-zertifiziert und Plastikgeschirr ist tabu.

Selbst bei dem berühmt-berüchtigten »Tollwood-Wetter«, dem bayerischen Schnürlregen, der das Sommer-Tollwood Anfang Juli gerne heimsucht, macht der Festivalbesuch Spaß. Dann verzieht man sich unter einen überdachten Stand und trinkt Prosecco mit Aperol, bis der Münchner Himmel wieder ordnungsgemäß weiß-blau ist. Das Winter-Tollwood, das jährlich von Ende November bis 23. Dezember auf der Theresienwiese stattfindet, ist Kulturerlebnis und Weihnachtsmarkt zugleich. Theater, »Nouveau Cirque«-Produktionen, Comedy und Performance-Acts stehen hier im Vordergrund. An den Kunsthandwerkständen kann man wunderbar nach Weihnachtsgeschenken stöbern, nach phantasievollen, praktischen oder einfach nur schönen Dingen. Dazwischen in der »Futterkrippe«, dem bayerisch-orientalischen Gastronomiezelt, ein Gläschen Punsch und kulinarische Köstlichkeiten aus aller Welt probieren – schöner kann die Adventszeit kaum sein.

Auch wenn bei beiden Tollwood-Festivals Kultur und Unterhaltung im Vordergrund stehen, geht es auch um gesellschaftliches Engagement – unter anderem im »Weltsalon«. In dem riesigen Zelt finden Lesungen, Diskussionen, Performances und Musikveranstaltungen zu den großen Themen unserer Zeit wie Atomenergie, Ölkatastrophen und die Zukunft der Erde statt. Wer das Winter-Tollwood genießen will, sollte das während der Woche tun. Am Wochenende geht es dort nämlich zu wie auf der Wiesn.

Winter- oder Sommer-Tollwood – ein Besuch lohnt sich allemal, denn langweilig wird es nie. Dafür wird die inzwischen mit dem Bundesverdienstkreuz ausgezeichnete Tollwood-Chefin Rita Rottenwallner schon sorgen.

Weil das Kulturzentrum Gasteig
volksnah und weltläufig zugleich ist

Am 10. November 1985 war es so weit – das neue Kulturzentrum Gasteig wurde mit einem Festkonzert der Münchner Philharmoniker unter Leitung des berühmten Dirigenten
Sergiu Celibidache eingeweiht, der von 1979 bis zu seinem Tod
ihr Generalmusikdirektor war. Seitdem ist der Gasteig aus dem
Münchner Kulturleben nicht mehr wegzudenken. Der imposante
Gebäudekomplex, der von Weitem zu sehen ist und zunächst
ein wenig einschüchternd wirkt, ist nicht nur die Heimstätte des
berühmten Münchner Orchesters, der Münchner Philharmoniker,
die seit einem Bombenangriff im April 1944 bis zur Einweihung
des Gasteigs ohne eigenes Haus waren. Im Gasteig befinden sich
auch die Zentrale der Stadtbibliothek, der Sitz der Volkshochschule und das Richard-Strauss-Konservatorium, das seit 2008
zur Münchner Hochschule für Musik und Theater gehört.

Der Gasteig, der seinen Namen der Lage am Hochufer der Isar
verdankt, zu der ein steiler Anstieg (»gacher Steig«) führt, verfügt
über mehrere variable und damit mehrfach nutzbare Konzert- und
Theatersäle: die Philharmonie – mit mehr als 2300 Sitzplätzen der
größte –, in der neben den Münchner Philharmonikern und den
Orchestern des Bayerischen Rundfunks auch internationale Stars
und Formationen aus Klassik, Pop, Jazz und Oper auftreten. Für
kleinere Konzerte, Theateraufführungen, Vorträge, Lesungen und
Performances gibt es den Kleinen Konzertsaal und den Carl-Orff-
Saal, die Black Box und den Vortragssaal. Aber auch für »kultur-
fremde« Veranstaltungen, beispielsweise Unternehmenshaupt-
versammlungen, stehen die Säle zur Verfügung. Die zahlreichen
Foyers werden überwiegend für Ausstellungen genutzt.

Das Veranstaltungsprogramm selbst ist so vielfältig wie international – von Opernstars wie Cecilia Bartoli und dem Russischen Staatsballett über Jazzgrößen wie Chick Corea, Woody Allen & his New Orleans Jazz Band bis zu chinesischer Tang-Lyrik in Begleitung der chinesischen Pipa-Laute, experimentellen Performance-Shows und syrischen Derwisch-Tänzen – für jeden Geschmack, von klassisch bis ausgefallen, ist etwas dabei.

Neben der Volkshochschule mit ihrem vielfältigen Angebot ist hier auch die Zentrale der Stadtbibliothek untergebracht. Sie bietet Lesebegeisterten 200.000 Bände zum Ausleihen, die größte kommunale Musikbibliothek Deutschlands, eine Kinder- und Jugendbibliothek und eine Spezialbibliothek für Philatelie. Von 7 bis 23 Uhr können hier Medien zurückgegeben werden. Und als Orientierungshilfe bietet die Stadtbibliothek Führungen durchs Haus und den Online-Katalog. Regelmäßig werden zweisprachige Lesungen und Filmreihen veranstaltet, um den kulturellen Austausch zwischen Münchnern und ausländischen Mitbürgern zu fördern. Darüber hinaus veranstaltet die Stadtbibliothek Literaturausstellungen, die von Filmen, Vorträgen und Diskussionen ergänzt und begleitet werden.

Mehrmals im Jahr ist der Gasteig auch Festivalzentrum, zum Beispiel des Internationalen Festivals des zeitgenössischen Tanzes »DANCE« und des renommierten Münchner Filmfests, an dem regelmäßig prominente Filmemacher und Schauspieler aus dem In- und Ausland teilnehmen.

Der rote Backsteintempel, der aufgrund seiner wuchtigen Dimensionen von der Bevölkerung zunächst mit allerlei Spottnamen belegt wurde, gilt inzwischen als eines der bestbesuchten Kulturzentren Deutschlands und feierte 2010 sein 25-jähriges Jubiläum. Gewiss wird das Veranstaltungsprogramm auch im nächsten Vierteljahrhundert so interessant werden wie bisher.

Weil die Münchner Museen
lebendig statt langweilig sind

Wer bei Museen an endlose Säle mit leblosen Schaukästen denkt, aus denen der staubig-trockene Geruch jahrhundertealter Exponate strömt, und an Grabesstille, die nur durch das Knacken des Parketts unterbrochen wird, wenn sich der schläfrige Museumswärter gelangweilt die Beine vertritt, der war noch nie in einem Münchner Museum.

Allein im Deutschen Museum, dem größten Technikmuseum der Welt, könnte man Wochen verbringen und immer wieder Neues und Aufregendes entdecken. Unter den Themenbereichen Naturwissenschaften, Energie, Kommunikation, Verkehr, Musikinstrumente und Neue Technologien wartet spannende Technik zum Anfassen. So kann man in der Abteilung Luftfahrt unter anderem eine original JU52/3m, die im Zweiten Weltkrieg als Transportmaschine eingesetzt wurde und den Spitznamen »Tante Ju« trug, und andere zum Teil abenteuerlich anmutende historische Fluggeräte bestaunen, oder in der Abteilung Schifffahrt den Maschinenraum eines U-Boots erkunden. Ein besonderes Highlight ist die Abteilung Musikinstrumente, die die technischen, handwerklichen und klanglichen Zusammenhänge im Instrumentenbau darstellt. In den Wintermonaten finden hier auch Konzerte statt, bei denen vor allem seltene Instrumente zum Einsatz kommen. Das Deutsche Museum ist für Erwachsene und Kinder hochspannend und für München-Besucher ein »Muss«!

München besitzt aber noch viel mehr renommierte, zum Teil sogar weltbekannte Museen: Für alle Kunstsinnigen, die sich für Malerei von alten Meistern bis zur Avantgarde oder spezielle Sammlungen interessieren, gibt es das Haus der Kunst, die Alte Pinakothek, die Neue Pinakothek, die Kunsthalle der Hypo-Kulturstiftung, das Lenbachhaus, das Museum Brandhorst und die Villa Stuck. Designfreaks finden in der Pinakothek der Moderne mit rund 80.000 Exponaten aus den Bereichen Industrial Design, Graphic Design und Angewandtes Design die weltweit umfangreichste Design-Ausstellung.

Hochinteressante und sehr lebendige Ausstellungen mit viel Liebe zum Detail aus teilweise exotischen Kulturen bietet auch das Staatliche Völkerkundemuseum.

Wer sich für den Prunk des Münchner Hofes interessiert, wird sich in der Schatzkammer der Residenz an Kronjuwelen und Schmuckstücken der bayerischen Könige aus zehn Jahrhunderten kaum sattsehen können. Und wer anschließend noch aufnahmefähig ist, kann im Marstallmuseum die Kutschen und Fahrzeuge der bayerischen Könige bestaunen.

Spannend und lehrreich zugleich geht es im Museum Mensch und Natur zu, in dem anhand von Nachbildungen, Naturobjekten und audiovisuellen Programmen auf höchst lebendige Weise die Geschichte der Erde und des Lebens sowie die Rolle des Menschen als Teil, aber auch als Eroberer der Natur dargestellt wird. Hochinteressante Sonderausstellungen runden das Themenspektrum Erde, Leben und Natur ab.

Daneben hat München auch eine ganze Reihe spannender kleinerer Museen zu bieten – zum Beispiel das liebevoll ausgestattete Kartoffelmuseum, das die Geschichte der Kartoffel von ihrer Entdeckung bis hin zu ihren vielfältigsten Einsatzmöglichkeiten erzählt, und das Rockmuseum im Olympiaturm, in dem Rockfans mit und ohne Groupie-Ambitionen unter anderem handsignierte Gitarren, Kleidungsstücke und andere Gegenstände berühmter Rock- und Popstars bewundern können.

Fazit: Der nächste Regensonntag kommt bestimmt; wie wäre es mal wieder mit einem Besuch im Museum anstelle von »Extrem-Couching«? Es lohnt sich!

KAPITEL 7

Wann und wo ein Münchner im Himmel ist

Weil Isar und Isarauen
Freiheit und Abenteuer bieten

München ohne die Isar und die Isarauen – das wäre wie ein Frühling ohne Mai. Die Isar, die im Karwendelgebirge entspringt, erstreckt sich auf knapp 14 Kilometerm durch die Stadt. Sie ist eines der wichtigsten Münchner Naherholungsgebiete und gleichzeitig Schutzraum für Flora und Fauna. So findet man im Münchner Süden seltene Orchideenarten und eine Vielzahl von Wasservögeln, darunter den geschützten Eisvogel. Derzeit wird die Isar im Stadtgebiet umfassend renaturiert und von ihrer einstigen Kanalisierung befreit.

Und weil die Isar und die Nutzung der Isarauen kaum reglementiert und eingeschränkt sind, haben sich hier vielfältige Freizeitaktivitäten entwickelt, und zwar zu jeder Jahreszeit. Neben gemütlichen Spaziergängen mit oder ohne »Zamperl« (kleiner Hund) laden gut ausgeschilderte Radwege durch die Isarauen zu ausgedehnten Radltouren bis weit über die Stadtgrenzen hinaus ein. Im Sommer bevölkern Sonnenhungrige die weitläufigen Kiesbänke, und laue Sommerabende werden an den zahlreichen ausgewiesenen Grillplätzen zum ausgiebigen Chillen und Feiern genutzt. Im südlicheren Teil bei Thalkirchen stellen die Isarsurfer ihr Können unter Beweis, und an der zentralen Floßlände, der Floßanlegestelle, werden Floßfahrten angeboten – eine Mordsgaudi für Jung und Alt. Die Floßlände hat übrigens eine lange Tradition: Über Jahrhunderte brachten Flößer auf diesem Weg ihre Waren in die Stadt München.

Wagemutige Riversurfer auf der Suche nach dem Hawaii-Feeling versuchen sich an der sogenannten Reichenbachwelle an der Reichenbachbrücke und an der benachbarten Wittelsbacherbrücke, während sich die Zuschauer neugierig auf der Brücke tummeln und das Können der Surfer kommentieren. Das Wellenreiten auf der Isar, das nicht ungefährlich ist, ist offiziell weder wirklich genehmigt noch verboten, und es ist längst zu einer ebenso großen Attraktion geworden wie das Surfen auf dem Eisbach.

Eine der beliebtesten Stellen für ungezwungenen Freizeitspaß ist der »Flaucher« mit dem Flauchersteg. Der Name geht auf den Münchner Schankwirt Johann Flaucher zurück, der um 1870 in den Isarauen eine Gastwirtschaft eröffnete, die heute noch unter dem Namen »Restaurant und Biergarten Zum Flaucher« betrieben wird. Der Flaucher ist vor allem bei Badegästen beliebt. Hier ist so gut wie alles erlaubt: Nacktbaden, Grillen, Picknick, auch Hunde dürfen mitgebracht werden. Kein Wunder, dass es hier im Sommer oft »zugeht wie am Stachus«. Doch die Isar ist so lang und bietet so viele verschwiegene Plätzchen, dass auch Ruhesuchende, Verliebte und einsame Isar-Cowboys immer einen ungestörten Winkel zum Träumen finden. Wenn man die Augen schließt, die Sonne genießt und dem Wasserplätschern lauscht, erscheint es fast unwirklich, dass man mitten in der Stadt ist.

Auch im Winter zeigt sich die Isar von ihrer schönsten Seite, wenn Raureif über den Isarauen liegt und die fahle Wintersonne der Isar einen silbrigen Glanz verleiht. Dick eingepackt tummeln sich dann die Spaziergänger auf dem Flauchersteg und füttern die vielen Wasservögel mit altem Brot. Bei entsprechender Schneelage spurt die Stadtverwaltung eine 5,5 Kilometer lange Langlaufloipe, die vom Flauchersteg bis zur Reichenbachbrücke reicht.

Zwei ganz besondere Highlights am Isarufer, die zwar streng genommen nicht mehr zum Stadtgebiet gehören, aber keinesfalls unerwähnt bleiben dürfen, sind der Jazz-Biergarten »Waldwirtschaft« in Grosshesselohe und der Traditionsbiergarten »Menterschwaige« auf der gegenüberliegenden Seite der Isar in Harlaching. Zwischen beiden Uferseiten spannt sich in 42 Meter Höhe die Grosshesseloher Brücke.

Eine deftige Brotzeit und eine kühle Maß – gibt es einen besseren Abschluss für eine ausgedehnte Isar-Radltour oder einen ausgiebigen Badetag an der »Isar-Riviera«?

Weil wir auf die Allianz Arena so stolz sind

Im Allgemeinen neigt der Münchner nicht zu Euphorie und wort-
reicher Schwärmerei, weil er sowieso davon überzeugt ist, dass
München die schönste Stadt der Welt ist und dass demjenigen, der
das nicht von selbst erkennt, eh nicht zu helfen ist. Doch wenn es
um seine Allianz Arena geht, dann greift er doch schon mal zu ein
paar Superlativen, um seinem Stolz Ausdruck zu verleihen.

Seit 2005 steht sie da, in der Fröttmaninger Heide im Münchner
Norden, als ob der liebe Herrgott höchstpersönlich sie zum Wohl-
gefallen aller Fußballfans aus dem weiß-blauen bayerischen Himmel dort abgestellt hätte. Natürlich ist sie nicht nur das schönste
und modernste Stadion Europas, sondern auch architektonisch
einzigartig. Dach und Fassade des vom Schweizer Architekten-
team Herzog & de Meuron geplanten Bauwerks bestehen aus
über 2700 aufblasbaren Luftkissen, die in verschiedenen Farben
beleuchtet werden können. Und so erkennt man schon von Weitem, welcher der beiden Lokalmatadore gerade Gastgeber in der
Arena ist: Wenn der 1. FC Bayern München spielt, erstrahlt das
riesige Oval in Rot, während der TSV 1860 München die gegne-
rischen Mannschaften mit blauem Licht empfängt. Bei Länder-
spielen leuchtet das Stadion strahlend weiß in die Nacht – ein so
spektakulärer Anblick, dass es auf der nahen Autobahn schon zu
manchem Unfall gekommen sein soll, weil die vorbeifahrenden
Autofahrer vor lauter Begeisterung den Blick nicht mehr abwen-
den konnten.

»Schee is scho!« (»Schön ist sie schon«) – aber von einer im
wahrsten Sinne des Wortes glänzenden Fassade allein lässt sich
kein Fußballfan beeindrucken, und schon gar kein bayerischer.
Ist ja schön und gut, wenn Politiker, Architekten und Medien

sich zu Begeisterungsstürmen auf Extravaganz und Einzigartigkeit des Bauwerks hinreißen lassen. Aber der echte Fan stellt viel höhere Ansprüche, und zwar im Praxistest: Für ihn zählen im Stadion vor allem die Sicht aufs Geschehen und die Atmosphäre beim Spiel. Aber auch in dieser Hinsicht kann der Allianz Arena weit und breit kein anderes Stadion den Ball abjagen: Nirgendwo sonst, und da sind sich Anhänger des 1. FC Bayern und der Löwen ausnahmsweise mal einig, ist die Stimmung so prickelnd und der Fan so nah an seinen Idolen wie hier. Das liegt daran, dass die Arena ausschließlich als Fußballstadion konzipiert wurde und deshalb keine Laufbahn die Zuschauer vom Spielfeld trennt: In den unteren Rängen beträgt der Abstand zum Rasen gerade mal sieben Meter – so nah, dass man mit Lahm, Schweini & Co. fast auf Tuchfühlung gehen kann.

Und hat man jemals so »kommod« (bequem) ein Fußballmatch unter freiem Himmel erlebt? Nicht nur die VIPs in ihren über hundert Logen (die ohnehin auf Jahre hinaus fest vermietet sind), auch alle anderen Besucher – und immerhin fasst die Arena davon über 66.000 – sitzen dank der einmaligen Dachkonstruktion immer im Trocknen, ganz egal, ob's schüttet, stürmt oder schneit.

Und weil man von den oberen Rängen einen so guten Überblick über das ganze Geschehen hat, und weil es in der Nord- und in der Südkurve eigene Fankneipen gibt, und weil die Arena eine eigene U-Bahn-Station und das größte Parkhaus Europas hat, und weil die vielen Ticketschalter und Einlasstore einen reibungslosen Ablauf garantieren, und weil man täglich Führungen durch das Stadion machen kann, und weil uns alle darum beneiden, und weil es noch viel mehr gute Gründe gibt: Deshalb sind wir so stolz auf unsere Allianz Arena.

Weil Schwabing ein Traumdorf für Generationen ist

Auch wenn man es diesem berühmt-berüchtigten Münchner Stadtteil nicht ansieht – Schwabing war mal ein Dorf. Urkundlich wurde es zum ersten Mal 782 n.Chr. erwähnt und ist damit erheblich älter als München. Im Jahr 1890 wurde Schwabing eingemeindet und hat sich seitdem zu einem Stadtviertel mit einem ganz eigenen Charakter entwickelt.

Schwabing und sein buntschillernder Ruf prägen auch heute noch das Bild vieler »Auswärtiger« – sprich Nicht-Münchner – von der Isarmetropole. Das liegt zum einen an der bewegten Vergangenheit dieses größten aller Münchner Stadtteile, der von Maxvorstadt, Neuhausen, dem Englischen Garten und Milbertshofen begrenzt wird, aber auch am besonderen Schwabinger Flair – »leben und leben lassen« ist hier das Motto, das von jeder Generation neu gelebt wird.

An der Wende vom 19. zum 20. Jahrhundert war Schwabing Künstler- und Bohemeviertel für Maler wie Franz Marc, Paul Klee und Wassily Kandinsky und Literaten wie Heinrich Mann, Thomas Mann, Frank Wedekind, Ludwig Thoma, Lion Feuchtwanger und Joachim Ringelnatz. Die meisten von ihnen waren übrigens »Zugeroaste«, was beweist, dass Schwabing schon immer ein magischer Anziehungspunkt über die Stadtgrenzen hinaus war.

Auch politisch ist Schwabing ein Viertel mit Vergangenheit: Wladimir Iljitsch Uljanow – besser bekannt als Lenin – wohnte mit seiner Frau unter dem Namen Meier zwei Jahre lang in Schwabing. Die Revolutionäre der 1919 niedergeschlagenen Bayerischen Räterepublik, Erich Mühsam und Edgar Jaffé, wohnten hier, und Hitler versuchte sich in Schwabing erfolglos als Kunst-

maler. Im Jahr 1962 fanden hier die »Schwabinger Krawalle«
statt – Straßenschlachten zwischen Jugendlichen und Polizei und
eine Art Auftakt zu den Revolten der 68er-Generation –, zu deren
Teilnehmern unter anderem der spätere RAF-Terrorist Andreas
Baader gehörte.

Nachtleben und Kleinkunst prägten und prägen Schwabing
ebenfalls. Zahlreiche renommierte und alteingesessene Kleinkunst-
bühnen sind hier zu Hause, unter anderem das »Heppel & Ettlich« in der Feilitzschstraße und das »Vereinsheim« in der Occamstraße. Ältere Münchner denken mit einem nostalgischen Seufzer
gerne an lange durchzechte Nächte in der einstigen schummerigen
Kultkneipe »Bei Gisela« zurück, in der die Chansonette Gisela
Jonas alias Schwabinger Gisela so herrlich verrucht-verzweifelt
den »Novak« besang, der sie einfach nicht »verkommen« ließ, obwohl sie doch so gerne mal mit »Freudenmädchen gerauft« hätte.
Die berühmteste, preisgekrönte Kleinkunstbühne ist jedoch die
Münchner Lach- und Schießgesellschaft, zu deren Ensemble einst
der Mitgründer und bekannte Kabarettist Dieter Hildebrandt gehörte und die stets ein hochkarätiges Programm zu bieten hat.

Schwabing steht aber auch für Münchner Schickeria und
»Halbseidenes«. Nicht umsonst wurde die erfolgreiche Komödie
»Rossini« im Romagna Antica gedreht – einem italienischen Restaurant in Schwabing, das jahrzehntelang Szenetreff für die Filmbranche war. Schwabing – das ist auch lässiges »Cruisen« mit
dem Cabrio auf der »Leo«; das ist Powershopping in schicken bis
schrillen Boutiquen und Lifestyle-Läden, Chillen & Loungen in
angesagten Lokalen, wie zum Beispiel dem »Café Reitschule«, in
dem sich immer wieder mal der eine oder andere Promi blicken
lässt, und Schlemmen im berühmten Restaurant »Tantris«, das
2009 mit zwei Guide-Michelin-Sternen ausgezeichnet wurde.

Pure Lebenslust, Nichtstun und ein bisschen Hochstapeln – wo
könnte das schöner sein als in einem der zahlreichen Straßencafés, die die Leopoldstraße und die vielen kleinen Seitenstraßen

säumen? Einer der besten Plätze, um unverfälschtes Schwabinger Flair zu genießen, ist das Café Münchner Freiheit – übrigens einer der Lieblingsplätze des verstorbenen Volksschauspielers Helmut Fischer alias »Monaco Franze«, von dem ein Bronzedenkmal im dazugehörigen Garten errichtet wurde. Wer könnte das Traumdorf für Generationen und seine Lebensart besser verkörpern als der »ewige Stenz« und charmante Hallodri?

Weil man auf dem Viktualienmarkt täglich eine Schlemmerreise machen kann

Man muss tatsächlich keine teure Weltreise buchen, um alle Köstlichkeiten dieser Erde kennenzulernen. Man muss sich auch nicht die »Haxen« (Beine) ablaufen, um alle Ingredienzen für ein einheimisches Schmankerlmenü oder das Nachkochen eines exotischen Rezepts zu finden. Man muss nur in die Innenstadt fahren, beim Alten Rathaus um die Ecke biegen und schon liegt er vor einem: der Münchner Viktualienmarkt, der unter freiem Himmel und auf engstem Raum in einer einzigartigen Mischung und kunterbunter Vielfalt alles bietet, was das (Feinschmecker-) Herz begehrt.

Fast könnte man meinen, der Begriff »Multikulti« sei genau hier entstanden. Denn wo sonst auf der Welt findet man neben dem bayerischen Kräuterweibl, das seine Gewürze und Kräutersträuße feilhält, einen griechischen Olivenhändler, der mit mediterranem Temperament seine riesige Auswahl an getrockneten, eingelegten oder gefüllten Oliven anpreist? Wo sonst kann man Oberpfälzer Wurstspezialitäten erstehen und gleich gegenüber beim Asiaten exotische Obstsorten wie Pitahayas oder Jackfruit und sogar die berüchtigte Durianfrucht? Wo sonst verkauft ein echt gestandnes bayerisches Mannsbild, das seine beeindruckende, stark an Obelix erinnernde Leibesfülle in Lederhosen und Wams zur Schau trägt, frisches Sauerkraut vom Fass, während nebenan das Ökomädl im selbst gestrickten Pullover liebevoll jeden Apfel aus ihrem »fried-fertigen Anbau« einzeln poliert und in der Auslage stapelt? Und genauso vielfältig und bunt gemischt wie die Verkäufer ist auch die Kundschaft: von der Münchner Hausfrau, die hier und nur hier noch das Pferdefleisch findet, mit dem sich der beste Sauerbraten zubereiten lässt, über den Spitzenkoch, der zur Trüffel-zeit mit dem Standlbesitzer um den besten Preis für die wertvolle Knolle feilscht, bis hin zum japanischen Gaststudenten, der ohne große Umwege alle Zutaten für seine Misosuppe einkauft, weil ihm mal wieder nach heimischer Kost zumute ist.

Doch nicht nur an den Markständen und in den Verkaufsbuden zeigt sich die sprichwörtliche »Libertas bavariae«, die bayerisch-freiheitliche Lebensart, und noch spezieller die Münchner Offen-heit und Toleranz. Denn auf dem Viktualienmarkt kann man nicht nur Fleisch und Wurst, Fisch und Gemüse, Obst und Gewürze aus aller Welt erstehen, sondern sich einheimische und interna-tionale Köstlichkeiten auch in einer der zahlreichen, den Markt-ständen angegliederten Imbissständen oder Gaststätten direkt auf den Teller liefern lassen. Im Biergarten mitten auf dem Markt genießen Urmünchner und Touristen in trauter Einigkeit bei einer Halben Bier (das der Gerechtigkeit halber im Wechsel von allen Münchner Brauereien angeliefert wird) und einem reschen Schweinsbraten oder einer deftigen Brotzeit ganz entspannt echt bayerische Schmankerl. Nur ein paar Schritte weiter schlürft die Schickeria im Bistro des Fischhändlers Witte die obligatorischen Austern und Champagner, während sich nebenan im oriental-ischen Spezialitätenimbiss Sababa türkische Paare und Welten-bummler Falafel, Tabouleh und Hummus schmecken lassen. Berufstätige aus den umliegenden Büros und Geschäften eilen in der Mittagspause herbei, um in der Suppenküche schnell eine bayerische Leberknödelsuppe oder eine spanische Gazpacho zu essen oder sich mit einem frisch gepressten Mango-Limetten-Saft an einem der zahlreichen Saftstände mit Vitaminen zu versorgen.

Und auch derjenige, der sein Portemonnaie zu Hause verges-sen hat, kommt auf seine Kosten – denn ein Bummel über den Viktualienmarkt ist in jedem Fall ein Vergnügen für alle Sinne.

Weil in München ein Hofbräuhaus steht

Und das schon seit 1607, als Maximilian I. am Platzl, dem kleinen Platz am Ende der Orlandostraße, sein herzogliches Weißbierbrauhaus errichtete. Auf dem Weg dorthin, vorbei an zahlreichen Souvenirläden, den Fanshops des 1. FC Bayern und des TSV 1860 München (natürlich in gebührendem Abstand voneinander) und dem Hard Rock Café könnte man wohl auf die Idee kommen, dass das Hofbräuhaus heutzutage hauptsächlich als Attraktion für Amerikaner, Japaner und andere Touristen dient – aber von diesem Vorurteil sollte man sich keinesfalls täuschen lassen.

Schon beim Eintreten in den riesigen Hauptsaal, die Schwemme, unter deren hohem Gewölbe die unzähligen alten Biertische immer dicht an dicht besetzt sind, fallen einem an der linken Seite die Regalwand mit den kleinen, mit Vorhängeschlössern gesicherten Fächern und das große kupferne Becken auf. Und man braucht im Allgemeinen nicht lange zu warten, bis ein meist bayerisch gekleidetes Mannsbild auftaucht, das am Becken seinen Maßkrug mit fließendem Wasser abwäscht, um ihn anschließend entweder an der daneben liegenden Schänke wieder füllen zu lassen oder ihn aber sorgfältig in einem der besagten Fächer verstaut. Das war dann einer der glücklichen 3500 Stammgäste, dem es gelungen ist, eines der 505 begehrten Fächer zu ergattern, in dem der persönliche Maßkrug auf den nächsten Einsatz wartet.

An den meisten Stammtischen, von denen nur die treuesten die Ehre haben, ein eigenes Schild über ihrem Tisch aufhängen zu dürfen, sitzen in der Mehrzahl echte Münchner und Münchnerinnen. Doch der Besucher, der im großen Saal keinen Platz mehr findet, sollte sich ruhig trauen, im »Salettl«, dem Seitengang zwischen

Schwemme und dem innen liegenden Biergarten, zu fragen, ob er sich an einen der Stammtische dazusetzen darf. Natürlich kann es ihm passieren, dass er von einem echten Grantler angeraunzt wird, dass »der ander glei wiada do is«, der freie Stuhl also besetzt ist, aber viel eher passiert es, dass einen ein kurzes Kopfnicken zum Setzen einlädt und man nach einer Weile schließlich miteinander ins Gespräch kommt, über Gott und die Welt ratscht und eine hautnahe Lektion in Sachen bayerische Lebensart erhält. Und wie es halt so ist, wird aus der einen Maß, die man zum Presssack, zum Obazdn oder zur Surhaxn bestellt hat, schnell eine zweite und irgendwann verschiebt man alle weiteren Pläne für den Tag auf ein andermal. Nicht von ungefähr ist es ja auch dem Münchner Dienstmann Alois Hingerl so ergangen, der auf seiner göttlichen Mission nur mal eben im Hofbräuhaus einkehren wollte und nach dem ersten Krug Bier sehr schnell vergaß, dass er eigentlich der Staatsregierung göttliche Ratschläge bringen sollte. Die Moral von der Geschicht, dass nämlich die bayerische Regierung bis heute auf die göttliche Eingebung wartet, hat dem Autor Ludwig Thoma allerdings eine saftige Geldstrafe eingebracht.

Wer es etwas ruhiger mag, der bezieht seinen Platz im Bräustüberl, das sich im ersten Stock des Gebäudes befindet und aus dessen Erker man einen wunderbaren Ausblick auf das Platzl hat. Und wer noch ein Stockwerk höher steigt, kommt mit etwas Glück in den Genuss von Blaskapellen und Musikanten aus ganz Bayern, die regelmäßig im historischen Festsaal aufspielen, oder er spürt in der dort gelegenen Galerie Geschichte und Geschichten aus der vierhundertjährigen Tradition des Hofbräuhauses nach.

Weil die Christkindlmärkte alle Sinne verwöhnen

Alljährlich, wenn die »stade Zeit« (stille Zeit) beginnt – außerhalb der bayerischen Landesgrenzen auch Adventszeit genannt –, öffnen in München die Christkindlmärkte ihre »Standln«. Insgesamt hat München stolze 95 Christkindl- und Weihnachtsmärkte zu bieten, und jeder von ihnen ist einen Besuch wert. Was bietet sich an einem kalten, nebligen Adventssonntag also besser an als ein gemütlicher Bummel, eingehüllt in den Duft von Zimt, Glühwein und Lebkuchen?

Der größte, bekannteste und beeindruckendste ist der Christkindl- und Kripperlmarkt auf dem Marienplatz, der sich sternförmig bis in die Seitenstraßen erstreckt. Allein die alljährliche Aufstellung des prächtigen lichtergeschmückten Weihnachtsbaums vor dem Münchner Rathaus ist ein Ereignis. Rund 150 »Standln« locken mit Zwetschgenmanderln, Springerle und Reiberdatschi (auf Hochdeutsch Zwetschgenmännchen, Spekulatius und Kartoffelpuffer), mit Glühwein und Münchner Weihnachtspunsch, kunsthandwerklichem Weihnachtsschmuck – von Holzsternen über handbemalte Christbaumkugeln bis zu kunstvoll geschnitzten Krippenfiguren und Rauschgoldengerln – sowie einem vielseitigen Rahmenprogramm, von der »Blasmusi« auf dem Rathausbalkon bis zum Krampuslauf. Bester Aussichtspunkt über den stimmungsvoll beleuchteten Christkindlmarkt ist übrigens die »Bar Centrale« im sechsten Stock der Buchhandlung Hugendubel am Marienplatz.

Ein besonders gemütlicher, kleiner und stimmungsvoller Christkindlmarkt ist der Haidhauser Weihnachtsmarkt rund um den Weißenburger Platz. Fast sechzig Stände bieten außergewöhnliches Kunsthandwerk aus aller Welt – vor allem aus Lateinamerika –, und nicht selten kann man den Kunsthandwerkern direkt bei der Arbeit zusehen. Dazu locken kulinarische Leckereien, unter denen das beliebte Haidhauser Weihnachtsbier »Christmator« eine besondere Erwähnung verdient. Wer es gerne beschaulich hat und sich eine Auszeit vom vorweihnachtlichen Treiben in der Innenstadt nehmen möchte, ist hier genau richtig.

Ein weiterer sehr stimmungsvoller Christkindlmarkt ist der Weihnachtsmarkt auf der Praterinsel zwischen Isar und den historischen Gebäuden der ehemaligen Schnapsbrennerei Riemerschmid, dessen Besuch sich wunderbar mit einem gemütlichen Adventsspaziergang am Isarufer verbinden lässt. Unter dem großen Angebot an hochwertigem Kunsthandwerk findet sich bestimmt auch das ein oder andere originelle Weihnachtsgeschenk. Traditionell findet hier auch der Perchtenlauf statt – ein Umzug böser und guter Gestalten (»Perchten«) aus dem alpenländischen Brauchtum.

Romantisch gestimmten Adventsliebhabern sei der Weihnachtsmarkt am Chinesischen Turm im Englischen Garten empfohlen, der vor allem Künstlerisches und Handwerkliches von Aquarellmalerei bis Zapfenschmuck bietet. Der obligatorische Weihnachtspunsch darf natürlich auch nicht fehlen, und wer nach so vielen Schnapserln nicht mehr ganz trittsicher ist, lässt sich in warme Decken gehüllt in der Pferdekutsche von der romantischen Atmosphäre eines vielleicht schon verschneiten Englischen Gartens bezaubern. Wer noch gut zu Fuß ist, dem sei anschließend der Schwabinger Weihnachtsmarkt an der Münchner Freiheit empfohlen – ein sehr beliebter Christkindlmarkt der ganz anderen Art, der Advent mit Kunst, Jazz und Performance verbindet und jedes Jahr mit Neuem und Überraschendem aufwartet.

Alle Adventsrebellen, die kein Tannengrün und keine Holzbuden mehr sehen, aber auf den Christkindlmarkt nicht verzichten wollen, lassen sich am besten vom rosaroten Weihnachtsmarkt »Pink Christmas« am Stephansplatz im Glockenbachviertel bezaubern – eine Initiative der Gay Community München. Dieser Markt ist ein originelles Highlight für Jung und Alt, Singles und Familien, das unter anderem ein originelles Bühnenprogramm und kulinarische Leckerbissen fern von Bratäpfeln und gebrannten Mandeln bietet.

Ob grün oder pink, Holz und Stroh oder Glitter und Glamour – auf den Münchner Christkindlmärkten wird die stade Zeit auf alle Fälle zu einem sinnlichen Genuss.

Weil man mit der Tram wie
vor hundert Jahren unterwegs ist

München und die Münchner sind bekanntlich vorwärtsgewandt und modern. Das zeigt sich unter anderem am öffentlichen Verkehrsnetz, das ständig verbessert und vergrößert, mit moderneren Fahrzeugen und schnelleren Verbindungen ausgestattet wird. Aber wenn sich erweist, dass der Fortschritt gar kein Fortschritt, sondern eher ein Rückschritt ist, dann scheut sich der Münchner auch nicht, seinem Unmut Ausdruck zu verleihen und hartnäckig eine Rückkehr in die guten alten Zeiten zu fordern. Wobei die Münchner auch manchmal Erfolg haben.

Zum Beispiel bei der Trambahnlinie 17, die den Hauptbahnhof über die Arnulfstraße mit dem Romanplatz verbindet. 1967 wurde diese Strecke nämlich abgeschafft, weil gerade die S-Bahn gebaut wurde und die Tram auf diesem Teilstück überflüssig erschien. Und so wurden die Gleise stillgelegt, Gras wuchs zwischen den Schienen und schon bald benutzten die Anwohner das alte Gleisbett zwischen den Fahrspuren der Autos als Parkplatz für ihre Fahrzeuge. Jahre vergingen, aber der Münchner konnte den Verlust der praktischen Verbindung, die ihn vom Zentrum in den Münchner Westen bis zum Nymphenburger Park gebracht hatte, nicht verschmerzen. Weil es einfach so viel komfortabler war, mit der Straßenbahn am dichten Verkehr der viel befahrenen Straße vorbeizugondeln und mit einem milden Lächeln die armen Autofahrer zu bedauern, die dort im Stau steckten. Und da half auch die neue Buslinie nichts, denn auch der Busfahrer konnte den Verkehr ja nicht beschleunigen, daran änderte auch die fesche blaue Uniform der Münchner Verkehrsbetriebe nichts.

Und irgendwann hatten die Stadtväter ein Einsehen und so wurden 19 Jahre später die parkenden Autos verjagt und die alten Gleise geputzt – die geliebte Linie 17 nahm ihren Dienst wieder auf. Und das tut sie bis heute und genießt dabei als »beschleunigte Linie« sogar Vorrang vor allen anderen Verkehrsteilnehmern.

Verstehen kann man die Münchner schon, denn dass eine Fahrt mit der Tram gerade in der heutigen Hektik ein besonderes Vergnügen ist, lässt sich nicht bestreiten. Schon das altmodische Gebimmel, mit dem der Trambahnfahrer Autos und Radfahrer von den Gleisen verscheucht, ist um vieles liebenswerter als das schrille Hupen der Autos und Busse. Und ist es nicht auch viel angenehmer, die schönen Häuser und Straßenzüge Münchens an sich vorbeiziehen zu lassen, als in der U-Bahn auf dunkle Tunnelwände oder mürrische Mitfahrer zu starren? Dass man wirklich in München ist, merkt man spätestens, wenn der Trambahnfahrer im Feierabendgedränge über die Lautsprecher schimpft: »Herrschaftszeiten, jetzt gehts halt amoi nach hinten durch!«

Mal abgesehen von der Stadtrundfahrt in einem historischen Straßenbahnwagen, die jedes Wochenende vom Sendlinger Torplatz startet und schon fast Kultstatus erreicht hat, ist die Münchner Tram aber keineswegs nur ein sentimentales Relikt für Nostalgiker und Touristen. Ganz im Gegenteil: Die große Anzahl und bunte Mischung der Fahrgäste, von der Hausfrau mit prallen Einkaufstaschen bis zum geschniegelten Geschäftsmann mit Aktenkoffer und Laptop-Tasche, beweisen, dass man mit der Münchner Tram nicht nur angenehm und bequem, sondern auch zügig und zuverlässig sein Fahrziel erreicht.

Weil München so fahrradfreundlich ist

In keiner anderen deutschen Stadt macht Radlfahren so viel Spaß wie in München, das sich zum Ziel gesetzt hat, Deutschlands Radlhauptstadt und die fahrradfreundlichste Stadt Europas zu werden. Ganze 1200 Kilometer verkehrsgeschützte und gut beschilderte Radwege, die sich strahlenförmig vom Marienplatz aus in die Randbezirke erstrecken, stehen Drahtesel-Liebhabern zur Verfügung.

Und weil in München die Sonne besonders oft scheint, ist das Radfahren ein besonderes Vergnügen – im Frühling, wenn die Münchner sonnenhungrig in Straßencafés oder zum Picknick in den Englischen Garten strömen; im Hochsommer, wenn der Asphalt glüht und die unzähligen Biergärten der Stadt Durstlöscher und Schatten spenden; im Herbst, der in München besonders golden ist und dazu einlädt, entlang des Isarufers die letzten wärmenden Sonnenstrahlen einzufangen; und selbst an einem eiskalten, wolkenlosen Wintertag, an dem man dick eingemummelt durch die Gegend radelt und sich mit einem Schnaperl aufwärmt.

Doch auch eine Radltour durch die Innenstadt ist ein besonderes Erlebnis, zum Beispiel auf der Brienner Straße über den imposanten Königsplatz bis zum Lenbachplatz und von dort aus durch die Münchner Altstadt, durch die Maximilianstraße bis zum Friedensengel hinauf oder in Richtung Odeonsplatz und über die Leopoldstraße bis zur Münchner Freiheit. Ganze Stadtviertel lassen sich wunderbar mit dem Radl erkunden – das stille Lehel, das quirlige Univiertel, Altschwabing mit seinen zum Teil engen Straßen und Kopfsteinpflastergassen, Glockenbach- und Gärtnerplatzviertel, Haidhausen und das Schlachthofviertel. Auf jeder Route findet man schöne, charmante und verschwiegene Ecken. Um sich über alle Fahrradrouten in und um München informieren zu können, gibt es im Internet das »Radler-Navi« sowie digitales Kartenmaterial über jede einzelne Route zum Herunterladen. Und wer City-Sightseeing mal ganz anders erleben möchte, kann bei »Spurwechsel München« thematisch gestaltete Stadtrundfahrten per Fahrrad buchen, zum Beispiel die BierTour, die FußballTour, die IsarTour und die TheaterTour.

Für alle, die kein eigenes Radl besitzen oder mitgebracht haben, haben zahlreiche Radlvermieter einen passenden Drahtesel im Angebot. Die Deutsche Bahn bietet darüber hinaus den Mietservice CallaBike an. Ein einfaches Codesystem und die Möglichkeit, das Fahrrad an jedem beliebigen Punkt der Stadt wieder abzustellen – angeschlossen, versteht sich –, machen das »Call a Bike« zu einer unkomplizierten, kostengünstigen und umweltfreundlichen Alternative zum Auto.

Eine echte Radl-Gaudi ist zum Beispiel das »Conference Bike« für bis zu sieben Personen, bei dem »einer lenkt und alle strampeln«. Und wer nicht selbst in die Pedale treten, sich aber trotzdem »grün« fortbewegen will, lässt sich einfach mit dem Rikscha-Mobil chauffieren. Beides kann unter www.pedalhelden. de gebucht werden.

München unternimmt viel, um den Radlverkehr zu fördern. So fand im April 2010 als Auftakt zu einer groß angelegten Radlkampagne auf dem Altstadtring die erste Münchner Radlnight statt, die mit der Radlparty auf dem Marienplatz einen rauschenden Abschluss fand. Für alle, die sich über laufende Events und Neuigkeiten rund ums Radfahren in München informieren wollen, bietet die Stadt eine eigene Homepage: www.radlhauptstadt. muenchen.de. Und auch die Münchner Verkehrsbetriebe machen mit. Zu ausgewiesenen Zeiten kann das Radl in U- und S-Bahn kostenfrei mitgenommen werden. Zudem gibt es an fast allen Haltestellen Bike+Ride-Stellplätze.

Fazit: Radlfahren in München ist einfach cool. Und weil hier alles stets ein bisschen edler und lifestyliger ist als anderswo, sieht man neben hippen Falträdern, teuren Mountainbikes und E-Bikes auch alle möglichen Liegeräder und ausgefallene Eigenkreationen. Und so wundert es niemanden, wenn abends im Club selbst schicke Partygänger sagen: »Ja, mir san mit'm Radl da.«

Weil die Traum-Bäder der Stadt
Kinder und Erwachsene glücklich machen

Baden und Schwimmen haben in München eine lange Tradition. Schon vor über 150 Jahren eröffnete das Schyrenbad als erste öffentliche Badeanstalt seine Pforten, auch wenn der Zutritt zunächst nur schwimmwilligen Männern vorbehalten war. Und bereits 1887 wurde der Bau des ersten Hallenbades, des Müller'schen Volksbads, in Angriff genommen, das nicht nur über zwei sorgfältig getrennte Schwimmbecken für Männer und Frauen und eine große Wannen- und Brauseabteilung, sondern im Untergeschoss sogar über ein Hundebad verfügte. Einen der ältesten Bereiche, sich unter dem Münchner Himmel ohne störende Textilien bräunen zu lassen, findet man im wunderschönen Naturbad Maria Einsiedel. Kaum eine andere Stadt bietet dem Wasser- und Sonnenhungrigen auch heute noch so viele Möglichkeiten. Ob sommers oder winters, ob alt oder jung, ob sportlich oder entspannt, ob traditionell oder hypermodern: In den 17 Münchner Bädern kann wirklich jeder sein Glück finden. Denn Bade-Glück in München ist …

→ im Schyrenbad am Morgen im Fünfzig-Meter-Becken dem Plausch der rüstigen Giesinger Rentnerinnen und Rentner zu lauschen, die dort gemächlich ihre Bahnen ziehen.

→ sich im Cosimabad in die Wellen zu stürzen und sich von den Wogen davontragen zu lassen.

→ im Giesing-Harlachinger Bad vom Beckenrand aus dem FC Bayern beim Training zuzuschauen.

→ als Kind im Michaelibad die 84-Meter-Wasserrutsche hinunterzusausen, während die Eltern in einer einzigartigen Sauna unter der Erde schwitzen.

→ im Nordbad die monumentale Schwimmhalle zu bestaunen und sich nach Besuch des Sanariums von fachkundigen Händen massieren zu lassen.

→ an einem regnerischen Sonntag im Müller'schen Volksbad echtes Jugendstil-Ambiente zu genießen, das original erhaltene Wannenbad zu besuchen und sich dann im angrenzenden Café mit Kaffee und Kuchen zu stärken.

→ in der Olympia-Schwimmhalle alle fünf Becken zu testen und den Sprung vom Zehn-Meter-Turm zu wagen.

→ sich im Westbad so lange im Strömungskanal treiben zu lassen, bis man blaue Lippen hat, und sich dann im warmen Sole-Außenbecken wieder aufzuheizen.

→ im Ungererbad an einem heißen Sommertag das muntere Treiben von Schönlingen und Möchtegern-Models, Alteingesessenen und Studenten, Sternchen und Schwabinger Promis zu beobachten oder sich beim Beachvolleyball auszutoben.

→ das Dantebad von Januar bis Dezember zu besuchen und dabei im Sommer im 25-Meter-FKK-Becken hüllenloses Badevergnügen zu genießen und im Winter bei frostigen Temperaturen oder Schneegestöber im dreißig Grad warmen Wasser unter freiem Himmel zu schwimmen und im aufsteigenden Wasserdampf absolute Ruhe zu finden.

→ im Naturbad Maria Einsiedel in biologisch gereinigtem Wasser zu schwimmen und die heißesten Stunden des Tages wie anno dazumal träumend unter alten Bäumen zu verbringen.

→ im liebevoll »Prinze« genannten Prinzregentenbad mitten in der Stadt echtes Strandgefühl zu genießen oder in der riesigen Saunalandschaft Entspannung pur zu erleben.

→ sich im Südbad im warmen Wasser treiben zu lassen und dabei eine meditative Videoinstallation zu betrachten.

Und damit versteht jeder, was die Münchner Bäderlandschaft erreichen will: Eintauchen, abtauchen, glücklich sein!

Weil es beim Stadtgründungsfest
Ritter, Gaukler und Garküchen gibt

Eine Gründung zu feiern ist nicht nur etwas für Personen, die mit einem eigenen Unternehmen liebäugeln, sondern es ist auch etwas ganz Besonderes für Städte. Allerdings nur, wenn sie schon so einige Jährchen auf dem Buckel haben. Dies ist bei der Stadt München definitiv der Fall. Im Jahr 1158 wird die Stadt erstmals erwähnt, was auch mit dem Augsburger Schied von Kaiser Friedrich Barbarossa am 14. Juni 1158 urkundlich belegt ist. Der Name München wird übrigens seit dieser Zeit von einem Mönch abgeleitet. So weit zur Gründung, denn es dauerte noch eine Weile, so rund hundert Jahre, bis München zu einer Stadt von Bedeutung wurde, nämlich als die Residenz eines von zwei bayerischen Teilherzogtümern.

München blickt auf eine wechselvolle Geschichte zurück und gelangte im 19. Jahrhundert zur vollen Blüte – dank der Könige Ludwig I. und Max II. Beide Monarchen drückten dem Stadtbild und der Stadtgeschichte Münchens ihren unverwechselbaren Stempel auf. Könige, Herzogtümer und Edelleute. Darauf kann man wahrlich stolz sein und was bietet sich da Besseres an, als an den Anfang zu erinnern? Mit einem zünftigen Fest kann die Gründung einer Stadt schließlich am besten gepriesen werden.

Die Feierlichkeiten werden für Bürger und Gäste Münchens jährlich im Juni ausgerichtet und finden in der gesamten Fußgängerzone im Zentrum statt. Dabei steht ein buntes und vielfältiges Unterhaltungsprogramm im Mittelpunkt, das für Kinder und Familien ebenso etwas zu bieten hat wie für kulinarisch und kulturell Interessierte. Einen Höhepunkt des Festes stellt die große Auswahl an Speisen und Getränken dar. Selbstverständlich gibt es die bekannten bayerischen Schmankerl. Doch echte Kenner bevorzugen ausnahmsweise die Spezialitäten der Garküchen des Mittelalters. An manchen Ständen ein echtes Erlebnis, denn das Essen wird von Menschen in mittelalterlicher Kleidung serviert. Dazu gesellen sich im gesamten Festgebiet Gaukler und Minnesänger, oft sehr zur Freude der Kinder. Bestaunen kann man auch die Ritter in ihren herrlichen Rüstungen, denn sie tummeln sich ebenso auf der Festmeile und zeigen den Besuchern ihre hohe Kampfkunst.

Neben dem Mittelalter ist natürlich auch die Neuzeit auf dem Fest vertreten, in Form zahlreicher Darbietungen auf den vielen großen und kleinen Bühnen. Ob bayerisches Brauchtum, internationale Folklore, Rock oder Pop, hier kommen Musikfreunde aller Stilrichtungen voll auf ihre Kosten. Zudem stehen Klassik, Tanz, Kabarett und Kleinkunst auf dem Programm. Im gesamten Festbereich zeigen Straßenkünstler und Straßenmusiker ihr Können. Kunsthandwerkern kann bei der Ausübung ihrer Tätigkeit über die Schulter geschaut werden, und Kinder finden auf dem Fest reichlich Abwechslung, beispielsweise bei einem Besuch im Alten Hof und am Marienhof.

Die Megaparty im Jahr 2008 anlässlich der 850-Jahr-Feierlichkeiten liegt leider schon wieder in der Vergangenheit. Doch alljährlich wiederholt sich das Stadtgründungsfest. Sollten Sie noch nie an dieser Festivität teilgenommen haben, dann müssen Sie diesen Umstand schleunigst ändern – denn mehrere Hunderttausend Besucher pro Stadtgründungsfest können schließlich nicht irren!

KAPITEL 8

Laptop und Lederhosen

Weil die größte Verlagsstadt Europas gut »gebucht« ist

Mit rund 180 Verlagen und fast 10.000 Bucherscheinungen jährlich ist München die größte Verlagsstadt Europas und nach New York sogar die zweitgrößte der Welt. Unter anderem hat der traditionsreiche Carl Hanser Verlag hier seinen Sitz, dessen Autoren regelmäßig wichtige Literaturpreise gewinnen, der Deutsche Taschenbuchverlag dtv, die Verlagsgruppe Droemer Knaur und der Verlagskonzern Random House, unter dessen Dach allein rund 44 Verlage angesiedelt sind.

Bücher spielen in München eine große Rolle. Das Literaturhaus lädt regelmäßig zu Veranstaltungen rund ums Buch ein und ehrt sogar mit der Vorstellung herausragender Übersetzer diese sonst eher im Verborgenen wirkenden Wortkünstler. Die hauseigene Textwerkstatt bietet Seminare für Autoren, Übersetzer und Literaturrezensenten. Und der Bereich »Literaturhaus junior« lobt jedes Jahr einen Schreibwettbewerb für Schüler aus.

Erstmalig fand vom 17. November bis 5. Dezember 2010 das Literaturfest München statt. Auf diesem Bücherfest, das vom Kulturreferat München, dem bayerischen Landesverband des Börsenvereins des Deutschen Buchhandels und dem Literaturhaus München veranstaltet wurde, waren so namhafte Autoren vertreten wie Ken Follett, Herta Müller, Umberto Eco, António Lobo Antunes, Dacia Maraini und Joseph Boyden – und der preisgekrönte Bestsellerautor und »Weltensammler« Ilja Trojanow als Kurator. Fast drei Wochen konnten Literaturliebhaber in die Welt des geschriebenen Wortes eintauchen – in süße oder spannende Fiktion und bisweilen erschütternde Realität.

Teil des Literaturfestes war auch die traditionelle Münchner Bücherschau, die 2010 zum 51. Mal stattfand und wie jedes Jahr Heerscharen von Besuchern anzog.

Ein spannendes Bücherereignis ist auch das »Criminale«, das jedes Jahr im März/April stattfindet, nach eigenen Angaben eines der größten internationalen Festivals für Kriminalliteratur ist und regelmäßig großes Medienecho findet. Unter dem Motto »Krimis auf dem Seziertisch« gibt es Lesungen an so gruseligen Orten wie dem Institut der Rechtsmedizin. Und jedes Jahr wird im Rahmen der Krimi-Gala die beste und spannendste Krimi-Kurzgeschichte mit dem Agatha-Christie-Krimipreis ausgezeichnet.

München verfügt zudem über eine riesige Zahl an Buchhandlungen – vom Bücherkaufhaus Hugendubel mit seinen »Schmökerecken« über exzellent sortierte Traditionsbuchhandlungen wie Lehmkuhl in Schwabing oder die Universitätsbuchhandlung Frank in der Maxvorstadt, bis zu kleinen, feinen Stadtteilbuchläden mit individueller Beratung wie dem Colibris in Neuhausen. Und dann gibt es noch die vielen wunderbaren Themen-Buchhandlungen: In der Comic Company gibt es Gezeichnetes von »Tim und Struppi« bis zu knallharten Comic-Thrillern für Erwachsene. Die Buchhandlung »Sinn und Sinnlichkeit« im Glockenbachviertel hat sich auf anspruchsvolle erotische Literatur spezialisiert, und die Krimibuchhandlung »glatteis«, die im Jahr 2010 ihr zehnjähriges Jubiläum feierte, widmet sich ganz dem Verbrechen und veranstaltet Lesungen an ungewöhnlichen Locations wie zum Beispiel Boxhallen und Nachtclubs.

Mit literatur-muenchen.de hat die Stadt ein eigenes Online-Literaturportal ins Leben gerufen, das den Bürgern die Literatur nahebringen und über alle literarischen Veranstaltungen in der Stadt informieren will. Hier findet sich nicht nur der informative Newsletter »Klappentext«, sondern auch eine Übersicht über alle kommenden literarischen Ereignisse, die Veranstaltungsorte und Literatur-Blogs.

Bei einer solchen Vielfalt wird in München nur ein unverbesserlicher Büchermuffel nicht automatisch zum Bücherwurm. Und wer wirklich kein ganzes Buch »dapackt«, wird bei den großen Zeitschriftenverlagen wie Burda oder Condé Nast fündig.

Weil die Dax-Hauptstadt
voll Wirtschaftspower steckt

Beim Thema »Börse in Deutschland« denken die meisten sofort an Frankfurt am Main. Dort sitzt in der Tat der mit Abstand größte Handelsplatz für Aktien, Anleihen & Co. Selbst im internationalen Wettbewerb kann die dortige Deutsche Börse AG mit London, Paris oder Tokio mithalten. Der Münchner Regionalmarkt hingegen gilt zwar als innovativ, hinkt bei den Umsätzen aber deutlich hinterher. Geht es jedoch um die Marktkapitalisierung, also um den Wert, den die notierten Aktiengesellschaften auf die Waage bringen, hängt München die Hessenmetropole, aber auch alle anderen deutschen Städte, locker ab.

Von den dreißig größten und wichtigsten deutschen AGs, die im Standardwerte-Index Dax gebündelt sind, residieren sieben an der Isar. Bis die Immobilienbank Hypo Real Estate im Zuge der Finanzkrise als erstes deutsches Institut verstaatlicht wurde, waren es sogar acht. Zum Vergleich: Konkurrent Hamburg kann mit Beiersdorf nur einen einzigen Dax-Konzern aufbieten. Und selbst der musste mit Geld von der Stadt vor einer Übernahme geschützt werden. Und die Hauptstadt Berlin? Dorthin hat sich kein einziger Vertreter aus der ersten Börsenliga verirrt.

In München hingegen finden sich Dax-Stars aus verschiedensten Branchen: die Versicherer Allianz und Munich Re, Autobauer BMW, Chiphersteller Infineon, Gase-Spezialist Linde, Maschinen- und Lkw-Produzent MAN und der Elektrokonzern Siemens. Zusammen bringen sie es auf einen Börsenwert von mehr als 150 Milliarden Euro. Die zweitwichtigste Dax-Stadt, Düsseldorf, bringt es auf etwa die Hälfte (Stand Herbst 2010). Neben den Dax-Dickschiffen sind wachstumsstarke mittelgroße und kleinere

Börsenfirmen aus dem MDax und dem SDax Münchner: Agrar- und Biosprit-Spezialist BayWa etwa oder Autoverleiher Sixt.

Die breite Mischung der Branchen ist aus verschiedenen Gründen von Vorteil. So schlägt eine schwache Konjunktur in einem Bereich – wie der Finanzwirtschaft in Frankfurt während der Krise – nicht auf die gesamte Wirtschaft der Region durch. Die Steuereinnahmen sacken in der Regel auch bei Abschwüngen nicht so katastrophal ab wie in Städten, in denen nur wenige Branchen dominieren. Arbeitnehmer profitieren ebenfalls von der Vielfalt – sie können unter einem großen Angebot von verschiedenen Jobs wählen. Auch den Unternehmen hilft es massiv, wenn sie unter einer großen Anzahl hoch qualifizierter Mitarbeiter die Auswahl haben und wichtige offene Stellen schnell wieder besetzt werden können.

Auf Dauer könnten daher durchaus noch mehr Gesellschaften dem Beispiel von Linde folgen. Die Firma hatte ihren Hauptsitz im Jahr 2008 von der hessischen Hauptstadt Wiesbaden nach München verlagert. Offiziell hieß es damals – wie stets bei solchen Anlässen –, man wolle sich zentralisierter aufstellen, die Kosten senken und schlanker werden. Viele vermuteten wesentlich menschlichere Gründe. Linde-Vorstandschef Wolfgang Reitzle hatte früher jahrelang (gerne) bei BMW gearbeitet und seine Frau wohnte nach wie vor in München. Es soll ihn einfach zu stark wieder an die Isar gezogen haben.

Weil Erfinder- und Gründergeist hier großgeschrieben werden

Münchens Wirtschaft boomt. Aus allen Teilen der Welt streben Fachkräfte und innovative Unternehmen nach München, denn hier wird Erfinder- und Gründergeist noch großgeschrieben und auch entsprechend gefördert. Damit dies so bleibt, haben die Stadt München und das Land Bayern im Vergleich zu anderen Teilen der Republik herausragende Rahmenbedingungen geschaffen, die es den klugen Köpfen leicht machen, sich ganz ihren Aufgaben zu widmen. Natürlich sind die verschiedenen Initiativen nicht uneigennützig ins Leben gerufen worden, denn wo gefragte Produkte und Dienstleistungen entstehen, werden viele Steuern gezahlt. Zudem leben die Leute gern an führenden Leistungsstandorten und konsumieren entsprechend, auch dies kommt ja wieder der Stadt und dem Land in Form eines prall gefüllten Staatssäckels zugute.

In München und der näheren Umgebung gibt es daher zahlreiche Gründerzentren, die Jungunternehmen den Start in ihr Business erleichtern. Ein Vorteil solcher Einrichtungen liegt in der bereitgestellten Infrastruktur für Gründer. Sie profitieren von günstigen Mieten, einer flexiblen Aufteilung der Büro- oder Laborflächen und von der Nähe zu anderen Gründern. Das beutet im Klartext: geballtes Wissen auf kleiner Fläche und das zu geringen Kosten.

Das Innovations- und Gründerzentrum Biotechnologie (IZB) ist solch ein leuchtendes Beispiel für die Bereitstellung optimaler Räumlichkeiten für Gründer und Erfinder, die in dem Bereich »Life Science« unser aller Leben durch die Entwicklung neuer Medikamente und medizinischer Dienstleistungen bereichern und erleichtern wollen. Klug gewählt ist der Standort nicht zuletzt wegen seiner Nähe zum Klinikum der Ludwig-Maximilians-Universität (LMU) im Stadtteil Großhadern und den angrenzenden Fakultäten – unter anderem der Biochemie.

Für Erfinder und Gründer, die sich auf Hightech spezialisiert haben, ist München als Standort ebenfalls die erste Wahl. Im Garchinger Technologie- und Gründerzentrum gate finden junge Technologieunternehmen alles, was ihr Herz begehrt, und alles, was nötig ist, um sich in Zukunft einen Namen zu machen. Das Zentrum liegt direkt neben dem Campus der Technischen Universität München (TUM) und ist daher für den Austausch von Kompetenzen wie geschaffen. Gründer aus den Bereichen Mechatronik, Software, Informationstechnik und Kommunikationstechnik haben bei gate ein Zuhause gefunden und profitieren wechselseitig von einem etablierten Business- und Wissensnetzwerk.

Auch diejenigen, die später einmal einen »Oscar« anpeilen, können ihr Talent in München beweisen – und zwar auf dem Gelände der Bavaria Film. Das Bayerische Filmzentrum gibt hier Nachwuchsproduzenten und jungen Unternehmen der Medienindustrie Starthilfe, damit sie einmal selbst ganz groß im Rampenlicht stehen können. Auf die künftigen Eroberer von Hollywood warten komplett eingerichtete Büros und eine auf die jeweiligen Bedürfnisse abgestellte individuelle Betreuung.

Wenn da mal Berlin, Hamburg & Co. nicht neidisch werden – bei so viel Innovationskraft!

Weil im Biotech-Cluster Martinsried geforscht wird, um zu helfen

München, Deutschlands »heimliche Hauptstadt«, hat nicht nur Urbayerisches und heimelige Tradition zu bieten, die »Europäische Metropolregion München« ist mit mehreren Hundert Unternehmen und acht renommierten Forschungseinrichtungen zudem einer der führenden Standorte für die Biotechnologie- und Pharmaindustrie in Europa und spielt auch weltweit in der Top-Liga mit. Einer dieser sogenannten »Biotech Cluster« ist der Planegger Ortsteil Martinsried, der sich in nur zwanzig Jahren von einem Bauerndorf vor den Toren Münchens zu einem echten Hightech-Zentrum entwickelt hat.

Angefangen hat diese Entwicklung mit dem Bau des Universitätsklinikums Großhadern Anfang der siebziger Jahre. 1973 folgte die Gründung des Instituts für Biochemie der Max-Planck-Gesellschaft und Mitte der achtziger Jahre die Gründung des Genzentrums der Ludwig-Maximilians-Universität (LMU). Seitdem kommen jedes Jahr neue Unternehmen aus den Bereichen Biotechnologie, Pharmaforschung und Life Science hinzu. Im Jahr 1995 entstand zudem das vom Freistaat mit 42 Millionen Euro unterstützte Innovations- und Gründerzentrum Biotechnologie (IZB), das jungen Unternehmensgründern bei der Umsetzung ihrer zukunftsweisenden Geschäftsideen hilft – von der Seed- und Risikokapitalfinanzierung über exzellent ausgestattete Labore und Forschungseinrichtungen bis hin zur mehrfach prämierten Kinderbetreuungsstätte für den Nachwuchs der hochqualifizierten Jungunternehmer und -wissenschaftler – den sogenannten BioKids. Dazu kam in den letzten zehn Jahren die regionale Netzwerkorganisation BioM Biotech Cluster Development GmbH, die

Netzwerkarbeit für die Biotechnologie in München-Martinsried betreibt.

Der Biotech Cluster Martinsried ist auf die Entwicklung und Herstellung von Medikamenten spezialisiert, vor allem für bestimmte Krebsarten, und ist das erfolgreichste Zentrum für Medikamentenentwicklung in Deutschland. Einige der Unternehmen haben bereits den Börsengang geschafft, zum Beispiel 4SC, MediGene, MorphoSys und Micromet. Im Jahr 2003 erhielt das Unternehmen MediGene als erstes deutsches Biotechnologieunternehmen die bundesweite Medikamentenzulassung für »Eligard«, ein Mittel gegen Prostatakrebs; inzwischen wurden zwei weitere Wirkstoffe der Firma anerkannt. Das Unternehmen MorphoSys hat sich auf Technologien zur Herstellung synthetischer Antikörper für die Medikamentenforschung spezialisiert und arbeitet mit Pharmaunternehmen wie dem Schweizer Konzern Novartis zusammen. 4SC ist auf dem Gebiet der Forschung und Entwicklung von Medikamenten gegen Krebs- und Autoimmunerkrankungen tätig. Micromet, ein 1993 gegründetes Spin-off des Instituts für Immunologie der Ludwig-Maximilians-Universität, ist auf die Entwicklung von T-Zellen-basierten Krebstherapien spezialisiert – eine Immuntherapie, auf die große Hoffnungen in der Krebsbehandlung gesetzt werden.

Zwischen Großhadern und Martinsried befindet sich auch der Life-Science-Campus Martinsried. Die Ludwig-Maximilians-Universität, die – wie auch die Technische Universität München – seit 2006 den begehrten Titel »Elite-Universität« tragen darf, hat bereits zahlreiche Fachbereiche von der Innenstadt nach Martinsried verlagert. Daneben sind Neubauten für die Fakultäten Chemie und Pharmazie, das Zentrum für Prionforschung, das Biozentrum und das Institut für Neuropathologie entstanden; am Standort Großhadern-Martinsried soll das Partnerinstitut des Zentrums für Neurodegenerative Erkrankungen und ein Institut für Schlaganfall- und Demenzforschung errichtet werden.

Dass der Biotech Cluster Martinsried Zukunft hat, zeigt sich auch daran, dass er der Krise in den letzten Jahren erfolgreich getrotzt hat. Das IZB hat 2008 erstmalig einen – wenn auch schmalen – Gewinn erwirtschaftet und kann eine Mietauslastung von knapp unter hundert Prozent aufweisen, und die Nachfrage für den IZB-Anbau ist groß. Insolvenzen hat es bisher keine gegeben.

Alles in allem ist München-Martinsried für die Zukunft bestens aufgestellt, denn Biotechnologie wird wohl auf lange Zeit ein »Megathema« bleiben.

Weil man an Universitäten von Weltruf ausgezeichnet studieren kann

Wer an einer der beiden großen Münchner Universitäten studiert, kann sich »Elite-Student« nennen – egal wie fleißig er ist. Denn die Ludwig-Maximilians-Universität (kurz LMU genannt) und die Technische Universität München (TUM) zählen – neben der TU Karlsruhe – zu den ersten drei deutschen Hochschulen, die 2006 den Titel »Elite-Universität« verliehen bekommen haben. In den zahlreichen Uni-Rankings liefern sich TUM und LMU regelmäßig ein Wettrennen um die vordersten Plätze in Deutschland. Doch neben diesen zwei großen Unis gibt es noch zahlreiche weitere attraktive Studienmöglichkeiten in München, wie die Akademie der Bildenden Künste oder die Hochschule für Fernsehen und Film, die Jahr für Jahr junge Menschen in die Stadt ziehen. Mit rund 100.000 Studenten gehört München zu den größten Universitätsstädten Deutschlands.

Fast die Hälfte davon studiert an der altehrwürdigen Ludwig-Maximilians-Universität. Sie gehört mit ihrer über fünfhundertjährigen Tradition zu den größten und ältesten Universitäten Europas. Gegründet wurde sie 1472 von Herzog Ludwig IX., allerdings im kleinen Ingolstadt. Im Jahr 1800 verlegte sie Kurfürst Max IV. Joseph (ab 1806 König Maximilian I. von Bayern) nach Landshut. Nach ihren beiden Gründern trägt die Universität seit 1802 ihren Namen. Erst König Ludwig I. holte die Bildungsstätte als eine seiner ersten Amtshandlungen 1826 nach München. Die Studenten dankten es dem König damals jedoch schlecht, denn sie waren maßgeblich daran beteiligt, dass er im Revolutionsjahr 1848 wegen seiner Geliebten Lola Montez zum Rücktritt gezwungen wurde.

Beliebter Treffpunkt ist der Uni-Brunnen auf dem Geschwister-Scholl-Platz, direkt vor dem Universitätshauptgebäude. Sophie und Hans Scholl, nach denen dieser zentrale Platz benannt ist, wurden 1943 im Lichthof der Universität beim Verteilen von Flugblättern entdeckt, von der Gestapo verhaftet und zusammen mit fünf weiteren Studenten und ihrem Professor Kurt Huber hingerichtet. Eine Gedenkstätte zwischen Lichthof und Audimax erinnert an die Mitglieder der Widerstandsgruppe »Weiße Rose«.

Die Namen vieler weiterer Persönlichkeiten sind mit dieser Universität verbunden, wie Wilhelm Conrad Röntgen, Werner Heisenberg, Adolf Butenandt, Max Weber, Theodor Mommsen und Konrad Lorenz – um nur einige zu nennen.

Sowohl LMU als auch TUM sind keine Campus-Universitäten. Ihre Gebäude sind über mehrere Standorte im Großraum München verteilt. Das Stammgelände der TUM befindet sich zwischen Königsplatz und den Pinakotheken. Ebenso wichtig sind die Standorte Garching im Norden der Stadt und Weihenstephan, wo man sich im Fach Brauereiwesen dem Thema Bier akademisch widmen kann. Gegründet wurde die TU München übrigens vom »Märchenkönig« Ludwig II. im Jahr 1868 als »Königlich-Bayerische Polytechnische Schule«. Sie ist heute eine international renommierte Universität mit Schwerpunkt auf natur- und ingenieurwissenschaftlichen Studiengängen. Zwanzig Prozent der Studenten kommen aus dem Ausland.

In München ist Wohnraum knapp und die Mietpreise sind hoch. Als Student hilft man sich, indem man in eine Studenten-WG oder in eines der zahlreichen, über die ganze Stadt verteilten Studentenwohnheime zieht. Es ist die Stadt mit den meisten Wohnheimplätzen für Studenten in Deutschland. Da kommt natürlich auch das Partyleben nicht zu kurz: Ob beim Biedersteiner Kellerfasching in den Kellergewölben eines Schwabinger Studentenwohnheims oder beim StuStaculum, dem Sommer-

Festival in der Studentenstadt Freimann – es gibt viele Möglich-keiten sich zu »bilden«. Und wer es beim Partyleben übertrieben hat, beruhigt das schlechte Gewissen mit »ma lernt immer was dazua«.

Weil München Unternehmen
und Privatleute magisch anzieht

München ist spitze – das finden nicht nur die Münchner selbst, sondern auch viele Auswärtige. Im Städtevergleich steht München regelmäßig ganz oben, und das nicht nur bei Privatleuten, sondern auch bei Unternehmen. So gilt München als beliebtester Firmenstandort Deutschlands – eine Reihe weltweit erfolgreicher Konzerne, wie zum Beispiel BMW, Siemens, Infineon und MAN, haben hier ihre Konzernzentrale, und nicht wenige Unternehmen denken laut einer Studie der Beratungsgesellschaft Ernst & Young aus dem Jahr 2008 über eine Standortverlegung nach München nach. München ist die Stadt mit der höchsten Kaufkraft, der zweitniedrigsten Arbeitslosenquote und dem zweithöchsten Anteil an hoch qualifizierten Arbeitskräften in Deutschland. Und: München hat die besten Zukunftsaussichten.

Woran liegt das? Die Gründe sind zu suchen in der hervorragenden Verkehrsanbindung und Infrastruktur, der Qualität und Nähe von Hochschulen und Forschungseinrichtungen, den guten Absatzchancen, der Wirtschaftsförderung, der hohen Innovationskraft und dem großen Netz an Dienstleistern und Zulieferern.

Laut Studie der Beratungsgesellschaft Boston Consulting Group ist München nach dem Silicon Valley, Boston und Tel Aviv weltweit die Nummer vier unter den Technologiestandorten. Dafür sorgen unter anderem die »Hightech Cluster« in und um München sowie das hervorragende wissenschaftliche Umfeld. Auch im Bereich Medien ist München unschlagbar: Nach New York ist München die bedeutendste Buchverlagsstadt, die Bavaria Film im Münchner Süden gilt als Europas bedeutendster filmtechnischer Betrieb und ein großer Anteil der TV-Programme wird aus München ausgestrahlt: BR, ProSieben, RTL2, kabeleins, Sky, DSF, MTV und einige mehr. Als TV-Produktionsstandort erhält München Bestnoten und rangiert sogar noch vor Köln.

Und weil München neben so vielen Superlativen auch noch zu den Städten mit der höchsten Lebensqualität weltweit gehört, ist es kein Wunder, dass der Zustrom an Neu-Münchnern aus dem In- und Ausland ungebrochen ist. Entgegen dem allgemeinen Trend verzeichnet die Stadt ein starkes Bevölkerungswachstum, genauer gesagt, das stärkste in Deutschland.

Kaum eine andere deutsche Stadt hat so viele Sonnentage wie München – dank des Föhns kann man oft selbst im Winter im Straßencafé sitzen und seinen Cappuccino genießen. München und Umgebung besitzen zudem einen hohen Freizeitwert. Im Umland laden die vielen Seen und Berge des Voralpenlands im Sommer wie im Winter zu vielfältigen Freizeitaktivitäten ein. Auch kulturell ist München spitze; eine Vielzahl erstklassiger Theater, das Nationaltheater sowie hervorragende Museen, Ausstellungshäuser und Konzertsäle bieten Kulturgenuss auf höchstem Niveau. Selbst die Natur kommt nicht zu kurz: Ausgedehnte Parks wie der Englische Garten und der Nymphenburger Park und die renaturierte Isar sorgen für viel Grün und Erholung mitten in der Stadt. Zudem gilt München als eine der sichersten und saubersten Städte Europas. Das mag spießig klingen, ist es aber nicht, wenn man sich zu jeder Nachtzeit sorgenfrei zu Fuß, mit dem Fahrrad oder öffentlichen Verkehrsmitteln in der Stadt bewegen kann. Und weil München schon immer eine liberale Hochburg im ansonsten konservativen Bayern gewesen ist, herrscht hier ein besonders lässiges Lebensgefühl.

Wem der schneereiche Münchner Winter mal zu lang wird, der setzt sich Ende März einfach ins Auto und fährt Richtung Süden. Schon nach wenigen Stunden ist man am Gardasee oder auf der Piazza in Verona und kann sich die milde Frühlingssonne auf den

Bauch scheinen lassen. Auch die Nähe zu Italien macht München eben attraktiv.

Aus all diesen und noch viel mehr Gründen hört man nicht selten: »Eigentlich wollte ich hier nur studieren, aber dann bin ich irgendwie hängen geblieben.« München ist eben einfach ein Magnet.

Weil die Region für ein prima Wirtschaftsklima sorgt

In anderen Regionen Deutschlands müssen sich Unternehmer und Politiker kräftig ins Zeug legen, um die Vorteile ihrer Gegend als Wirtschaftsstandort anzupreisen. In aller Bescheidenheit: München hat derlei Werbung nicht nötig. Die meisten – auch im Ausland – wissen ohnehin, dass es sich an der Isar ausgesprochen angenehm und erfolgreich arbeiten lässt. Viele Dinge, die das tagtägliche Schaffen erleichtern, wenn nicht gar erst ermöglichen, funktionieren hier überdurchschnittlich gut. Die öffentliche Verwaltung beispielsweise kann in puncto Servicequalität durchaus mit privatwirtschaftlichen Unternehmen mithalten. Während in Berlin S-Bahnen monatelang nur sporadisch verkehren, funktioniert der öffentliche Nahverkehr in München zumeist reibungslos. Pluspunkt: Für internationale Gäste werden sogar sämtliche Ansagen auf Englisch ergänzt. Bei Rankings, in welchen Bundesländern ein besonders wirtschaftsfreundliches und liberales Klima herrscht, belegt Bayern mit seiner Hauptstadt regelmäßig Top-Platzierungen.

Hilfreich für das effektive Wirtschaftsleben ist sicherlich auch die breite Palette an Firmen, die in München angesiedelt sind. Neben zahlreichen Verlagen und international renommierten Werbeagenturen finden sich aus dem Medienbereich Film- und Fernseh-Produktionsgesellschaften. Aus traditionellen Bereichen finden sich Automobilkonzerne (BMW) und ihre Zulieferer (Knorr-Bremse) genauso wie Finanzkonzerne von Weltgeltung (Allianz, Munich Re). Die Neue Messe München bietet viel Platz auch für größere Ausstellungen. Für gut ausgebildeten Nachwuchs sorgen zahlreiche private Bildungseinrichtungen sowie Fachhochschulen und konkurrenzfähige Universitäten, die so gut wie alle Fach-richtungen anbieten. Zudem unterhalten zahlreiche internationale Konzerne große Niederlassungen oder sogar ihre Deutschland- oder Europa-Zentralen in München (McDonald's, IBM, Philip Morris). Die meisten Produkte oder Dienstleistungen lassen sich daher schnell und ohne lange Transportwege beschaffen.

Das effiziente Arbeiten wird auch generell dadurch erleichtert, dass man in München alle Stadtteile recht problemlos und zeit-sparend erreichen kann. Das gilt besonders, wenn man bei der Wahl des Transportmittels etwas flexibel ist und nicht jede Strecke unbedingt mit dem Auto zurücklegen möchte. Immer öfter sieht man hier beispielsweise Manager in Anzügen auf dem Fahrrad zum nächsten Termin radeln – und offensichtlich Freude daran haben. Auch auswärtige Gäste kommen in aller Regel durch die klare Verkehrsführung und Beschilderung gut zurande. Der Mitt-lere Ring, der in der Zeit nach der Jahrtausendwende modernisiert wurde, lotst auch Ortsunkundige sicher in nicht so zentrale Vier-tel. Wenn man sich dennoch einmal nicht zurechtfindet (bairisch: »sich verfranst hat«) – auch kein Problem: ein Einheimischer, der gerne weiterhilft, findet sich immer.

Noch weitaus wichtiger als diese Rahmenbedingungen aber sind die Menschen, die in der Stadt leben. Für die meisten hier ist es selbstverständlich, dass man seinem Job engagiert nachgeht. Man muss sich dafür nicht rechtfertigen. Die Münchner sind dabei keineswegs preußisch überkorrekt oder calvinistisch arbeitsfixiert. Sie arbeiten gerne, feiern aber auch ebenso freudvoll und intensiv. Das entsprechende neudeutsche Motto »work hard, play hard« kennt man in der Bayern-Zentrale schon lange.

Weil die Stadtentwicklung
aus einem Guss ist

Kein Gebäude, das in München neu errichtet wird, darf höher sein als der Liebfrauendom (Frauenkirche). Die Regel, dass bei diesen hundert Metern Schluss ist, entstammt einem Bürgerentscheid aus dem Jahr 2004. Auch wenn er rechtlich bereits nicht mehr bindend ist, hält sich die Stadt wohl dauerhaft an den Wunsch der Bürger, die damals abgestimmt haben. Obwohl bei Weitem nicht alle – etwa Vertreter aus der Wirtschaft, aber auch Architekten – dafür waren, eine solch rigide Regel einzuführen, sind sich doch die meisten einig, dass die Kommune eine überdurchschnittlich gute Stadtplanung durchführt, die langfristig ausgelegt ist und den Bedürfnissen der Anwohner und Besucher, aber auch von Unternehmen unterschiedlichster Größe gerecht wird.

München hat dafür, eine dauerhaft lebenswerte Umgebung zu schaffen, ohnehin vergleichsweise gute Voraussetzungen: Zwar wurde während des Zweiten Weltkriegs sehr viel alte Bausubstanz zerstört. Doch viel davon konnte später dank der Wirtschaftskraft wieder aufgebaut oder adäquat ersetzt werden. Zudem müssen nicht wie in anderen Metropolen heruntergekommene Wohnsiedlungen »rückgebaut« oder Industriebrachen in den Stadtbau integriert werden.

Schon in den sechziger Jahren hat die Landeshauptstadt ihre Möglichkeiten genutzt und den »Arabellapark« in den nordöstlichen Stadtteilen Bogenhausen und Denning entwickelt. Die für Münchner Verhältnisse hohen (aber auch kleinere) Wohnhäuser und Gewerbebauten wurden mit zahlreichen Buslinien und einer U-Bahn-Linie an die Verkehrsinfrastruktur angebunden. So wurde das Ziel erreicht, mit dem neuen Satellitenviertel ein Gegengewicht zur Innenstadt zu schaffen und deren Entlastung zu fördern. Das dortige Gebäude der HypoVereinsbank (jetzt UniCredit) aus den Siebzigern wirkt noch heute futuristisch und bietet zeitgemäße Arbeitsbedingungen.

Nach der Jahrtausendwende wurde ein riesiges Areal entlang der Gleise vom Hauptbahnhof bis nach Laim erschlossen und mit Bürogebäuden, aber auch Wohnimmobilien bestückt. Dort findet sich genug gut zu erreichender Raum auch für Neuansiedelungen auf Jahre hinaus.

Für die Zukunft hat München konkrete Leitlinien (»strategische Handlungsfelder der Stadtentwicklung«) aufgestellt, an denen sich die Bautätigkeit orientieren muss. Darunter: »Beschäftigung und wirtschaftliche Prosperität sichern«, »Ökologische Qualität entwickeln – natürliche Ressourcen sichern«, »Münchner Stadt-gestalt bewahren – neue Architektur fördern«, aber auch »Sozialen Frieden durch soziale Kommunalpolitik sichern« (Quelle: www.muenchen.de/Rathaus).

So mancher Einheimische oder Auswärtige, der sich über nicht zu findende oder garstig teure Parkplätze ärgert, wird der Stadt jedoch vorwerfen, die Autofahrer bei der Entwicklung der Landeshauptstadt komplett vergessen zu haben. Dem ist aber nicht so: Selbst in neue Straßenführungen und Untertunnelungen fließen Millionen – etwa am Luise-Kiesselbach-Platz oder am Mittleren Ring in Bogenhausen. Auch zahlreiche Park-and-Ride-Parkplätze wurden geschaffen sowie Parklizenzzonen für Anwohner. Allerdings ist es schon richtig, dass die Straßenbaupolitik nicht unbedingt auf Zuwachs ausgelegt ist. Dafür wurden auch mitten in der Stadt Radwege – etwa bis direkt zum Isartor – definiert. In diesem Punkt jedenfalls hält sich die Stadt an ihre eigene, oben zitierte Richtlinie »Ökologische Qualität entwickeln – natürliche Ressourcen sichern« – auch wenn jetzt noch nicht jeder von deren Vorzügen überzeugt ist.

Weil hier einer von Europas größten Endbahnhöfen steht

Wer in München über den Hauptbahnhof anreist, befindet sich sofort in der Mitte der Stadt. Nur gut 15 Minuten dauert der Weg zu Fuß zum Marienplatz. Das Oktoberfest sowie die Einkaufsmeile Neuhauser Straße/Kaufingerstraße lassen sich noch schneller erreichen. Mit rund 350.000 Fahrgästen täglich ist der Münchner Hauptbahnhof nach Hamburg der zweitgrößte deutsche Bahnhof insgesamt (gemeinsam mit dem in Frankfurt am Main). Kein anderer verfügt indes über mehr Gleise: 32 befinden sich über der Erde, zwei darunter. Europaweit gehört er zu den größten Kopf- oder Endbahnhöfen. Das bedeutet, dass die Lokomotiven und Waggons nicht achtlos durchrauschen können, sondern einen kurzen, bayerisch gemütlichen Halt einlegen müssen, bevor sie sich wieder verabschieden – oftmals vermutlich wehmütig.

Vom Bahnhof, der um das Jahr 1850 erbaut, aber seither grundlegend modernisiert wurde, gelangen Reisende mit der S-Bahn bequem an den Flughafen oder an den Starnberger See und den Ammersee sowie an viele weitere Orte im Umland. Auch sonst befindet er sich im Zentrum des Münchner öffentlichen Nahverkehrs: Das zentrale Omnibus-Terminal liegt dort, zahlreiche U-Bahn- und Tram-Linien sind angebunden. Private Anbieter wie die Bayerische Oberlandbahn (»BOB«) und Arriva (»Alex«) starten ebenfalls von dort – Richtung Voralpen etwa oder ins Allgäu mit seinen Königsschlössern. Klar ist deshalb: Der Münchner Hauptbahnhof spielt neben dem internationalen Flughafen eine gewichtige Rolle als Drehscheibe und zentrales Infrastruktur-Element, das der wirtschaftlichen Rolle Münchens gerecht wird und diese befördert.

Auch wenn man die vielfältigen Möglichkeiten zur Weiterreise nicht nutzt, sondern die Stadt direkt zu Fuß erkundet, empfängt einen ein Bahnhofsviertel mit allem, was typischerweise dazu gehört: Erotik-Kinos in der nahe gelegenen Schiller- und Goethestraße, Döner-Buden, Kleinläden für allerlei Elektronik-Waren oder An- und Verkaufsstellen für Schmuck und Gold. Das rege Treiben zu allen Tages- und Nachtzeiten dort entspringt einem Mikrokosmos, der sich besonders in einer wohlhabenden Stadt wie München von den anderen Vierteln unterscheidet. Deshalb zieht er viele Münchner an und in seinen Bann. Sorgen um ihr Hab und Gut müssen sie sich dabei in diesem »verruchten« Quartier weniger machen als andernorts. In Bayerns Hauptstadt gilt nicht einmal die Bahnhofsgegend als Hort der sonst allfälligen Kleinkriminalität.

Das ist aber ohnehin nur die eine Seite: Neben den in Bahnhofsnähe unvermeidlichen Etablissements haben sich dort Luxus-Hotels wie das »Sofitel Munich Bayerpost« oder das »Rocco Forte The Charles Hotel« angesiedelt. Ein Klassiker in unmittelbarer Nähe ist der »Königshof«, der für seine erlesene Speise- und Weinkarte bekannt ist. Speziell für Weinliebhaber ist auch »Geisel's Vinothek« in der Schützenstraße zwischen Bahnhof und Karlsplatz (»Stachus«) ein beliebtes Ziel. Sie heben das Niveau der Gegend durchaus und sind Anlaufpunkt auch für viele Einheimische.

Die Münchner mögen ihren Hauptbahnhof aber auch aus einem anderen Grund. Er beherbergt (im Starnberger Flügelbahnhof) sogar ein eigenständiges Museum – das Münchner Kinder- und Jugendmuseum. Dort lassen sich Wartezeiten bei Reisen mit dem Nachwuchs kurzweilig und lehrreich nutzen.

Weil der Flughafen Franz Josef Strauß München so international macht

Am Abend des 16. Mai 1992 war es so weit. Der letzte Flug am alten Flughafen München-Riem war gestartet, und nun begann der Umzug an den nigelnagelneuen Flughafen Franz Josef Strauß im Erdinger Moos, rund dreißig Kilometer nördlich von München – eine beeindruckende logistische Leistung, die nahezu reibungslos in einer einzigen Nacht abgewickelt wurde.

Der seit 1939 betriebene Flughafen München-Riem war schon seit Jahren aus allen Nähten geplatzt und die unmittelbare Umgebung im Zuge des Wachstums der Stadt München zu dicht besiedelt. Das hatte sich lange abgezeichnet. Schon in den sechziger Jahren wurde klar, dass ein neuer, modernerer Flughafen hermusste, doch die Klärung der Standortfrage, Bürgerproteste sowie die unvermeidlichen Klagen im Zusammenhang mit Umweltbeziehungsweise Naturschutzüberlegungen – denn das Erdinger Moos ist ein Feuchtbiotop, in dem zahlreiche Vogelarten zu Hause sind – ließen das Großprojekt nur sehr langsam vorankommen.

Der »Flughafen II«, wie der nach dem ehemaligen bayerischen Ministerpräsidenten Franz Josef Strauß benannte Flughafen manchmal auch bezeichnet wird, ist das Drehkreuz der Lufthansa und damit des internationalen Airline-Verbunds Star Alliance. Nach dem Flughafen Frankfurt am Main ist München II das zweitgrößte Luftfahrtdrehkreuz Deutschlands. Gemessen an der Zahl der Fluggäste belegt der Münchner Flughafen in Europa den siebten und weltweit den dreißigsten Platz. Bereits im Januar 1996 wurde der 50-millionste Fluggast begrüßt. Und da der Flugverkehr ständig wächst, wurde auch der neue Flughafen bald zu klein. Und so kam zum Terminal 1 im Jahr

2003 das Terminal 2 hinzu – exklusiv für Lufthansa-Flüge und Partner-Airlines. Beide Terminals haben eine Kapazität von rund fünfzig Millionen Passagieren pro Jahr, wobei das Terminal 2 bereits seine Grenzen erreicht hat. Eine Erweiterung ist in Planung, um die Kapazität um weitere 17 Millionen Passagiere steigern zu können. Auch auf den Start- und Landebahnen wird es inzwischen eng, und so ist eine dritte Bahn geplant, um die Zahl der Flugbewegungen von 90 auf 120 pro Stunde zu steigern. Der Flughafen wächst so rasant, dass selbst die fünf Parkhäuser und sechs Tiefgaragen mit insgesamt 20.000 Stellplätzen, die im Jahr 2003 vor dem Bau der Allianz Arena für kurze Zeit die größte Parkfläche Deutschlands waren, inzwischen nicht mehr genug Platz bieten.

Der hochmoderne Flughafen, eine Konstruktion, die überwiegend aus Glas, Edelstahl und Aluminium besteht und in der die Farben Weiß und Hellblau vorherrschen, ist auch für Start und Landung des neuen Großraumflugzeugs A380 geeignet. Selbst die Concorde landete einmal hier. Seit November 2005 arbeitet der Flughafen, der über eine große Photovoltaikanlage (Terminal 2) verfügt, nach einem ISO-zertifizierten Umweltmanagementsystem. Ziel ist die Reduzierung der CO_2-Emissionen durch innovative Triebwerksentwicklung, die Vermeidung von Warteschleifen und eine Optimierung der Bodenprozesse.

Zusammen mit dem Munich Airport Center – einem Shopping-, Dienstleistungs- und Geschäfts-/Bürozentrum inklusive Kongresszentrum – und dem Kempinski Hotel Airport München bildet der Flughafen FJS, wie er abgekürzt wird, eine Art »Aeropolis« – eine IT- und logistikgetriebene integrierte Flughafenstadt, wie sie heute die modernen Großflughäfen der Welt bestimmt. Mit rund 30.000 Beschäftigten gehört er zudem zu den größten Arbeitsstätten Europas.

Und weil das noch nicht genug Superlative sind, soll hier erwähnt werden, dass der Besucherpark nach Eröffnung des neuen Flughafens kurzfristig sogar mehr Touristen anzog als das berühmte Schloss Neuschwanstein – und das will etwas heißen.

Wen das Fernweh plagt, der steigt am besten auf den Besucherhügel, auf dem sich stets eine große Zahl von Schaulustigen einfindet, um Starts und Landungen zu beobachten, und denkt dabei vielleicht sehnsüchtig an Reinhard Mey: »und der nasse Asphalt bebt, wie ein Schleier staubt der Regen, bis sie abhebt und sie schwebt, der Sonne entgegen ...«

KAPITEL 9

Nabel der Welt und Herzstück einer schönen Gegend

Weil die bayerischen Königsschlösser so schön und unser Ludwig so crazy ist

Die bayerischen Königsschlösser sind einfach märchenhaft. Die meisten wurden von König Ludwig II. gebaut, einige von seinen Vorfahren. Sie gehören zu den bedeutendsten Sehenswürdigkeiten Bayerns und sind weltweit berühmt.

Drei davon befinden sich in München selbst – Schloss Nymphenburg, die Münchner Residenz und Schloss Schleißheim. Die berühmtesten Schlösser sind jedoch die Traumschlösser von König Ludwig II. – unserem »Kini«, wie die in ihrer tiefsten Seele monarchistischen Bayern den menschenscheuen Träumer auch heute noch liebevoll nennen. Ludwig, der bereits im zarten Alter von 18 Jahren zum König ernannt wurde, wurde im Schloss Nymphenburg geboren. Mit seinen Schlössern versuchte sich der mit zunehmendem Alter immer stärker weltentrückte Ludwig eine Traumwelt zu erschaffen, für die er immense Schuldenberge auftürmte, bis 1885 ausländische Banken mit Pfändung drohten, woraufhin die Regierung ihn 1886 für unmündig erklären und in Schloss Berg am Starnberger See einschließen ließ.

Das weltweit bekannteste und meistbesuchte Schloss, von dem es unzählige Nachbildungen – sei es in Disneyland Los Angeles und Paris oder als LEGO-Modell – gibt, ist das märchenhaft-kitschige Schloss Neuschwanstein bei Füssen im Allgäu vor ebenso märchenhafter Bergkulisse, dessen Säle berühmten europäischen Schlössern nachempfunden sind und das bis zu Ludwigs Tod nicht vollendet wurde.

1878 begann Ludwig mit dem Bau des Schlosses Herrenchiemsee auf der Herreninsel des Chiemsees, die er fünf Jahre zuvor erworben hatte. Dieses Schloss, das Ludwig zu Ehren des von ihm tief verehrten französischen »Sonnenkönigs« Ludwig XIV. errichtete, sowie die dazugehörige Parkanlage, sollten ein Abbild von Versailles werden. Das Schloss, das ebenfalls nicht zu Ludwigs Lebzeiten vollendet wurde, ist entsprechend prächtig, vor allem der berühmte Spiegelsaal. Dank des ganzjährigen Fährbetriebs ist es zu jeder Jahreszeit zu besichtigen.

Schloss Linderhof bei Oberammergau ist das kleinste aller Ludwig-Schlösser. Es ist das einzige, das zu Lebzeiten Ludwigs fertiggestellt wurde und das er auch oft und lange bewohnte. Die prunkvollen Räume, darunter die goldüberladenen Schlaf- und Audienzzimmer, sind nur im Sommer zu besichtigen. Ein besonderer Höhepunkt ist dort auch die Venusgrotte im Schlosspark, eine künstlich angelegte Tropfsteinhöhle mit See, Unterwasserbeleuchtung, künstlichem Wellengang und einer Bühne. In einem vergoldeten und reich verzierten Muschelkahn ließ sich der entrückte König Ludwig durch diese Fantasiewelt fahren und lauschte privaten Opernaufführungen der Werke seines Lieblingskomponisten Richard Wagner.

Mit seinen Märchenschlössern hat Ludwig II. der Nachwelt beeindruckende Sehenswürdigkeiten hinterlassen. An ihn selbst erinnert ein schlichtes Holzkreuz an der Stelle im Starnberger See, an der der viel umschwärmte, aber einsame und gemütskranke König am 13. Juni 1886 unter bis heute ungeklärten Umständen ertrank.

Auch wenn »crazy Ludwig«, wie ihn die amerikanischen Touristen nennen, sein Land zu Lebzeiten beinahe ruiniert hätte, hat er dem Land Bayern mit seinen Schlössern doch eine sprudelnde Einnahmequelle verschafft. Allein nach Neuschwanstein strömen jedes Jahr 1,3 Millionen Besucher. Ja, er war scho recht, unser Kini ...

Weil ein Ausflug zum Kloster Andechs jeden Tag besonders macht

Wenn man das Kloster Andechs schon von weither auf den Hügeln über Herrsching thronen sieht, wird einem klar, dass seine Bewohner und Besucher dem Himmel sehr nah sind. Dabei war es nicht einmal die Nachbarschaft zum Herrgott oder der wunderbare Ausblick auf den See, den die Grafen von Andechs im Sinn hatten, als sie zu Beginn des 10. Jahrhunderts dort eine Burg errichteten. Vielmehr ging es ihnen darum, den Überblick über ihre umliegenden Ländereien zu behalten und mit ihrem späteren Stammsitz ihre Macht auch nach außen hin zu demonstrieren. Erst etwa dreihundert Jahre später machten die ersten Benediktinermönche die zum Kloster umgebaute Burg zu ihrer Heimstatt.

Aber vor den Erfolg hat der liebe Gott den Schweiß gesetzt, und so muss der Besucher erst eine etwa einstündige Wanderung auf sich nehmen, um schließlich auf dem Heiligen Berg die verdiente Belohnung zu erhalten. Selbst denjenigen, die nicht den traditionellen Weg von Herrsching durch das Kiental wählen und stattdessen mit dem Auto direkt den Parkplatz in Erling unterhalb des Klosters ansteuern, bleibt es nicht erspart, das letzte steile Stück zur Klosteranlage zu Fuß zu erklimmen. Wer nach dem kurzen Anstieg bereits erholungsbedürftig ist, kann gleich in den links gelegenen Klostergasthof mit seinem wunderschönen, unter alten Bäumen liegenden Garten einkehren oder rechter Hand den Biergarten ansteuern, um die erste Stärkung zu sich zu nehmen. Doch es lohnt sich, erst den Weg ganz nach oben fortzusetzen, um sich einen Gesamteindruck von der weitläufigen Anlage zu verschaffen. Mittelpunkt ist die im üppigen Rokokostil ausgestattete Klosterkirche, die auch heute noch ein beliebtes Wallfahrtsziel ist, wovon die zahlreichen großen Holzkreuze mit ihren Inschriften am Kircheneingang Zeugnis ablegen.

Dann geht es wieder ein Stück hinunter, und bevor man das Bräustüberl und die Schänke betritt, lohnt sich ein Besuch im Klosterladen, in dem nicht nur Kerzen und Kreuze, Kitsch und Kunst, Bücher und Heiligenbilder, sondern vor allem auch die berühmten Erzeugnisse der geschäftstüchtigen Benediktinermönche zum Verkauf angeboten werden: das süffige Andechser Bier, die Klosterliköre und der echte Andechser »Schmaizla« (Schnupftabak). Doch spätestens jetzt ist es wirklich Zeit für eine Einkehr. An sonnigen Wochenenden braucht man zwar etwas Geduld, bis man sich an den Warteschlangen vor dem Bierausschank und der Selbstbedienungstheke für die bayerischen Schmankerl ganz nach vorn gearbeitet hat. Und dann gilt es noch, einen freien Platz im Stüberl, im Wappensaal oder auf einer der großen Terrassen zu ergattern. Aber der Aufwand lohnt sich, denn beim ersten Schluck des frisch gebrauten Biers versteht man wirklich, was der »Münchner im Himmel« vermisst hat. Und wenn man Glück hat, wird die einzigartige Stimmung noch durch die Klänge einer echt bayerischen Blaskapelle gekrönt, die im Innenhof aufspielt. Wer dem Trubel entfliehen will, dem sei die kleine Ostterrasse empfohlen, auf der man in aller Ruhe seine Maß genießen und dabei den Blick über die weiten Felder des Voralpenlands schweifen lassen kann. Für Stammgäste – und einer zu werden ist wirklich verlockend – gibt es übrigens auch hier im Bräustüberl eine ganze Regalwand, wo man seinen höchstpersönlichen Bierkrug in einem mit Schloss versehenen Abteil bis zum nächsten Einsatz aufbewahren kann.

Irgendwann wird es leider Zeit, den Heimweg anzutreten und wehmütig bricht man auf. Obacht beim Abstieg! Schon mancher Wanderer ist nach der berühmten Maß zu viel auf dem Heimweg hinunter nach Herrsching ins Straucheln geraten oder sogar ernsthaft verunglückt.

Weil am Ammersee Bauern und Bodenständige wohnen

Es ist lohnenswert, sich in aller Herrgottsfrühe auf den Weg zu machen, wenn man den Ammersee von all seinen Seiten kennenlernen möchte. Nicht nur, um an schönen Sommertagen dem dichten Ausflugsverkehr und eventuellen Parkplatzsorgen aus dem Weg zu gehen, sondern vor allem, weil der drittgrößte der bayerischen Seen besonders in den Morgen- und Abendstunden seine größten Reize entfaltet.

Er stand ja immer ein wenig im Schatten seines »fürstlichen« Bruders, der große »Bauernsee«. Aber dass er nicht wie der Starnberger See schon immer den Adel und das feine Volk anzog, dass seine Ufer von dichter Bebauung verschont blieben und er sich seinen ursprünglichen Charakter bewahren konnte, dass heute noch Bauern und Fischer dort wohnen, dass viele Orte an seinem Ufer so bodenständig und viele Uferregionen naturbelassen sind, genau das macht ihn heute so einzigartig und liebenswert.

Das Westufer eignet sich besonders, um die frühen Morgenstunden zu genießen. Da sitzt man auf einem der Stege oder in den noch menschenleeren Strandbädern in Schondorf, Utting, Riederau oder Dießen, die Sonne steigt über die sanften Hügel des Ostufers, im Süden tauchen die Berge aus der Morgendämmerung auf und auf dem glitzernden Wasser sieht man vereinzelt die Boote der Fischer, die hinausfahren, um ihre Netze mit Renken und Aalen einzuholen. Je höher die Sonne steigt, desto größer wird der Zustrom der Tagesausflügler, die sich aus München oder Augsburg auf den Weg an den See gemacht haben. Zum Glück gibt es aber genügend Möglichkeiten, den Massen aus dem Weg zu gehen.

Also Brotzeit und Schwimmzeug einpacken, ein Segelboot mieten und raus aufs Wasser. Je nach Wind- und Wetterlage wird aus dem Ausflug ein sportliches Manöver, bei dem man den See in seiner gesamte Länge und Breite, von Stegen im Norden bis zur Schwedeninsel im Süden erkunden kann. Wenn es der Windgott eher ruhiger angehen lässt, dann fährt man einfach ans gegenüberliegende Ufer, wirft den Anker und genießt vom Boot aus einen wunderschönen Badetag fern allen Trubels. Wer sich nicht so weit aufs Wasser hinauswagt, kann einsame Badebuchten und unberührte Uferabschnitte auch mit einem alten Ruderkahn erreichen.

Oder er schwingt sich aufs Radl und nutzt den dicht am Wasser entlangführenden Uferweg für seine Erkundungen. In knapp vier Stunden lässt sich der ganze See umrunden – wer aber die auf der Strecke liegenden Möglichkeiten wirklich nutzen will, sollte lieber einen ganzen Tag einplanen. Jede Station bietet ihre ganz eigenen Genüsse: In Schondorf kann man vom weit in den See hineinragenden Gemeindesteg ins Wasser springen, in Utting im Biergarten der »Alten Villa« einkehren, in Holzhausen das Malereimuseum Gasteiger-Villa und den wunderschönen Landschaftspark besuchen, in Dießen im Pavillon am See die Werke der ortsansässigen Keramiker bewundern, im »Bootshaus« an Herrschings Uferpromenade seinen Tisch ganz dicht ans Wasser stellen, zwischen Breitbrunn und Buch an einem einsamen Uferstreifen rasten und in der »Strandbar« in Stegen vom Liegestuhl aus den Blick über den gesamten See und die Berge am Horizont schweifen lassen.

Und wer dann noch Zeit hat, am Abend an der Südostspitze des Sees im Garten der Gaststätte Aidenried oder auf dem großen, frei zugänglichen Steg des dortigen Segelclubs zu sitzen und den Sonnenuntergang mitzuerleben, dem ist vollkommen klar, dass genau hier der Nabel der Welt ist – und nirgendwo sonst.

Weil der Chiemsee das schönste Bergpanorama hat

Tiefblaues Wasser und grüne Almwiesen, sanfte Hügel und schroffe Felsen, und über allem der weiß-blaue Himmel: Die Landschaft rund um den Chiemsee ist einmalig und einfach atemberaubend schön – der Meinung sind nicht nur die Einheimischen, auch jeder »Zuagroaste« wird das neidlos anerkennen.

Und so ist es bestimmt kein Zufall, dass der Märchenkönig Ludwig II. sich die Herreninsel im Chiemsee ausgesucht hat, um dort ein Schloss zu bauen, das sein eigenes Vorbild, den Königspalast von Versailles, in den Schatten stellen sollte. Denn so prunkvoll der Palast bei Paris auch sein mag: Mit der großartigen Gebirgskulisse, der das »bayerische Meer« mit seinen beiden Inseln zu Füßen liegt, kann er beim besten Willen nicht aufwarten.

Leider hat »der Kini« die Vollendung seines Traums nicht mehr miterlebt, denn als er 1886 auf geheimnisvolle Art ums Leben kam, waren die Bauarbeiten noch nicht abgeschlossen. Sein Nachfolger Prinzregent Luitpold gab das Gebäude zur Besichtigung frei und löste damit einen wahren Besucheransturm aus, denn es war das erste Mal, dass das Volk die Gelegenheit bekam, ein echtes Königsschloss zu betreten – schließlich war Bayern damals noch eine richtige Monarchie. Es wurde sogar eigens eine Eisenbahnstrecke vom Bahnhof zum Hafen in Prien gebaut, die heute noch in Betrieb ist.

Prien-Stock ist auch der günstigste Ausgangspunkt für eine große Seerundfahrt. Nach der vornehmen Herreninsel mit dem beeindruckenden Schloss und den großzügigen Parkanlagen entfaltet die Fraueninsel mit ihrem Kloster und dem dazugehörigen Bauerngarten, den alten Fischerhütten, den kleinen Spazierwegen und dem romantischen Biergarten ihren ganz eigenen Charme. Auf der langen Überfahrt nach Seebruck oder Chieming hat man dann Zeit und Muße, den Blick auf die Kampenwand und die anderen Gipfel der Chiemgauer Alpen in vollen Zügen zu genießen.

Aber irgendwann ist die Fahrt zu Ende, und man weiß nur eines: Nach Hause will ich jetzt auf gar keinen Fall. Wäre auch wirklich schad' drum, denn es gibt noch so viel anderes zu tun, zu sehen und zu entdecken: den See per Fahrrad umrunden, dabei ab und zu in einem Strandbad oder einer Badebucht ins Wasser springen und bei einem gemütlichen Picknick auf die Abenddämmerung warten. Ein Ruderboot mieten, aufs Wasser hinausfahren und sich im wahrsten Sinne des Wortes davontreiben lassen. Die Wanderstiefel anziehen, die Wanderwege der Umgebung erkunden und auf einer Alm einkehren, um seinen Hunger mit einer deftigen Brotzeit und einem frischen Weißbier zu stillen. Mit der Gondelbahn auf den Hochfelln fahren, um die fantastische Kulisse von oben zu erleben. Eines der vielen kleinen Dörfer des Chiemgaus besuchen, die bunten Gärten und blumengeschmückten Häuser bewundern und erleben, wie selbstverständlich Tradition und Brauchtum hier noch Teil des Alltagslebens sind. Im Sommer in fescher Abendrobe nach Herrenchiemsee zurückkehren, um im Spiegelsaal des Schlosses einem Festspielkonzert zu lauschen. Im Winter auf der Fraueninsel den romantischen Christkindlmarkt besuchen und auf dem Heimweg mit dem letzten Schiff in den sternenklaren Nachthimmel schauen. Gründe genug also, sich viel Zeit zu nehmen für den Chiemsee und seine Landschaft – oder einfach immer wiederzukommen.

Weil der Starnberger See das mondänste Binnenmeer überhaupt ist

Wer sich einmal im Sommer von einem der zahlreichen Badestege aus in sein flaschengrünes Wasser hat gleiten lassen und vor dem Alpenpanorama seine Runden gezogen hat, während Heißluftballons wie bunte Farbtupfer den azurblauen Himmel sprenkeln, der weiß: Nur das Paradies kann schöner sein.

Mit einer Ausdehnung von 57 Quadratkilometern und einer Wassertiefe von bis zu 130 Metern ist der Starnberger See, den kaum 25 Kilometer von München trennen, nicht nur der größte See des oberbayerischen Fünfseenlands, er ist auch schon immer ein Anziehungspunkt gewesen, insbesondere für die Reichen, Schönen und Mächtigen.

Schon im 17. und 18. Jahrhundert feierten die bayerischen Kurfürsten hier auf ihren Prunkflotten und Lustschiffen rauschende Feste, die in ganz Europa berühmt waren. Kaiserin Sissi verbrachte vor allem die Sommermonate am Seeufer im Schloss Possenhofen, von wo aus sie sich auf der legendären Roseninsel mit ihrem Cousin, dem Märchenkönig Ludwig II., traf, der im Jahr 1886 unter nie geklärten Umständen bei der Ortschaft Berg im Starnberger See ertrank.

Heute geht es hier zwar weniger aristokratisch, aber nicht weniger prunkvoll zu. Wer in dieser Gegend wohnt, hat es definitiv geschafft. Nirgendwo in Deutschland ist die Promi- und Millionärsdichte höher als in den Seegemeinden Berg, Seeshaupt, Tutzing, Ambach, Feldafing und Possenhofen. Gediegene bis prachtvolle Luxusanwesen, teils mit eigenem Seezugang, säumen das Ufer. Auf der Westseite, rund um die Prominentengemeinde Berg, haben sich vor allem erfolgreiche Fußballer niedergelassen – zum Beispiel

Oliver Bierhoff und Michael Ballack. Auch die noble Argirov-Klinik, heute Schön Klinik, deren Besitzer ein Intimfreund von Franz Josef Strauß war, hat ihren Sitz in Berg. Zu den vielen weiteren illustren Bewohnern des Seeufers gehören unter anderem der Rockstar Peter Maffay, der 1981 ein Anwesen in Tutzing erwarb, wo sich auch die Tabaluga Kinderstiftung befindet, Schauspieler Heiner Lauterbach und der große Philosoph Jürgen Habermas.

Mondän geht es nicht nur am Ufer, sondern auch auf dem Wasser zu. Auf dem Grund des noblen Bayerischen Yacht-Clubs in Tutzing wurde einst das legendäre Prunkschiff Bucentaur des Kurfürsten Ferdinand Maria erbaut. An den Liegeplätzen des Traditionsclubs ankern heute edle Yachten und Katamarane. Neben der Ausrichtung zahlreicher eigener Regatten ist der Yacht-Club an internationalen Regatten beteiligt – dem Louis Vuitton Cup in Dubai oder dem America's Cup in San Francisco. Wer hier mitmischen will, braucht neben großem sportlichen Können auch das nötige Kleingeld. Doch wie heißt es in München so schön? »Wer ko, der ko« – am Starnberger See braucht niemand seinen Reichtum »g'schamig« (= beschämt) zu verstecken.

Der See ist aber auch für Normalsterbliche ein lohnendes Ziel. Erstens ist er schnell zu erreichen – per Auto, S-Bahn oder ganz sportlich mit dem Drahtesel –, und er hat zu jeder Jahreszeit viel zu bieten. Ein beliebtes Ausflugsziel ist beispielsweise die Ilkahöhe südlich von Tutzing: Auf rund 720 Höhenmeter bietet sich ein herrlicher Ausblick über den See und das Alpenpanorama bis zur Zugspitze. Sehr beliebt sind auch die Schiffsrundfahrten, die sich gut mit einem Besuch im Buchheim Museum für expressionistische Kunst verbinden lassen, das im Höhenrieder Park bei Bernried direkt am Seeufer liegt. Und im Sommer kommen Badenixen auf den Liegewiesen und Badestegen, vor allem bei Possenhofen und im Erholungsgebiet Ambach, voll auf ihre Kosten.

Eines ist gewiss: Um den Starnberger See zu genießen, muss man gar kein Millionär sein. Leben und leben lassen halt.

Weil es direkt am Tegernsee
das Herzogliche Bräustüberl gibt

Auswahl genug hat er gehabt in seinem schönen Land, der erste bayerische König Maximilian I. Joseph, den seine Untertanen kurz Max I. nannten. Aber dass er ausgerechnet den Tegernsee zum Lieblingsplatz für seine Sommerfrische erkor und ihn damit zum Anziehungspunkt der Münchner Hofgesellschaft und des europäischen Adels machte, liegt wohl am ganz besonderen Charme der Landschaft und dem einzigartigen Panorama des sanft in die umliegenden Berge eingebetteten Sees mit seinen malerischen Orten. Nach dem Adel ließ sich dann auch die Prominenz hier nieder, weshalb der Tegernsee im Volksmund auch »Lago di Bonzo« genannt wird, was nicht nur die Vorliebe des Bayern für Italien erkennen lässt, sondern auch seine durchaus spöttische Einstellung gegenüber den Reichen und Schönen und deren Neigung, die besten »Locations« für sich in Beschlag zu nehmen. Aber weil er doch so stolz auf seine Heimat und deren Reize ist, teilt der Bayer seine Herrlichkeiten großherzig mit den »Zuagroasten«. Zu den allerschönsten und gleichzeitig traditionsreichsten Orten am ganzen See gehört dabei das direkt am Wasser gelegene Herzogliche Bräustüberl in Tegernsee.

Schon seit über dreihundert Jahren wird im Herzoglich Bayerischen Brauhaus das süffige Tegernseer Bier gebraut, das inzwischen Kultstatus erreicht hat, obwohl das Unternehmen auf jegliche Werbung verzichtet und die Brauerei nicht einmal eine eigene Homepage besitzt – in der heutigen Zeit wahrhaftig eine Besonderheit. Die Brauerei befindet sich immer noch im Besitz der Wittelsbacher und wird von einer waschechten Herzogin geleitet, weshalb der blaublütige Name auch heute noch seine Berechtigung hat. Und weil Bier da am besten schmeckt, wo es herkommt, ist ein Besuch im Bräustüberl geradezu eine Lebensnotwendigkeit.

Den Grundstein der Tradition, Gäste zu bewirten, legten die Benediktinermönche, in deren ehemaligen Gebäuden sich das Bräustüberl befindet. Nach der Säkularisierung war es dann besagter König Max I., der hier gern seine Besucher empfing und mit bayerischen Spezialitäten verköstigte. Und wie schon damals Tegernseer Bauern mit adeligen Gästen in den urigen Stuben an blank gescheuerten Holztischen nebeneinander saßen, so gegensätzlich ist auch heute noch das Publikum des Wirtshauses, was neben der einmaligen Lage und dem gastronomischen Angebot die Besonderheit dieses Ortes ausmacht. Da treffen einheimische Stammtischler auf durstige Wanderer, die sich auf eine deftige Brotzeit freuen, aufgebrezelte Münchner Pärchen, die ihre Cabrios und Sportwagen spazieren fahren, speisen neben jungen Eltern und ihren Sprösslingen, die nach dem Sonntagsspaziergang im Kleinen Stüberl einkehren, und alle rücken an den Biertischen auf der großen Terrasse noch ein bissel enger zusammen, damit auch der Neuankömmling noch Platz hat und seine Maß mit Blick auf den See genießen kann. Der umtriebige Wirt und die resoluten Bedienungen sorgen dafür, dass auch im größten Trubel jeder das auf den Tisch bekommt, worauf er gerade Appetit hat – vom ofenfrischen Schweinsbraten über den feinen Tegernseer Bachsaibling bis zum einfachen Krustenbrot mit frischem Kräutertopfen.

Dass man im Bräustüberl am Tegernsee einfach schon mal gewesen sein muss, wenn man der bayerischen Seele wirklich näherkommen will, hat der Münchner Dichter Eugen Roth mit deutlichen Worten auf den Punkt gebracht: »Wer dort nicht eine Maß – oder mehr – getrunken hat, der hat noch nicht einmal die niederen Weihen als Kenner bairischer Lebensart empfangen.« Zitat Ende!

Weil Floßfahrten aus Wolfratshausen so aufregend sind

Wenn es eine Unternehmung gibt, die das Prädikat »a echte Gaudi« verdient hat, dann ist es eine Floßfahrt von Wolfratshausen nach Thalkirchen. Und je mehr Freunde, Verwandte oder Kollegen dabei sind (die Flöße fassen bis zu sechzig Personen), desto größer ist das Vergnügen. Mitfahren kann jeder, nur eines sollte man auf keinen Fall sein, nämlich wasserscheu, denn je nach Wetterlage und Wasserstand der Isar kann man unterwegs schon mal gescheit nass werden.

Die Flößerei auf der Isar hat eine lange Tradition. Das Gewerbe entstand schon im 12. Jahrhundert, als die aufblühenden Städte – allen voran München – mit Baumaterial wie Holz, Steinen und Kalk aus dem Oberland versorgt werden mussten. Später kamen dann auch edle Handelswaren wie Südfrüchte, Gewürze, Baumwolle, Samt und Seide dazu, die von italienischen Händlern in Mittenwald feilgeboten wurden und in der Hauptstadt heiß begehrt waren. Erst als der Wasserstand der Isar durch den Bau des Walchenseekraftwerks und des Sylvensteinspeichers zu niedrig wurde, kam diese Art des Warentransports zum Erliegen und die Flößerei wurde zu einem reinen Freizeitvergnügen fürs Volk.

Ausgangspunkt der spannenden Fahrt ist der Wolfratshauser Stadtteil Weidach. Zur Einstimmung spielt eine zünftige Blasmusik auf, und wenn das in traditioneller Manier aus mächtigen Fichtenholzstämmen gebaute Floß mit Passagieren und Proviant beladen ist, kann's losgehen. Zunächst geht's auf der Loisach recht gemächlich dahin und wenn die Einmündung zur Isar in Sicht kommt, ist es auch schon Zeit für ein deftiges Weißwurstfrühstück und die erste Maß Bier. Bald darauf zweigt das Floß in den Floßkanal ab, weil die Isar auf dem Weg durch das Naturschutzgebiet Pupplinger Au zu wenig Wasser führt. Schnell vergeht die Zeit bei der Fahrt durch die idyllische Landschaft, und dann ist auch schon Mittag und das Mühltal ist erreicht. Hier legt das Floß an, die Passagiere gehen an Land und suchen sich im Biergarten des Gasthauses einen günstig gelegenen Platz, denn direkt unterhalb liegt die erste und mit 18 Metern Höhenunterschied größte der insgesamt sieben Floßrutschen. Dann kann man beim Mittagessen beobachten, wie die anderen Flöße unter dem Gejubel und Gejohle der Fahrgäste die Floßgasse hinuntersausen.

Nach der Mittagspause ist man selbst an der Reihe – langsam nähert sich das Gefährt der Rutsche und schon rauscht und spritzt es mächtig um einen herum, während man in die Tiefe rast. Weiter geht's jetzt wieder auf der Isar, und mit den zurückgelegten Kilometern steigt die Stimmung an Bord. Nach dem gemütlichen ersten Teil wird die Fahrt nun zusehends rasanter, der Flusslauf verändert sich ständig und das Floß muss sich immer wieder einen neuen Fahrweg suchen. Spätestens beim Umschiffen des Georgensteins, der sich mitten im Flusslauf neun Meter in die Höhe erhebt, ist man »sakrisch« froh, dass der Floßführer ein so kerniger Bursche ist, denn hier wird ihm beim Manövrieren einiges an Kraft und Geschick abverlangt.

Vorbei geht's an den Burgen Schwaneck und Grünwald, dem Brückenwirt und unter der Großhesseloher Brücke hindurch und am späten Nachmittag erreicht das Floß sein Ziel, die Thalkirchener Floßlände. Während die Fahrgäste den Tag im nahe gelegenen Gasthaus ausklingen lassen, wartet auf die Flößer noch harte Arbeit: Sie müssen die Flöße auseinanderbauen und die mächtigen Baumstämme auf Lkws verladen, um am nächsten Tag erneut die aufregende Reise antreten zu können.

Weil Waldwirtschaft und Bavaria Filmstadt eine Traumkulisse bieten

Unterschiedlicher könnten sie nicht sein, die beiden Ausflugsziele, die sich auf dem Hochufer der Isar fast gegenüberliegen. Und doch ist jedes von ihnen auf seine Art typisch für München, und beide bieten – anders kann man es nicht nennen – echte Traumkulissen.

Ganz wörtlich ist das bei der Bavaria Filmstadt zu nehmen, die rechts der Isar auf dem Gelände der Bavaria Film in Geiselgasteig liegt und am besten mit der Tramlinie 25 zu erreichen ist. Wer eine der etwa neunzigminütigen geführten Touren durch die Filmstadt mitmacht, taucht in die Welt des Kinos ein und erlebt die Kulissen vieler bekannter Filme aus nächster Nähe. Da kann man das U-Boot aus Wolfgang Petersens dreißig Jahre altem Meisterwerk »Das Boot« besteigen (das übrigens den Grundstein zur Filmstadt legte), über die Sets der verschiedensten deutschen Fernsehserienhits wie »Marienhof« oder Dieter Wedels »Der König von St. Pauli« spazieren, das gallische Dorf aus »Asterix und Obelix gegen Cäsar« besuchen oder das Flakeschiff aus der Comic-Verfilmung »Wickie und die starken Männer« von Michael »Bully« Herbig besichtigen – und das sind nur wenige Beispiele. Zusätzliche Attraktionen sind die spektakuläre Stuntshow und ein Filmerlebnis mit allen Sinnen im 4-D-Kino – alles zusammen der Beweis dafür, dass München nicht nur Hauptstadt des Bieres oder der Lebensfreude, sondern auch der Filmbranche ist.

Eine erheblich längere Geschichte hat die auf dem linken Isarhochufer gelegene Waldwirtschaft Großhesselohe zu bieten, denn hier wurde nachweislich bereits im 15. Jahrhundert Bier ausgeschenkt und seit über zweihundert Jahren zieht der wunderschöne Biergarten die Menschen aus der Umgebung scharenweise an, die unter riesigen Kastanien ihre Maß und die mitgebrachte Brotzeit genießen – was übrigens nicht nur in der »WaWi«, sondern in allen »echten« Münchner Biergärten auch heute noch unverrückbarer Brauch ist. Seit vor Jahren der Promi-Wirt Sepp Krätz, der auch das Hippodrom auf dem Oktoberfest betreibt, die Bewirtschaftung des Biergartens übernommen hat, treffen sich hier gern auch alle, die in der Münchner Society Rang und Namen haben (oder haben möchten), was dem ursprünglichen Charme des Ortes aber keinen Abbruch tut – denn zum Glück ist der Biergarten so weitläufig, dass auch an besonders schönen Tagen jeder noch ein Plätzchen findet.

Und es ist auch die Waldwirtschaft, die bewiesen hat, dass der Bayer, der ja nicht unbedingt zum Revoluzzertum neigt, durchaus auf die Barrikaden gehen kann, wenn er seine Gemütlichkeit und seine Traditionen bedroht sieht. Denn als die Anwohner der »WaWi« Mitte der neunziger Jahre wegen der Lärmbelästigung eine frühere Schließungszeit forderten, erhob sich in München ein Sturm der Entrüstung und 25.000 Bürger demonstrierten auf dem Marienplatz gegen diesen unerhörten Angriff auf die Traditionen. Das Ergebnis der »Biergartenrevolution«: Nach langem Hin und Her und einem Kräftemessen durch alle juristischen Instanzen erließ die Landeshauptstadt eine neue Biergartenverordnung, die besagt, dass man in allen echten Biergärten bis 23 Uhr Zeit hat, seine letzte Maß zu leeren. Und das sollte man auch tun, denn was könnte schöner sein, als einen lauen Sommerabend mit einer fröhlichen Runde guter Freunde unter dem Blätterdach eines Biergartens zu verbringen. Bayern sei Dank!

Weil in München die Berge
vor der Haustüre liegen

Zum Greifen nah erscheinen sie, die Berge der bayerischen Voralpen, wenn man an einem föhnigen Tag von München aus Richtung Süden schaut. Der Anblick der zahlreichen Bergketten und Gipfel, die tatsächlich direkt vor der Haustür zu stehen scheinen, könnte überwältigender kaum sein. Wer verspürte da nicht Lust, den Rucksack zu packen und sich aufzumachen, um dem Alltag zu entfliehen und in die Welt der Berge einzutauchen.

Per Auto oder Zug Richtung Rosenheim, Werdenfelser Land oder Allgäu – und in höchstens anderthalb Stunden Fahrt ist man am Ziel. Schier unbegrenzt sind, je nach Jahreszeit und persönlichen Vorlieben, die Möglichkeiten, einen großartigen Tag in den Bergen zu verbringen.

Da kann man auf sanft ansteigenden Pfaden zur nächsten Alm wandern oder auf steilen Stegen dem Gipfelkreuz entgegenstreben, da kann man auf Almwiesen, an Bachläufen oder auf Waldlichtungen rasten und Brotzeit machen oder sich auf die kühle Maß im Berggasthaus freuen. Man kann per Mountainbike selbst den Berg hinaufstrampeln oder sich von einer Seilbahn hinauftragen lassen. Man kann sich den ganzen Tag lang mit Skiern oder Snowboard auf kilometerlangen Pisten austoben oder gemütlich in einer Hütte die Zeit vergessen. Man kann auf Tourenskiern oder Schneeschuhen abseits aller ausgetretenen Pfade von Hütte zu Hütte wandern oder mit einem Gleitschirm vom Gipfel ins Tal schweben. Und welch ein Glück hat derjenige, der auf einer Berghütte übernachtet und dabei zusehen kann, wie die Sonne langsam hinterm Horizont versinkt und ein Stern nach dem anderen am klaren Nachthimmel erscheint.

Ob Ammergauer oder Chiemgauer Alpen, ob Wetterstein oder Allgäu: Die Auswahl an Gipfeln und Routen ist riesig. Zu den Favoriten unter den Münchner Hausbergen gehört der Herzogstand. Unterschiedlich steile Wanderwege oder die große Gondel bringen einen ans Ziel, und allein für den fantastischen Blick hinab auf den Walchensee lohnt sich der Weg. In entgegengesetzter Richtung ist zum Beispiel der Laber bei Oberammergau ein besonderer Anziehungspunkt, weil sein extrem steiler Nordhang im Winter nicht präpariert wird und deshalb bei allen Skifans als besondere Herausforderung gilt.

Von Garmisch-Partenkirchen lassen sich mit Hausberg, Wank, Osterfelderkopf und Kreuzeck das ganze Jahr über gleich vier Gipfel erreichen. Besonders abenteuerlich ist dort auch die Wanderung durch die Partnachklamm mit ihren steilen Felswänden, eindrucksvollen Durchbrüchen und dem Blick hinab auf den sprudelnden Wildbach. Wer nach Durchquerung der Klamm die Wanderung durch Feld, Wald und Wiesen zum Eckbauern auf sich nimmt, kann zur Entspannung mit einer uralten gemütlichen Gondel wieder ins Tal hinabschweben. Höhepunkt im wahrsten Sinne des Wortes ist natürlich die Zugspitze, mit 2962 Metern der höchste Berg Deutschlands. Wer keine Lust auf die spektakuläre Fahrt mit der teilweise fast senkrecht aufsteigenden Seilbahn verspürt, kommt mit der Zahnradbahn auch ohne Schwindelgefühle auf den Gipfel, der sich in den letzten Wintern zu einem Eldorado für Snowboarder entwickelt hat.

Der wahre Bergfan hält sich natürlich von den Hausbergen fern, denn an schönen Wochenenden ist ihm dort viel zu viel Betrieb, besonders im Winter, wenn Norddeutsche und Holländer sich in Scharen auf den Skipisten drängen. Stattdessen hat fast jeder Bayer seinen ganz persönlichen Geheimtipp, und wenn Sie einen echten Münchner nach seinem Lieblingsgipfel oder seiner liebsten Bergtour fragen, wird es meist nicht lange dauern, bis er ins Schwärmen gerät.

Weil Freising und Weihenstephan
so idyllisch sind

Meist sind es die Bilder der südlich von München gelegenen Landstriche mit ihren Bergen und Seen, die einem in den Sinn kommen, wenn man an die Attraktivität des Münchner Umlandes denkt. Doch dabei vergisst man nur allzu leicht, dass es auch im Norden der Landeshauptstadt Regionen gibt, die für Münchens Entwicklung große historische Bedeutung haben und die bis heute ihre ganz eigene Anziehungskraft und Schönheit besitzen.

So ist die Stadt Freising zwar 1999 wieder vermehrt ins Zentrum der Aufmerksamkeit gerückt, als nach langen Diskussionen und einer von Baustopps unterbrochenen Bauzeit in nächster Nähe der internationale Flughafen Franz Josef Strauß in Betrieb genommen wurde. Dass der Einfluss Freisings auf die Landeshauptstadt jedoch bis zum Anfang des ersten Jahrtausends zurückreicht, ist selbst den meisten Münchnern nicht bewusst.

Denn wie hätte München zur »Welthauptstadt des Bieres« werden können, wenn fromme Benediktinermönche nicht schon vor über tausend Jahren auf die Idee gekommen wären, sich auf dem Weihenstephaner Berg bei Freising niederzulassen und mit der dortigen Klosterbrauerei, die heute als Bayerische Staatsbrauerei die älteste noch bestehende Braustätte der Welt ist, den Grundstein der bayerischen Bierbrauerkultur zu legen? Und im Grunde ist es auch ihnen zu verdanken, dass sich auf dem malerischen Stadtberg im Lauf der Jahrhunderte ein Zentrum für Forschung und Lehre entwickelt hat und das hochmoderne Wissenschaftszentrum Weihenstephan mit seinen »grünen« Fachbereichen (allen voran der Lehrstuhl für Brauereitechnologie) heute einen so guten Ruf genießt. Die typisch bayerische Verbindung von Tradition und Moderne, die in dem gern zitierten Slogan von »Laptop und Lederhosen« immer wieder zum Ausdruck kommt, kann in Weihenstephan jeder »am eigenen Leib« nachempfinden – denn wo sonst auf der Welt kann man mitten auf einem Uni-Campus in einem idyllischen Biergarten sitzen?

Doch es waren nicht nur die tüchtigen Mönche aus Weihenstephan, die Freising zum »Herzen Altbayerns« gemacht haben. Schon Mitte des ersten Jahrhunderts war »Frigisinga« Sitz des ersten bayerischen Stammesherzogtums und wenig später Bischofssitz und Fürstbistum. Zwar wurde der Bedeutung der Stadt und seiner kirchlichen Fürsten durch die Säkularisation im Jahre 1803 ein jähes Ende bereitet, der Einfluss der katholischen Kirche ist dem heutigen Stadtbild aber immer noch anzusehen. Imposante Baudenkmäler zeugen vom einstigen Reichtum der Stadt, die von den zwei Türmen des romanischen Mariendoms auf dem Domberg überragt wird. Die Bayerische Denkmalliste verzeichnet für Freising allein 250 denkmalgeschützte Gebäude, und so begegnen einem auf Schritt und Tritt die Zeugen früh-, hoch- und spätmittelalterlicher Baukunst. Ein klassischer Spaziergang vom Dom mit seiner Krypta über den Domhof, den Renaissance-Innenhof der ehemaligen fürstbischöflichen Residenz zum barocken Asamtheater, vom wunderbar erhaltenen Stadtkern rund um den Marienplatz mit seinen mittelalterlichen Häusern und Gassen bis hin zum Ziererhaus mit seiner Rokokofassade lässt die bedeutende Vergangenheit der Stadt lebendig werden. Und wieder einmal wird völlig klar, warum der Bayer sein Land, seine Tradition und seine Lebensart für absolut einzigartig hält und für kein Geld der Welt mit irgendjemandem tauschen würde.

KAPITEL 10

München für Nachtschwärmer

Weil man im Schumann's und in anderen Bars perfekt in den Abend starten kann

Also das mit der »nördlichsten Stadt Italiens«, wie München zuweilen gerne etwas neidvoll genannt wird, stimmt immer spätestens dann, wenn an einem lauen Sommerabend die Sonne genau über dem Promenadeplatz, direkt hinter dem ehemaligen Sitz der Münchner Börse und über dem Amtsgericht untergeht. Dann leuchten die letzten warmen Strahlen auf die wichtigen, ganz wichtigen und »adabei«-Gäste in Schumann's TagesBar. Charles Schumann persönlich streift abendlich zwischen den Tischen umher und pflegt die Spezlwirtschaft im »american bar style«. Geadelt ist derjenige, der von ihm mit einem »Servus« und einem Schulterklopfen begrüßt wird, und natürlich diejenige, die es sogar zu einem Bussi von ihm bringt. Keiner hält die Fäden der Münchner Schickis so zusammen wie Charles, der selbst sogar als Fotomodel Karriere macht. Dass er in seiner Bar am Hofgarten auch noch die unumstritten besten Bratkartoffeln Münchens macht, wird da (fast) zur Nebensache.

Der typische Schumann's-Gast schlürft genüsslich seinen Sprizz (Aperol mit Prosecco, Soda, Eis und Orangenscheibe), hat sein iPhone und den Autoschlüssel elegant auf dem Tisch dekoriert und plant den Wochenendausflug zum Gardasee. Dabei schützt er seine Augen natürlich mit der angesagtesten Sonnenbrille. Grad schee is – und das ist wirklich so.

Denn gibt es einen perfekteren Auftakt für einen perfekten Abend als in einer perfekten Bar? Die Spitze der Bewegung sind natürlich die beiden Bars der lebenden Legende Charles Schumann, der zugegebenermaßen der Münchner Barkultur mit den Weg bereitet hat. Aber es gibt vielfältige Alternativen. Das coole

Eisbach, die mittlerweile eher bei älteren Semestern beliebte Bar Tabacco, das Pacific Times im Glockenbachviertel oder die immer überfüllte Bar Centrale, um nur einige zu nennen. Und fast alle sind nur wenige Gehminuten voneinander entfernt. Denn der wirkliche Grund, den Abend in einer Bar zu beginnen, ist es »zu sehen und gesehen zu werden«. Und damit ist es natürlich mit dem Besuch von nur einer Bar nicht getan.

Und damit ist schon fast beschrieben, was man dann eigentlich in einer Münchner Bar zum Sonnenuntergang macht: vor allem schauen und genießen. Ob den lauen Abend, den köstlichen Sprizz oder den Anblick endlos langer Beine im knappen Sommerkleid, es gibt viel zu sehen. Vielleicht wird auch noch der eine oder andere geschäftliche Erfolg des Tages begossen, aber das ist fast schon die Ausnahme. Die Arbeit ist zu diesem Zeitpunkt bereits ausgeblendet und die wirklich wichtigen Themen des bayerischen Lebens stehen im Vordergrund. Ob Thomas jetzt mit Uschi, der »Neue« von der Nicky, die Immobilienpreise in Kitzbühel oder ob beim FC Hollywood der Uli jetzt endlich wieder durchgreift. Also alles, was das Münchner Leben wirklich bestimmt und so lebenswert macht. Die alles entscheidende Frage ist natürlich, wo geht's danach hin, wo ist der heutige »Hotspot« des Abends. Eine übrigens rein hypothetische Frage, denn selbstverständlich geht man wieder dorthin, wo man immer hingeht – aber gut, dass man darüber geredet hat. Eine wirklich schöne Sommervariante sind noch die Beachbars. Legendär der Kulturstrand in der Mitte der Corneliusbrücke oder Nektar Beach auf der Praterinsel.

Übrigens alle, die an besagtem Sommerabend nicht in einer Bar sitzen, befinden sich gerade im Biergarten. Der hat nur zwei »Nachteile«: Sehen und gesehen werden ist dort eher nachgeordnet und hier beginnt der Abend nicht nur, meistens endet er hier auch. Und das völlig stressfrei. Es gibt also durchaus Alternativen.

Weil das Trader Vic's im Bayerischen Hof immer gleich gut bleibt

Es gibt einige Konstanten im Leben eines Münchners: der jährliche Anstich des Oktoberfests im »eigenen« Festzelt oder die erste Maß im Seehaus bei den ersten Sommersonnenstrahlen. Das kann übrigens dank Föhn auch schon mal im Februar sein. Zu diesen Ritualen gehört es ferner, bestimmte Anlässe im Trader Vic's, im Kellergeschoss des Hotels Bayerischer Hof, zu begehen. Sei es der Jahrestag als Liebespaar, der Geburtstag oder aber auch ein spektakulärer Geschäftsabschluss. Das und andere erfreuliche Begebenheiten feiert man am besten in dieser einmaligen und legendären Restauration. Klar, diese gehört zu einer internationalen Kette, aber nur hier gelingt ein lupenreiner Zeitsprung nach Polynesien und gleichzeitig in die siebziger/achtziger Jahre. Der Teppichboden und die Möblierung machen's möglich.

Zunächst gibt man die Mäntel im Erdgeschoss des Bayerischen Hofs an der Garderobe ab – gegen einen kleinen Obolus versteht sich, aber dass es eher ein kostspieliger Abend wird, weiß man ja. Dann schreitet man die Treppe hinab und wird vom stilecht polynesisch aussehenden Oberkellner im europäischen Outfit empfangen, der fast perfekt deutsch spricht und quasi zum »Inventar« gehört. Er geleitet zum reservierten Tisch. Ohne Reservierung wird es schwierig, allenfalls findet man Platz an einer der Bars, was auch nicht schlecht ist. Es gibt die Trader Vic's Bar und die Menehune Bar, die man auch für geschlossene Gesellschaften mieten kann. In beiden werden wie im gesamten Restaurant exotische Cocktails der Extraklasse serviert, teilweise mit durchschlagendem Erfolg bei den Kunden: Mai Tai natürlich (schließlich ist die Kette »Home of the Mai Tai«), besonders heftig ist auch »Dr. Funks Son«, der in einem Berg aus Eis serviert wird, und unser Lieblingscocktail, der Menehune-Juice. Ach ja, der wunderbare Menehune-Juice, der fruchtig und leicht schmeckt und mit einer kleinen Südsee-Plastikpuppe serviert wird, die der Gast mitnehmen darf. Schon so manche Dame hat mit einer Handtasche voll Menehunes (von der gesamten Tischrunde eingesammelt, natürlich) das Trader Vic's verlassen. Zu Hause will man diese nicht wegwerfen, schließlich erinnern sie an einen »Granaten-Abend« und so kommt es, dass sich die Liebhaber des Trader Vic's in München an Bädern oder Gästetoiletten erkennen, die reichlich mit schwarzen Püppchen dekoriert sind.

So lecker und nahrhaft die Cocktails auch sind, man sollte es nicht beim Trinken belassen, dazu ist das Essen zu köstlich. Obwohl alles hervorragend schmeckt, ist es besonders zu empfehlen, viele Kleinigkeiten zu bestellen, die sich dann die ganze Runde teilt: Almond Duck, zarte Würfel aus Entenfleisch mit Mandeln bestäubt, oder Beef Cho Cho, hauchzarte Rinderscheiben, die man selbst am Tisch zubereitet, oder Cosmo-Tidbits, die einen ersten Einblick in die Vielfalt der Küche bieten. Die Hauptspeisen sind auch lecker, sie beziehen Gerichte aus dem asiatischen Raum ein.

Wer tatsächlich schon die Südsee bereist hat, wird feststellen, hier im Trader Vic's ist alles viel echter als auf Bora Bora. Auch wenn die polynesischen Spezialitäten nicht wirklich im original »Hangi« zubereitet werden. Wobei es natürlich schon interessant wäre zu sehen, was passieren würde, wenn der Koch jeden Morgen eine Stiege glühende Kohle zusammen mit den Hauptgerichten des Abends in der Grünanlage des Promenadeplatz einbuddeln würde. Wäre eigentlich mal einen Versuch wert.

Weil das Mangostin Asien an die Isar bringt

Natürlich, asiatische Restaurants gibt es in jeder Stadt und in München praktisch in jedem Stadtviertel. Das Mangostin in München-Thalkirchen, unweit des Tierparks Hellabrunn, darf aber durchaus eine Sonderstellung für sich beanspruchen. Man geht dort nicht nur hin, um perfekt und originalgetreu zubereitete asiatische Speisen zu verkosten, sondern wird gleichsam auf einen Kurzurlaub entführt. Das ist nur möglich, weil die beiden Betreiber, der Großgastronom Roland Kuffler und besonders sein Küchenchef Joseph Peter, eine ausgeprägte Affinität zu Asien besitzen. Sie haben das Restaurant bis ins letzte Detail liebevoll und harmonisch gestaltet. Dort findet man keinesfalls die Buddha- oder Thai-Tänzer-Figuren, die mittlerweile fast jedes Kaufhaus anbietet – und die daher schon etwas nerven. Stattdessen stößt man auf Unikate fernöstlicher Künstler, die man eher in einer edlen Galerie erwarten würde. Was sowohl den Speisen als auch dem gesamten Interieur zugutekommt: Das Mangostin unterhält dafür in Bangkok ein eigenes Einkaufsbüro, das wöchentlich Originalwaren aus Thailands Hauptstadt anliefern lässt.

Wer ins Mangostin kommt, wird die Zeit dort genießen. Die ausladende Größe des Lokals wirkt angenehm entspannend. Bei drei Unterrestaurants (in denen dann entweder vorwiegend thailändisch, vietnamesisch oder japanisch gekocht wird) sowie einer Terrasse und Münchens erstem Asia-Biergarten hat der Gast eine angenehme Auswahl. Fast schon legendär ist die Bandbreite am Buffet, die der Sonntagsbrunch bietet – für den man aber unbedingt vorher reservieren sollte.

Das Mangostin vermittelt so das Ambiente eines kleinen Ferienressorts. Allein die Möglichkeit, zu Bier oder Weinschorle auch Saté-Spieße ordern zu können, gibt einem das Gefühl, etwas weiter weg zu sein. Aber auch die Vielfalt der Eindrücke entführt den Gast aus seinem Alltag: Hier bleibt man kurz stehen, um den japanischen Sushi-Meister bei seiner Arbeit zu beobachten, dort betrachtet man eine Vitrine mit asiatischem Geschirr – bevor man sich entscheidet, wo man sich für den Abend niederlässt.

Wie es sonst eher im angloamerikanischen Raum verbreitet ist, besuchen im Mangostin viele Gäste vor dem Essen die Bar Papa Joe's (die auch für sich allein einen Besuch wert ist) auf einen Drink. Dort gibt es fachgerecht gemixte Mai Tais genauso wie die legendären Singapore Slings, die so gut sind, dass die Münchner gar nicht extra an deren Entstehungsort nach Singapur reisen müssen.

Küchenmeister Joseph Peter lebte viele Jahre in Bangkok, brachte es sogar zum Leiter des Nationalteams der thailändischen Köche und kochte unter anderem für die dortige Königsfamilie sowie für Mick Jagger. Wer Peter und seine unnachahmliche bayerisch-kosmopolitische Art erleben möchte, kann dies ausgezeichnet bei einem seiner Kochkurse tun, in denen er nicht nur die Thaiküche lehrt, sondern auch die hohe Kunst der Sushi-Zubereitung. Dort merkt man sofort, dass er sich trotz seiner vielen Berufsjahre die Freude daran bewahrt hat, ein liebevoller und guter Gastgeber zu sein. Zumeist duzt er gleich alle Kochschüler und ruft Fragen in die Runde wie: »Du schaust a bisserl müde aus, soll ich dir einen Espresso machen?« Die von den Eleven gefertigten Speisen probiert er gerne ausführlich oder schneidet von einem Thunfisch ein Stück heraus, hält es einem Teilnehmer unter die Nase und weist an: »Zier dich ned, des musst so probieren, wie's aus dem Meer kommt.«

Weil Brenner und Ritzi
die neuen Klassiker sind

Es gibt Lokale, bei denen gleich nach Eröffnung das Gefühl aufkommt, dass es sie eigentlich schon immer gab und man auch gar nicht wüsste, wo man sonst hingehen sollte. In München gehören zu diesen Erfolgsverwöhnten zweifelsohne die Bar und das Restaurant des Hotels Ritzi in Haidhausen sowie das Brenner in der mondänen Maximilianstraße. Bei beiden war ihre rasche Beliebtheit umso erstaunlicher, als sie in Gegenden mit bereits hoher Gastronomiedichte eröffnet wurden. Eines ist beiden jedoch gemeinsam und gehört sicher zum Geheimnis des Erfolgs: Man fühlt sich dort als einzelner Gast genauso wohl wie in einer größeren Gruppe.

Im Ritzi, das sich von anonymen Hotels auch dadurch wohltuend abhebt, dass jedes Zimmer in einem anderen Stil eingerichtet ist, sieht man besonders viele Verlagsleute. Literaturagenten sitzen an kleinen Tischen und absolvieren mehrere Autorentermine nacheinander oder feiern die Abgabe eines Manuskripts bei einem stilvollen Abendessen mit mediterranen oder auch international-asiatisch angehauchten Gerichten. Auch Journalisten treffen sich mit ihren Informanten gerne hier. Zu den regelmäßigen Besuchern gehören ebenso Mediziner aus dem nahe gelegenen Klinikum rechts der Isar wie Mitarbeiter des benachbarten Bayerischen Landtags. Für vertraulichere Gespräche ist der hintere Teil des Restaurants bestens geeignet. Hier fallen nicht einmal Politiker, die sich in Ruhe mit ihren Gegnern austauschen wollen, Hollywoodstars oder lokale Prominente besonders auf.

Wenn auch ebenso schnell zum guten Standard geworden und gleichermaßen stilvoll, ist das Grundgefühl im »Brenner« doch ein gänzlich anderes. Der Raum ist im Vergleich zum leicht zu überblickenden und klassischen Ritzi riesig und wird von weißen Säulen und mehrere Meter hohen Stapeln von Brennholz dominiert. Im Restaurantbereich wird man von freundlichen Empfangsdamen an den Tisch begleitet, der zuständige Kellner stellt sich mit Namen vor. Der Service ist – auch wenn alle Tische vollbesetzt sind, und das ist meist der Fall – unaufdringlich, aber perfekt. Dem Preisniveau angemessen, sozusagen.

Man betritt das Brenner durch eine großzügig angelegte Bar, die sich für einen After-Work-Drink ebenso eignet wie für einen Absacker oder Espresso zwischendurch. Viele Gäste der gehobenen Hotels der Innenstadt, aber auch in München ansässige Fußballstars, Vorstadtaufreißer oder Geschäftsfrauen werden hier gesehen. Überhaupt ist das Brenner fürs Gesehenwerden sehr geeignet, allein auf dem Weg zur mondänen Toilette schreitet man durch das ganze Lokal – wohlgemerkt, Schreiten ist angesagt und auch selbst den einen oder anderen Blick riskieren. Besucher der Oper, der Kammerspiele oder des Residenztheaters, die alle nur wenige Schritte entfernt liegen, runden hier den kulturellen mit einem kulinarischen Genuss ab und ordern mediterrane Fischgerichte, erstklassige Pasta oder eines der köstlichen Desserts. Für diese Klientel gibt es auch das »Après Opera«-Angebot, das Opernkarte und ein teilweise vor, teilweise nach der Vorstellung serviertes Drei-Gänge-Menü beinhaltet. Ein Mitglied des Opernensembles gesellt sich nach der Vorstellung gern zu den Gästen des Après Opera. Ohnehin passiert es öfters, dass ein Sänger oder Schauspieler das Lokal betritt, den man noch kurz zuvor auf der Bühne bewundert hat. Ansprechen würde ein cooler Gast den Star niemals, denn »der hat jetzt Feierabend und den soll er auch genießen«. Tja, München ist halt verständnisvoll seinen Promis gegenüber.

Weil man in Kneipen von Johannis Café bis Lamm's Heuriger die Nacht zum Tag machen kann

Ein zentraler Wesenszug sämtlicher typischer Nachtlokale ist, dass man dort »normalerweise« nicht hingehen oder einen Kneipenabend dort starten würde. Zu skurril sind bei Tageslicht betrachtet viele der Gäste, zu deftig die Speisekarte, zu angegraut die Einrichtung. Sprich: Man landet in den typischen Nachtlokalen, wenn man vorher bereits in der einen oder anderen Bar ein paar Drinks genossen oder sich in Wallung diskutiert hat – und dann keinesfalls nach Hause gehen kann. Plötzlich erscheint einem das Interieur gemütlich, die Speisen lecker und die illustren Gäste als willkommene Abwechslung zum sonstigen Einerlei. »Orte für Nicht-Genug-Krieger« nannte sie die »Süddeutsche Zeitung«, in denen man mit »gealterten Möchtegern-Bohemians, besoffenen Schauspielern und Kneipenphilosophen die grundlegenden Probleme des Planeten« bespricht.

Diese Beschreibung trifft gar nicht so schlecht auf das Johannis Café am Haidhauser Johannisplatz zu. Dort wird die original Sechziger-bis-siebziger-Jahre-Einrichtung vor allem von einer damals modernen Foto-Tapete dominiert. Auch das etwas, was man nächtens originell findet, unter gewöhnlichen Umständen aber wohl eher weniger schätzen würde. In dem kleinen Lokal, das den Charme eines Oma-Wohnzimmers versprüht, treffen sich nachmittags tatsächlich oft Senioren zu Kaffee und Kuchen, in der Nacht werden sie abgelöst von allerlei Szenegängern, Schreiberlingen, Kartenspielern etc. Bei Pizza oder Maibowle kann man altbekannte Schlager aus der Musikbox genießen, die sich regen Gebrauchs erfreut.

Zu den Klassikern der Nachtkneipen (24 Stunden geöffnet) gehört zweifelsohne das Lamm's (oder Lamm's Heuriger) am Sendlinger-Tor-Platz. Dabei handelt es sich um ein traditionell bis etwas kitschig eingerichtetes Gasthaus im Stil österreichischer Heurigen-Lokale (in denen es deftige Schmankerl und gewöhnlich jungen Wein gibt). Auch im Lamm's stehen mehr bürgerlich-kräftige Gerichte auf der Karte, aber es wird eher Gerstensaft als Wein konsumiert. Tagsüber wird der Biergarten davor hauptsächlich von Touristen besucht. Im Internet bringen es einige Blogger auf den Punkt: »Ins Lamm's verschlägt es einen, wenn sich nach dem Durst der Hunger einstellt und man meint, ohne Saures Lüngerl im Magen nicht einschlafen zu können« oder »Im Lamm's kann man auch frühstücken – Kässpatzen zählen ja auch irgendwie als Frühstück« sind Beschreibungen, die den Charme des Lokals auf den Punkt bringen.

Weitere beliebte Nachtlokale in München sind: das Fischer Stüberl in der Lindwurmstraße, das an eine Hamburger Hafenspelunke erinnert (19–7 Uhr) oder das Landhaus in der Marienstraße in der Altstadt, das für seine Würstl gelobt wird (24 Stunden geöffnet).

Kleiner Wermutstropfen: Ein bisschen etwas von ihrer Exklusivität und ihrem verruchten Status haben die Nachtlokale eingebüßt, seit 2004 in München (seit 2005 in ganz Bayern) die Polizei- oder Sperrstunde abgeschafft wurde, zu der die normale Gastronomie bis dato schließen musste. Seither gibt es lediglich eine sogenannte Putzstunde zwischen fünf und sechs Uhr morgens, während der geschlossen werden muss. Aber andererseits: So ist das Angebot an Lokalen, in denen man nicht hektisch um ein Uhr aufbrechen muss, deutlich gestiegen und variantenreicher geworden.

Weil das »Einser« Münchens härteste Tür hat

Ja mei, es Einser. Die Münchner nennen die Nobel-Discothek P1 in der Kurzform schlicht so – viele davon mit einem gewissen Seufzen. Denn der Dauer-In-Laden in der Prinzregentenstraße am Englischen Garten ist beileibe nicht bei allen beliebt. Abgehoben und schnöselig sei der Club, verhätschelte Söhnchen und Töchter würden sich neben A-, B- und C-Promis drängeln, als Normalsterblicher käme man da sowieso nicht rein, lauten die gängigen Vorwürfe. Und tatsächlich, genauso ist es, das Einser. Als Nicht-Stammgast sollte man den Einlass – wenn überhaupt – unter der Woche begehren. Man trifft auf die coolen Jungs mit hochgestellten Polohemd-Krägen, ganz wie erwartet, genauso wie auf unterkühlte Schönheiten, die sich nur allzu gern bewundern lassen. Aber: So muss es auch sein in einem der ganz wenigen Clubs in München, die weit über die Stadtgrenzen und sogar international bekannt sind. Und das P1 ist eben auch: cool, sehr gut geführt, erfindet sich immer neu, bietet super Musik und sobald man drin ist, fühlt man sich irgendwie dabei und etwaiger Ärger über lange Wartezeiten vor der Tür oder obercoole Türsteher ist verflogen.

Zum positiven Bild des P1 trägt sicherlich auch dessen Besitzer, Michael Käfer, aus der gleichnamigen Münchner Feinkost- und Wirte-Dynastie, bei. Er erklärt zwar, dass er die »härteste Tür Münchens« haben will, strahlt selbst aber so gar nichts Abweisendes oder Unfreundliches aus. In den Anfängen orientierte er sich an legendären Vorbildern wie dem New Yorker Studio 54 und dessen wilden Festen. Käfer und sein Team verstehen es aber auch zu gut, die Kultadresse durch Renovierungen (bei denen unter anderem Stararchitekt Matteo Thun mitwirkte) oder Ergänzungen des Angebots in gut gewählten Abständen über eine lange Zeit attraktiv zu halten. Auch die angebotenen Speisen wechseln bisweilen – 2010 beispielsweise von italienisch zu asiatisch.

Immerhin übernahm Käfer das P1 bereits 1983. Schon lange zuvor existierte es als Gastro-Geschäft: Von 1949 bis in die sechziger Jahre als Offiziersclub der US-Streitkräfte (die nach der damaligen Adresse Prinzregentenstraße 1 den Namen »P One« prägten), danach als »Künstleratelier«. Heute zeigen sich die Manager des Nobel-Clubs auch für Firmen- oder Promotion-Events offen, die Marke soll künftig stärker auch in anderen Bereichen vermarktet werden. Diese Veranstaltungen sind übrigens eine elegante Möglichkeit, doch mal ins »Einser« reinzuschnuppern, wenn es sonst nicht klappt.

Das P1 schafft es zudem regelmäßig, sich durch außergewöhnliche Feiern ins Gespräch zu bringen. Besonders lange redete die Münchner Szene über eine Party, bei der es Getränke für alle Gäste gratis gab – allerdings nur, bis der erste auf die Toilette musste – dann war Schluss mit Freibier & Co.

Speziell zur Oktoberfestzeit ist das P1 eine wahre Attraktion. Nachdem die Festzelte geschlossen haben, pilgern viele junge Münchner weiter dorthin – natürlich noch in Tracht. Dann ist es ein ganz besonderes Bild und eine ganz besondere Stimmung, wenn die jungen Hübschen in Lederhosen und Dirndl das stylische Lokal bevölkern. Dann wird das Einser (bairisch: Oanser) seinem zweiten Kosenamen voll gerecht – der lakonisch »Stüberl« lautet.

Weil im Café Schmock und anderswo alles koscher ist

Dass jüdische Kultur und jüdisches Leben trotz Shoah und Holocaust in München ihren festen Platz haben, zeigt sich nicht nur am St.-Jakobs-Platz, wo die Israelitische Kultusgemeinde mit der neu erbauten Synagoge und dem sehenswerten Jüdischen Museum seit 2007 ein neues Zentrum erhalten hat. Auch in der Gastronomie und im Nachtleben haben verschiedene jüdische und israelische Lokale Fuß gefasst, die das gastronomische Angebot Münchens ergänzen und bereichern. So findet man allein in der Maxvorstadt drei echte jüdische Restaurants, in denen man nicht nur koscher, sondern auch ausgesprochen delikat klassisch-jüdisch und israelisch-orientalisch speisen und genießen kann.

Eines davon ist das Café Schmock in der Augustenstraße. Den sprichwörtlichen jüdischen Witz erkennt man schon auf seiner Internetseite, denn da lächeln einem Münchner Promis wie Helmut Fischer, Franz Beckenbauer und Christian Ude unter der Überschrift »Koscher samma scho« mit den traditionellen Schläfenlocken der orthodoxen Juden entgegen. Wobei hier mit »koscher« sicher nicht die Zubereitung nach jüdischen Speise-gesetzen, sondern die in die Umgangssprache eingegangene Bedeutung von »unbedenklich« gemeint ist. Dass es im heutigen Deutsch noch viele weitere Redewendungen gibt, die ihre Wurzeln im Jiddischen haben, zeigen auch die großen Plakate im Inneren des Restaurants, die auf humorvolle Weise erklären, was es mit »schummeln«, »Techtelmechtel« »Ganove« oder »petzen« auf sich hat.

Aber vorrangig geht es im Schmock natürlich nicht um Be-lehrung und Geschichtsunterricht, sondern um Essen und Trinken. Es gibt verschiedene Möglichkeiten, sich in dem ganz im Art-déco- und Jugendstil eingerichteten Lokal niederzulassen: auf einem Barhocker an der Theke oder an einem der Stehtische in der großen Bar, im hinteren Teil mit seinen stilvoll weiß eingedeckten Tischen, im schlichten Cafébereich oder, bei geeigneter Witterung, an einem der kleinen Tische auf dem Bürgersteig. Aber egal, wo man Platz nimmt: Was hier an täglich wechselnden Gerichten auf den Tisch kommt, ist eine spannende Mischung aus Okzident und Orient und von höchster Qualität. Junge und ausgesprochen freundliche Kellnerinnen servieren Königsberger Klopse mit Zitronen-Kapern-Soße oder israelische Vorspeisen mit dem typisch klein gewürfelten Gurken- und Tomatensalat, Falafel und Pitta, Cumin-Lammrücken mit Blattspinat oder Perlhuhn mit Manti (mit Hackfleisch und Linsen gefüllte Teigtaschen) und Kumquats. Wer mag, kann dazu eine echt israelische Zitronenlimonade oder einen der vielen koscheren Weine probieren, es gibt natürlich auch Bier und eine reiche Auswahl an anderen Getränken.

Obwohl sich das Schmock in den letzten Jahren zum echten In-Treff entwickelt hat und ein bunt gemischtes Publikum anzieht, werden hier auch noch jüdische Traditionen gepflegt; so treffen sich jüdische Familien zum Beispiel im November oder Dezember im großen Kreis an den Tischen des Lokals, um gemeinsam das Chanukkah-Fest zu begehen. Um gleichzeitig auch den nicht jüdischen Gästen gerecht zu werden, erweist sich der Besitzer zudem als sehr gewieft: Silvester wird zwar auch im Schmock am 31. Dezember gefeiert, dafür aber nach der Jahresrechnung des jüdischen Kalenders, der die Jahre seit der biblischen Schöpfung der Welt zählt.

Weil es den »Bayerischen Japaner« nur in Haidhausen gibt

Wer in München nach dem Nomiya fragt, wird selbst von Szenekennern in den meisten Fällen nur ein Achselzucken ernten. Das Etablissement in der Wörthstraße im Stadtteil Haidhausen, dessen Name übersetzt »Trinklokal« bedeutet, ist gemeinhin nur unter »Bayerischer Japaner« bekannt. Es lässt sich in keine der Schubladen »Bar« oder »Restaurant« einordnen – die kleine Gaststätte kann im besten Sinne als unkonventionell oder schräg gelten. Dominiert wird sie von einem typisch bayerischen Schanktresen und einer Sushi-Theke, hinter der echte japanische Meister gekonnt ihrem Handwerk nachgehen, in der offenen Küche kann man die Köche bei der Arbeit beobachten. Die Karte ist insgesamt ein buntes Potpourri aus japanischer Küche – teils mit bayerischem Einschlag (»Yakitori-Weißwurst-Spieß« oder »Schweinsbraten-Sushi«) – sowie klassischen Schmankerln wie eben original Weißwürsten oder Schweinsbraten. Auf den groben Tischen stehen Sojasoße und Senf gleichberechtigt nebeneinander.

Das Bier wird – mittlerweile auch in München eine Ausnahme – in urigen Steingutkrügen serviert. Es gibt zudem verschiedene grüne Tees oder Reiswein. Die Möglichkeit, diverse kleine Spießchen, Sushi oder Salate nacheinander zu bestellen, macht das Nomiya zum beliebten Treff später Gäste. Diese werden aber auch angezogen von der partyähnlichen Atmosphäre, die sich zu später Stunde bisweilen einstellt. Im Sommer bildet sich oftmals eine Menschentraube vor dem Lokal, die sich mit den Besuchern der anderen Bars in der Wörthstraße, die als Ausgeh-Meile allmählich an Bedeutung gewinnt, verschmilzt. In dem kleinen Gastraum treffen sich zudem regelmäßig auch die Anhänger des bodenständigen bayerischen Traditions-Kartenspiels »Schafkopf«.

Dass sich beim Bayerischen Japaner ab und an auch Promis aus der Fußball- oder Kulturszene einfinden, beeinflusst das Lokal kaum (auch nicht bei den Preisen) und spielt im lässig-kreativen Ambiente keine Rolle. Ganz gleich, um welche Gäste es sich handelt, sie alle amüsieren sich bei den gelegentlichen Musikdarbietungen, die zumeist im altbayerischen Stil als Tischmusik daherkommen, aber ebenso wie die Küche asiatische (oder andere internationale) Elemente einbinden. Stark geprägt ist diese Art der Unterhaltung von Kneipenbesitzer Ferdl Schuster. Das Münchner Urgestein, das man beim Besuch des Lokals sofort an seiner Kleidung im Trachtenstil – oft mit Hut – erkennt, hat sich der bayerisch-japanischen Crossover-Musik verschrieben. Er trat selbst schon in Japan auf und war in Deutschland bei Auftritten der Band Coconami dabei und steuerte bayerische »Gstanzl«-Gesänge wie »Mir fahrn mit der Zilln übern See« dazu. Die Combo interpretiert unter anderem bayerisches Liedgut mit Instrumenten wie Ukulele, Karimba, aber auch bodenständigem Musikgerät wie Blockflöte oder geblasenen Kämmen.

Bei einem aber hält sogar Ferdl Schuster so rein gar nichts von der Mischung verschiedener Kulturen: beim Bier. Hier vertraut er ausschließlich auf das heimische bayerische Angebot. Der Tageszeitung »taz« verriet der musikalische Wirt, »teures importiertes Angeberbier« gebe es bei ihm auf keinen Fall.

Weil Kultfabrik und Optimolwerke
geballtes Vergnügen bieten

Erfunden hat München die Idee, verlassene Fabrikgelände als Club- und Partylocations zu nutzen, sicherlich nicht. Aber wie in so manchen Bereichen gilt auch hier: Hat man sich erst einmal durchgerungen, etwas zu machen, dann macht man's gleich richtig. Das geschah genau so, als in der Nähe des Ostbahnhofs, auf einer Fläche, die zuvor hauptsächlich vom Lebensmittelhersteller Pfanni genutzt worden war, 1996 der Kunstpark Ost geschaffen wurde. Auf 60.000 Quadratmetern zogen dreißig Clubs, viele Bars, allerlei kleinere Firmen und Ateliers von Künstlern ein. Das Angebot war dort so einzigartig und gewaltig, dass es sogar der legendären New Yorker Szenezeitschrift »Village Voice« einen umfangreichen Artikel wert war. Plötzlich war München bei jungen Kosmopoliten nicht mehr nur für seine Bierseligkeit bekannt, sondern auch für House- oder Techno-Performances auf internationalem Niveau. Als der »KPO« 2003 anderen Nutzungen des Areals weichen musste, waren daher die Trauer und Verärgerung der Partyszene massiv. Da hat man schon einmal einen Anziehungspunkt von Weltgeltung für junge Menschen und muss ihn gleich wieder aufgeben.

Das große Verdienst der Kultfabrik und der Optimolwerke besteht darin, das Flair des Kunstparks nach dessen Auflösung weitgehend gerettet zu haben. Die Kultfabrik liegt nach wie vor auf dem einstigen Pfanni-Gelände und ist auch heute noch die größte zusammenhängende Party-Zone Europas. Dort finden sich ebenfalls fast dreißig Clubs und Bars wie die Tonhalle, das Metropolis, das NOX oder das Noa. Ganz wie im Kunstpark beschränkt sich das Angebot aber nicht auf Discos und Bars, sondern umfasst auch Kulturelles wie Kunstausstellungen, Theatervorführungen oder Konzerte. Selbst für kleine Besucher werden zahlreiche Veranstaltungen wie Zauber- und Malkurse oder ein Kinderzirkus angeboten sowie vom Verein »Kulti-Kids« lockere Spielezusammenkünfte. Solcherlei Kombi-Angebote werden geliebt von jungen Eltern, die ihren Kindern anspruchsvolle, kreative Freizeitbeschäftigungen bieten wollen und gleichzeitig in einem coolen Umfeld den eigenen altersgemäßen Lebensstil pflegen möchten.

In direkter Nachbarschaft der Kultfabrik haben die einstigen Erfinder des Kunstparks die Optimolwerke ins Leben gerufen – ein Areal, das sich auf Clubs und Discotheken spezialisiert hat (»Kuhstall«, »Spielwiese«, »Club Duo«). Besonders, weil einige der Hallen schon im KPO zu finden waren, weht auch hier dessen freizügiger Geist, der so gut in die Isarmetropole passt, weiter.

Die Ballung von unterschiedlichsten Gastronomiebetrieben auf einem Gelände außerhalb der Innenstadt bietet aber auch mehrere praktische Vorteile: So kann man – was sonst in den meisten Städten ein Problem darstellt, besonders wenn man in größeren Gruppen unterwegs ist – entspannt die Lokalität wechseln, ohne lange Wege in Kauf nehmen zu müssen. Und besonders in München wichtig: Dank der Lage nahe des Ostbahnhofs kann jeder das Areal ohne Auto (mit enervierender Parkplatzsuche) und ohne das teure Taxi gut erreichen.

Noch weitaus wichtiger ist in den verzauberten lauen Sommernächten, wenn man auf keinen Fall nach Hause oder in ein Gebäude gehen möchte: In der Kultfabrik und den Optimolwerken kann man noch lange unter dem Sternenhimmel weiterfeiern und chillen, nachdem bereits alle konventionellen Biergärten schließen mussten. Und die ganz Tapferen halten durch, bis die Biergärten wieder aufmachen!

Weil die Tanzbar Paradiso ein schriller Gute-Laune-Schuppen ist

Nein, natürlich nicht am Samstag, wenn die Brucker, Dachauer und die Erdinger Burschen glauben, in München, im Dialekt liebevoll »Minga« genannt, Kosmopolit zu spielen, ist das Paradiso ein Insidertipp. Natürlich reihen sich dann Petra aus Deisenhofen und Tommi aus Gröbenzell in die lange Schlange vor der Tür ein und vielleicht werden sie irgendwann sogar reinkommen, aber das ist doch nix für den Münchner Nachtgänger. Wir gehen lieber am Donnerstagabend auf die Pirsch und natürlich liegt da das Paradiso um die Mitternachtszeit immer auf dem Weg.

Und jedes Mal ist es irgendwie überraschend. Schon voll oder noch halb leer, neunzig Prozent Jungs oder die Tanzfläche bereits voller Mädels. Hat die Barfrau heute ein Shirt an, oder liegt alles mehr oder weniger ganz blank auf der Theke? Das Publikum ist erfreulich alt und eher Ü30 als U20 und massiv feier- und flirtfreudig. Dabei sieht der Laden von außen so harmlos aus, kaum zu entdecken – außer am Wochenende natürlich – in der scharfen Kurve der Müller- zur Rumfordstraße. Innen wie außen ist das Paradiso herrlich retro, fast etwas puffig, mit roten Lüstern, vielen Spiegeln und einem leuchtenden Tanzboden. Besondere Aufmerksamkeit verdient außerdem das Tapetendesign.

Eines ist aber immer sicher: Je später der Abend oder früher der Morgen, die Stimmung steigt von Stunde zu Stunde. Unser Lieblings-DJ, versteckt in seinem Plattenbunker, legt auf, was ihm gerade in den Sinn kommt, und so wechseln sich Klassiker des Rock und Pop mit brandaktueller Musik ab und lassen es auf der Tanzfläche eng werden. Spätestens wenn sich »Living On My Own« auf dem Plattenteller dreht, mag sich der eine oder andere noch an den vierzigsten Geburtstag von Freddy Mercury erinnern, den dieser in einer legendären Party hier im Paradiso, damals noch »Old Mrs. Henderson«, gefeiert hat. Der 10.000-Dollar-Brillantring, der damals verschwand, wurde bis heute nicht wieder gefunden, vielleicht klemmt er immer noch in irgendeiner dunklen Nische.

Absolute Pflicht für die Paradiso-Fans sind die Hauspartys, der »Absacker« nach dem einen oder anderen Wiesnabend und vor allem der Fasching. Ob von einem der »Weißen Feste« in der Max-Emanuel-Brauerei herübergewechselt oder am Faschingsdienstag direkt vom Viktualienmarkt kommend, das Paradiso gehört quasi mit auf den Heimweg, der dann oft genug mit einem Frühstück in der »Schmalznudel« endet.

Lange Zeit schien es, als wäre hier die Zeit wirklich stehen geblieben – in den plüschigen Sitzecken haben wohl schon unsere Eltern geflirtet. Und wer mag wohl noch alles auf der mittlerweile rückgebauten Bühne aufgetreten sein. Aber vermutlich genau deshalb und wegen unserer sechzigjährigen Babysitterin, die auf dem Podium immer noch gern performt, haben die Betreiber das Paradiso leicht modernisiert, sind aber ihrem crazy Image treu geblieben, man(n) weiß es nicht nur von der Herrentoilette zu berichten. Auf jeden Fall aber ist das Paradiso erfrischend anders, mit guten Leuten und heißen Partys ... und ich glaube, ich muss jetzt los, es ist schon wieder Donnerstagabend.

KAPITEL 11

Shoppen

Weil Ludwig Beck am Rathauseck das Kaufhaus der Sinne ist

Schon die riesigen Schaufenster sind eine Augenweide. Mit Kreativität, viel Liebe zum Detail und opulenter Aufmachung wecken sie sofort die Lust auf mehr. Also nichts wie hinein!

Wer das Kaufhaus Ludwig Beck am Rathauseck betritt, begibt sich in eine an- und aufregende Erlebniswelt – dies ist kein landläufiges Kaufhaus, sondern ein edles Shopping- und Lifestyle-Konzept mit einer ungewöhnlichen Angebotsvielfalt, die sonst nur Fachgeschäfte bieten. Hier wird Schickes, Exklusives und Ausgefallenes in einem ebensolchen Ambiente präsentiert. Selbst so profane Dinge wie »Kurzwaren« haben bei Ludwig Beck ein gewisses Flair: So findet man in der Abteilung »Geknöpft & Zugenäht« eine Auswahl an Knöpfen, Garnen, Posamenten, Aufnähern, Gürtelschnallen und anderen Artikel des Nähbedarfs, die selbst Profischneider glücklich macht.

An Superlativen wird beim Ludwig Beck generell nicht gespart. Die »Papeterie« bietet Münchens größte Auswahl an Geschenkpapieren, handgefertigten Schachteln und edlen Schreibutensilien. Denn nicht nur auf den Inhalt kommt es an: Wer auch bei der Verpackung das Besondere sucht, kann sich hier kompetent beraten lassen und selbst Kleines groß aufmachen.

Die bestens sortierte Musikabteilung, in der Liebhaber von Klassik, Jazz und Weltmusik voll auf ihre Kosten kommen, wirbt mit 120.000 verfügbaren Titeln – das größte Sortiment Kontinentaleuropas, wie das Kaufhaus stolz verrät – und bietet zudem das umfangreichste Hörbuchsortiment Münchens. Auch seltene Einspielungen, Exotisches und ausgefallene Werke besorgen die äußerst fachkundigen Mitarbeiter gerne. Zu besonderen

Anlässen geben sich hier die Stars der Musikwelt die Ehre, liefern musikalische Kostproben und signieren ihre Werke. Ein echtes »Augen- und Ohrenschmankerl«!

Ein besonderes Highlight ist auch die Abteilung »Lingerie & Dessous« im Beck Wäschehaus. Ob verführerische Spitze, ein Hauch von Nichts aus zarter Seide, Romantisches und Verspieltes von jungen Marken oder Sündig-Keusches aktueller Trendmarken – wo sonst gibt es so viel Sinnliches für »drunter«? Und wer von der Vielfalt der Versuchungen überwältigt ist, lässt sich in einer der Ruhezonen einfach in einen bequemen Sessel sinken und via Kopfhörer in akustische Sinneswelten entführen.

Auch die Kosmetikabteilung »Hautnah« ist ein Erlebnis der besonderen Art. Auf siebenhundert Quadratmetern dreht sich hier alles um luxuriöse Körperpflege. Edle Pflegeserien und kostbare Düfte laden zum Verwöhnen ein. Wer der eigenen Schönheit gleich vor Ort ein wenig nachhelfen möchte, kann sich zum Beispiel in den Kabinen »Lash'it« verführerische Wimpern für den echten Vamp-Look oder in der »Brow Bar« seine Augenbrauen zum perfekten Bogen stylen lassen. Seit Neuestem gibt es Schönheitspflege übrigens auch fürs anspruchsvolle »Zamperl«: Für besonders samtige Hundepfötchen oder den großen Auftritt am Abend empfiehlt der Kenner Pfötchenbalsam und Glanzspray der Serie »Sir Henry Luxury Pet-Care« – exklusiv bei Beck am Rathauseck.

Modisch Anspruchsvolle kommen insbesondere in der Abteilung »Designermode« in der dritten Etage auf ihre Kosten. Internationale Marken lassen keine Wünsche offen. Und alle, die es frecher wollen, fahren einfach eine Etage höher: In der Abteilung »Junge Designermode« ist immer etwas geboten: Neueste Urban-Fashion von trendigen Newcomer-Labeln, ergänzt durch Aktionen und Überraschungsevents, machen die vierte Etage von Ludwig Beck einfach hip und hot!

Für alle, die sich auf dem glatten Modeparkett nicht hundertprozentig trittsicher fühlen oder nach einem neuen Look suchen, hat Beck etwas ganz Besonderes im Programm: Personal Shopping. Drei renommierte Stylistinnen stehen Ihnen bei Ihrer Shopping-Tour durch alle Etagen beratend zur Seite. Vereinbaren Sie einfach einen Termin; in der Personal-Shopping-Lounge in der fünften Etage werden Sie erwartet – zu Ihrem ganz persönlichen Einkauf der Sinne.

Weil die Fünf Höfe Edles, Schönes und Schickes vereinen

Sie als Einkaufspassage oder »Mall« zu bezeichnen, wäre die reinste Beleidigung. Die Fünf Höfe – ein preisgekröntes architektonisches Konzept, das historische Fassaden und kühl-elegantes Design auf höchstem Niveau verbindet – passen in keine der gängigen Kategorien. In exklusivster Lage im Herzen der Münchner Altstadt zwischen Maffei- und Theatinerstraße bilden die Fünf Höfe Konsumtempel, Sehenswürdigkeit und Kulturgenuss zugleich und sind damit der ideale Ort, um sich treiben zu lassen. Ob noble Designermode von Armani bis Zegna, edle Schreibgeräte, stilvolle Riedel-Gläser, schicke Wohnaccessoires, exklusiver Schmuck oder Kaschmirpantoletten in bester handwerklicher Tradition – wer über das nötige Kleingeld verfügt, kann seinen Konsumgelüsten hier freien Lauf lassen.

Doch was wäre Shoppen ohne die kulinarische Verschnaufpause? Auch hier haben die Fünf Höfe viel zu bieten: Erschöpft, aber glücklich mit vielen neuen Einkaufstüten den erfolgreichen Beutezug feiern? Am besten mit einem Prosecco im Barista. Die strategische Shopping-Agenda lässt zwischen Max Mara, Strenesse und Longchamp-Handtaschen keine Zeit für längere Pausen? Das stylishe Thai-Schnellrestaurant Kaimug bietet auch eiligen Shoppern kulinarische Stärkung. Wer im riesigen Emporio-Armani-Store, der neben exklusiver Mode Blumen (»Armani Fiori«), Pralinen (»Armani Dolci«) und gediegene Wohnausstattung (»Armani Casa«) verkauft, fündig geworden ist, oder einfach nicht genug von Armani bekommen kann, begibt sich in den ersten Stock ins Emporio Armani Caffè, das übrigens auch nach Ladenschluss und für Nicht-Armani-Kunden geöffnet ist.

Die Fünf Höfe laden aber auch nur zum Lustwandeln ein: Schaufenster betrachten, die kühl-elegante Architektur bewundern, die raffiniert illuminierten Pflanzengirlanden, die sich in der Salvatorpassage von der Glasdecke ranken, oder die riesige, acht Tonnen schwere Kugel aus Stahlbändern – ein Werk des isländischen Künstlers Olafur Eliasson – im Viscardihof bestaunen. Auch das macht hungrig. Auf ins edel-schlichte Vapiano – stressfrei und lässig. An den langen Holztischen und der Selbstbedienungstheke, an der der Gast zusehen kann, wie die Köche jedes Gericht individuell zubereiten, kommt man schnell mit seinen Sitznachbarn ins Gespräch. Frisch gestärkt kann man sich dann gleich gegenüber der Literatur widmen und in der aufwändig gestalteten Hugendubel-Filiale auf zwei lichtdurchfluteten Etagen schmökern und stöbern.

Überhaupt bieten die Fünf Höfe neben Kommerz auch Kunst und Kultur. Kunst im Alltag erlebbar zu machen, so lautet das erklärte Ziel der Betreiber. So findet in den Höfen alljährlich zum Auftakt der Münchner Opernfestspiele die UniCredit Festspielnacht statt – ein wahres Kulturspektakel mit Stars der Bayerischen Staatsoper. Täglich ist Kunst im Designgeschäft Magazin München zu bewundern, das Künstlern eine Plattform für Projekte und Rauminstallationen bietet. Das Highlight ist jedoch die renommierte Kunsthalle der Hypo-Kulturstiftung, die dort ganzjährig international beachtete wechselnde Ausstellungen von der Antike bis zur Gegenwartskunst veranstaltet, welche sich regelmäßig zu Publikumsmagneten entwickeln.

Und was gibt es nach so viel Edlem, Elegantem, Kunst und Kultur Schöneres, als sich im futuristisch angehauchten Café Kunsthalle bei Kaffee und hausgemachtem Kuchen mit einem wohligen Seufzer zurückzulehnen und zu sagen: »Mei, gehts uns guad.«

Weil die Maximilianstraße Einkaufs- und Kulturerlebnis auf höchstem Niveau bietet

Die Maximilianstraße, die 1853 im Auftrag des bayerischen Königs Maximilian II. errichtet wurde und zahlreiche Elemente der Neugotik und Renaissance enthält – der sogenannte Maximilianstil –, ist Münchens exklusivste Flanier- und Einkaufsmeile, eine der städtebaulich interessantesten Prachtstraßen der Stadt und zugleich Standort wichtiger Kulturstätten. Sie beginnt am Max-Joseph-Platz und verläuft schnurgerade über die Maximilianbrücke bis zum Maximilianeum – dem Sitz des Bayerischen Landtags –, das stolz auf einer Anhöhe thront und schon von Weitem zu sehen ist. Auf halber Strecke wird die Maximilianstraße vom Altstadtring gekreuzt.

Der für Edelshopper, betuchte Müßiggänger und Flaneure interessantere Teil ist der erste, verkehrsberuhigte Abschnitt bis zum Altstadtring. Hier ist das gesamte Alphabet der internationalen Haute Couture und Luxusgüter vertreten – darunter Armani, Bottega Veneta, Bulgari, Chopard, Dior, Dolce & Gabbana, Etro, Ferré, Gucci, Hermès, Jimmy Choo, Montblanc, Louis Vuitton, Vertu, Wolford, Yves Saint-Laurent und der italienische Edelschneider Zegna. In gediegenem Ambiente und edel dekorierten Schaufenstern präsentieren die großen Labels ihre neuesten Kollektionen.

Hier befand sich einst auch die Modeboutique des verstorbenen und weit über die Stadtgrenzen hinaus bekannten exzentrischen Münchner Modezaren Rudolph Moshammer, dessen Markenzeichen eine pechschwarze, wohlondulierte Löwenmähne samt sorgfältig gezwirbeltem Oberlippenbärtchen war, und der nie ohne Yorkshire-Hündin Daisy auftrat, die sogar eine eigene

Website besaß. Inzwischen ist die Edeluhrenmarke Blancpain in die ehemalige Boutique eingezogen und lockt mit Chronometern für höchste Ansprüche.

Das Publikum in der Maximilianstraße ist ganzjährig international. Besonders beliebt sind die Maximilianstraße und die angeschlossenen eleganten Maximilianshöfe bei der arabischen Damenwelt im Sommer, wenn betuchte Familien aus den Emiraten in München Sommerfrische suchen und die Gelegenheit zu ausgiebigem Shoppen nutzen. Nicht selten sieht man die Chauffeure im eigens für den Urlaub aus Abu Dhabi oder Dubai eingeflogenen Bentley geduldig vor den Luxusboutiquen warten, um anschließend Pakete, Tüten und Hutschachteln zu verstauen, auf denen manche Münchnerin neidvoll exklusive Markennamen in goldenen Lettern prangen sieht. Und wer möglichst in unmittelbarer Nähe der Konsumtempel und dem Ambiente gemäß nobel logieren möchte, findet im Hotel Vier Jahreszeiten Kempinski mehr als eine Unterkunft.

Doch auch an Kultur und Sehenswürdigkeiten hat die Maximilianstraße einiges zu bieten. Gleich zu Beginn, genauer gesagt am Max-Joseph-Platz, befindet sich die Bayerische Staatsoper, an der rund ums Jahr internationale Stars zu Gast sind. Opernfans ohne dicken Geldbeutel können am ersten Werktag nach Beginn des Schalter- und Online-Verkaufs einen um die Hälfte ermäßigten Stehplatz – manche sogar mit »Bankerl« – ergattern. Auch die renommierten Münchner Kammerspiele sind in der Maximilianstraße zu Hause, zu deren Programm Stücke zeitgenössischer Dramatiker, wie zum Beispiel Botho Strauß, aber auch bayerischer Autoren wie Franz Xaver Kroetz, Herbert Achternbusch und Marie-Luise Fleißer gehören. Die Liste der prominenten Namen ist lang: Unter anderem arbeitete Bert Brecht eine Zeit lang als Dramaturg an den Kammerspielen, Legenden wie Elisabeth Flickenschildt und Heinz Rühmann standen hier auf der Bühne.

Und schließlich befindet sich jenseits des Altstadtrings das Staatliche Museum für Völkerkunde, das mit 150.000 Objekten das zweitgrößte Völkerkundemuseum Deutschlands ist und regelmäßig hervorragende Sonderausstellungen veranstaltet, die zu interessanten Entdeckungsreisen über Kunst und Kultur außereuropäischer Länder einladen.

Ob Kultur oder Kommerz, auf der Maximilianstraße lässt sich eben beides auf höchstem Niveau genießen.

Weil Eduard Meier bei seinen luxuriösen Leisten bleibt

Trockener Champagner oder doch lieber Starkbier? Welche Polierhilfe der Herr von Welt einsetzt, um seinen handgenähten Fullbrogues (für alle Nicht-Eingeweihten: Budapester oder auch Locherlschuh) zu Hochglanz zu verhelfen, bleibt der persönlichen Vorliebe überlassen. Nur auf eines kommt es an: dass das edle Schuhwerk aus dem Hause Eduard Meier stammt.

Eduard Meier, vormals Königlich Bayerischer Hoflieferant und Traditionshaus für hochwertigste Maß- und Konfektionsschuhe sowie Bekleidungsklassiker aus Loden, Tweed und »feinem Tuch für das Gesellschaftsleben«, residiert passenderweise in der Residenzstraße – eine der nobelsten Adressen im Herzen der Münchner Altstadt. Seit mehr als vierhundert Jahren wird hier die hohe Kunst des Schuhmacherhandwerks gepflegt – mit viel Liebe zum Detail, Sinn für höchste Qualität und bester Kundenbetreuung.

Schon beim Betreten der gediegenen Geschäftsräume wird der Normalsterbliche von tiefer Ehrfurcht ergriffen. Die Wände in edler Holzvertäfelung, der Teppichboden in dezent-rotem Schottenkaro und das gedämpfte Licht strahlen die Altehrwürdigkeit und Noblesse eines englischen Landsitzes aus. Doch wer glaubt, hier erstünden nur rückwärts gewandte und snobbistische »Geldhansln« ihr Schuhwerk, der irrt. Für die Kunden von Eduard Meier ist vor allem die Qualität Philosophie. Wer hier kauft, wird bestens beraten, und zwar nicht nur in Stilfragen, sondern auch in optimaler Passform. Mit einem Klassiker von Eduard Meier ist man zudem nicht nur bekleidet, sondern stets angezogen, denn Modelaunen sind tabu. Und: Diese Schuhe halten ein Leben lang. So befindet sich in der Schuhsammlung des Traditionshauses unter anderem ein Paar Oxfords in erstklassigem Zustand, das siebzig Jahre nach Kauf wieder an seinen Entstehungsort zurückgefunden hat.

Ein individueller, maßgefertigter Qualitätsschuh – sei es ein »Brogue«, »Blucher«, »Monk«, »Oxford« oder »Loafer« – aus dem Hause Eduard Meier hat natürlich seinen Preis. Eine solche Investition will fachmännisch gepflegt werden, denn – so der Firmeninhaber – »der teure Schuh stirbt bei falschem Gebrauch die gleichen Tode wie ein billiger Schuh«. Und so bietet Eduard Meier seinen Kunden und deren Hauspersonal spezielle Pflege- und Polierseminare an, in denen der interessierte Laie erfährt, wie er die Restauratorencreme mit einem »Auftragsbürsterl« ins Leder einarbeitet, und sich mit den Raffinessen der Wasserglanzpolitur sowie dem korrekten Einsatz des Shoebones vertraut macht.

Echten Schuhfetischisten bietet Eduard Meier zudem ein Video über die Herstellung eines handgemachten Schuhs und selbstverständlich einen »Schuhknigge« der Herrenschuhe, in dem der Schuhliebhaber unter anderem erfährt, dass die Löcher im Budapester nicht nur als hübscher Zierrat gedacht waren, sondern ursprünglich einen ganz praktischen Zweck erfüllten.

Wer sich entschlossen hat, seinen Füßen, die einen ja immerhin ein Leben lang tragen müssen, ein Stück Luxus und Lebensqualität zu gönnen, kann die kostbare Fracht anschließend standesgemäß nach Hause transportieren lassen. Innerhalb des Mittleren Rings bietet Eduard Meier für alle Einkäufe in München eine 1-PS-Zustellung per Lieferkutsche an. Wer versucht ist, die unübertroffene Qualität der Neuanschaffung gleich bei der Shopping-Tour durch die Münchner Innenstadt auf die Probe zu stellen und sie statt in der Tüte auf Schusters Rappen nach Hause zu tragen, sei belehrt, dass der Qualitätsschuh zunächst fachgerecht imprägniert werden will – wer wollte einem rahmengenähten, handgefertigten Schuh aus dem Hause Eduard Meier schließlich von vornherein das Leben verkürzen?

Alle qualitäts- und stilbewussten Shopper, die ihrem Bedürfnis nach Luxus und Lebensqualität schon in anderen Konsumtempeln nachgegeben haben, mögen bei der Wahl des passenden Schuhwerks für ihre nächste Erkundungstour durch München stets die mahnende Stimme des renommierten Firmeninhabers im Ohr behalten: »Der Einsatz von ochsenblut-, braunem oder cognacfarbenem Leder ist in der Stadt gewagt« und »No brown after six«.

Weil die Trachten-Spezialisten nicht nur zur Wiesn-Zeit gut sortiert sind

In München sind Trachten »in« – bei Jung und Alt und das ganze Jahr. Ein Dirndl ist kein »Kostüm«, wie mancher Nicht-Bayer glaubt, sondern ein »Gwand«, in dem frau zu jeder Gelegenheit und mit jeder Körperstatur stets eine gute Figur macht; mit einem Festtags- oder Designerdirndl ist man sogar in der Oper gut angezogen. Und auch die Hirschlederne, Janker und Haferlschuhe machen aus jedem »Buam« einen feschen »Mo«. Und da Trachten nicht nur ein fester Bestandteil des bayerischen Brauchtums sind, zur Taufe und zur Kirchweih getragen werden und auf keiner Bauernhochzeit fehlen dürfen, sondern im modernen und zugleich traditionsbewussten München zu jedem Anlass eine gute Wahl sind, sind die Trachtenspezialisten in München rund ums Jahr gut bestückt, wobei man neben den klassischen Schnitten, Farben und Mustern zunehmend auch hochmodische bis ausgefallene Varianten mit sündigen Dekolletés, raffinierten Einblicken und sexy Miedern, mit Schürzen aus Spitze und Tüll findet. Inzwischen sind auch Lederhosen bei Damen akzeptiert – mini, midi oder lang und bisweilen in ausgefallenen Farben.

Einer der größten und bestsortierten Trachtenspezialisten ist das Trachtenhaus Angermaier. Wer eine Rundum-Neuausstattung sucht, ist hier genau richtig. Neben Dirndln, Dirndlblusen und Schürzen gibt es hier auch Lederhosen für Damen sowie alle Accessoires: Tücher, Kropfbänder und -ketten, Trachtenledertaschen, Janker aus Wolle, Loden und Filz, Trachtenstrümpfe und selbstverständlich die passenden Trachtenschuhe. Herren können aus einem breiten Angebot an Lederhosen von rustikal bis edel, mit Hirschhornknöpfen und unterschiedlichster Auszier wählen.

Dazu das obligatorische elfenbeinfarbene Leinenhemd mit Hirsch-
horn- oder Wäscheknöpfen, Wadenstrümpfe – die sogenannten
»Loferl«, für die aus optischen Gründen allerdings eine stramme,
muskulöse Wade empfohlen wird –, bestickte Wollstrümpfe,
»Laibi« (Westen), Joppen und Janker, Haferlschuhe und natürlich
auch alle Accessoires für den Mann, wie zum Beispiel das Messer
mit »Goasfus«-Griff (Geißfuß) und Schariwari – mit Hirschhorn,
Münzen und sonstigen Trachtenanhängern bestückte Silberketten.
Für »Einsteiger« gibt es überdies günstige Komplettangebote.

Klassisch-edle Trachtenmode in gehobener Preislage aus hochwertigen Stoffen und in erstklassiger Verarbeitung gibt es bei
Gössl. Der Salzburger Trachtenspezialist bietet eine große Auswahl an traditionellen bayerischen Trachten und Landhausmode
ohne trendigen Schnickschnack und bei sehr guter Beratung. Wer
kein modisches Risiko eingehen will, ist hier bestens aufgehoben.

Seit 1842 bietet auch der international renommierte Trachtenspezialist Lodenfrey hochwertige Trachtenmode von klassisch
bis ausgefallen. In der für Bayern so typischen Verbindung von
»Laptop & Lederhose« hat Lodenfrey übrigens schon vor Jahren
eine »Multimedia-Tracht« aus Janker und Lederhose entwickelt.
Die eingebauten Funktionen für MP3 und mobiles Telefonieren
via Bluetooth lassen sich über textile Tastaturen mit aufgesticktem
Icon bedienen.

Und weil auch die High Society in und auch außerhalb von
München die Macht der Tracht neu entdeckt hat, haben sich
immer mehr Designer auf Couture-Dirndl verlegt. Nika Schot-
tenhamel, Wirtin des gleichnamigen Wiesn-Zelts, Schatzi-Dirndl
und My Dirndl sind nur einige der Adressen für Dirndl mit »Glamour« und maßgefertigte Hochzeitstrachten. Ungekrönte Trach-
ten-Queen ist jedoch Lola Paltinger, die bei Vivienne Westwood
und H&M lernte, und unter dem Label »Lollipop & Alpenrock«
Dirndl aus Piqué und Seidenorganza mit Glitzerblusen, Samt-
schürzen, aufwändigen Stickereien und Verzierungen, Trachten-

kleider mit röhrenden Hirschen zwischen Enzian und Edelweiß, Rüschen und Raffungen, aber auch klassische Lodenkostüme mit einer Prise Extravaganz und Exzentrik entwirft. Zu ihren bekanntesten Kundinnen gehören unter anderem Paris Hilton und Schauspielerin Salma Hayek. Die traditionsbewusste Münchnerin greift dennoch weiterhin zu klassischen Varianten.

München und seine Trachtenspezialisten machen Dirndl eben nicht nur rund ums Jahr salonfähig, sondern überdies aus jeder Frau »a fesches Madl«!

Weil im Herzen der Stadt Theatinerstraße und Fußgängerzone das Käufer-Herz erfreuen

Die größte und wichtigste Einkaufsmeile Münchens ist die Fußgängerzone zwischen dem Karlsplatz – im Volksmund »Stachus« genannt – und dem Marienplatz, die im ersten Abschnitt Neuhauser Straße heißt und Richtung Marienplatz in die Kaufingerstraße übergeht. Insgesamt erstreckt sich die Fußgängerzone über fast einen Kilometer. Zur erweiterten Fußgängerzone gehören zudem das Areal um die Münchner Frauenkirche und die schicke Theatinerstraße, die in den Odeonsplatz mündet.

Einen Innenstadtbummel durch die Fußgängerzone beginnt man am besten am Stachusbrunnen und flaniert dann »g'miatlich« – oder auch »in aller Ruhe« – in Richtung Marienplatz. In der Fußgängerzone sind alle großen Kaufhäuser wie Karstadt Oberpollinger, Galeria Kaufhof und C&A und auch zahlreiche Mode- und Schuhhausketten vertreten, darunter Benetton, Esprit, gleich mehrere H&M-Filialen, Hallhuber, Mango, New Yorker, S. Oliver, Zara, Salamander, Schuh Tretter und Bartu. Daneben finden sich auch mehrere Juweliere, größere Fachgeschäfte, Boutiquen und Stores, wie zum Beispiel Betten Rid, Parfümerie Douglas, Palmers Underwear und Dessous, ein Swarovski-Store und Wolford. Zwischen all diesen Umsatzgiganten konnten sich sogar einige wenige alteingesessene kleine Fachgeschäfte behaupten, zum Beispiel Max Krug, in dem es Andenken und Devotionalien zu kaufen gibt, und Veicht, das Fachgeschäft für Zigarren und Humidore. Ein besonderer Tipp für Liebhaber feinster Schokolade und Pralinen aus eigener Manufaktur in zum Teil ausgefallenen Geschmacksrichtungen ist Leysieffer am Eingang zur Kaufingertor-Passage: Kenner schwören auf weiße

Schokolade mit Chili und Vollmilchschokolade mit schwarzem Pfeffer.

In der Fußgängerzone herrscht stets geschäftiges Treiben, denn sie ist nicht nur bei Münchnern, sondern auch bei »Auswärtigen« äußerst beliebt. Pro Stunde laufen rund 15.000 Passanten durch die Fußgängerzone, und der Einzelhandel macht jedes Jahr rund 2,8 Milliarden Euro Umsatz mit Touristen. Wie so vieles in München ist die Fußgängerzone reich an Superlativen: Nicht nur ist sie die bestbesuchte Einkaufsstraße Deutschlands, auch die Ladenmieten sind hier am höchsten. Und wer sich vor der Shopping-Tour durch die Innenstadt noch schnell stärken möchte, kann dies in einer der umsatzstärksten McDonald's-Filialen der Welt tun – direkt am Stachus.

Weil in der Fußgängerzone immer ein gewisser Trubel herrscht, bringt man besser viel Zeit zum Schlendern mit. Insbesondere in der Vorweihnachtszeit und während der Wiesn lässt man sich am besten von der Menge treiben.

Am Marienplatz setzt sich die Fußgängerzone linker Hand in die Weinstraße fort, die anschließend in die Theatinerstraße übergeht und am Odeonsplatz endet. In der Theatinerstraße herrscht ein abwechslungsreiches Nebeneinander von teuren Geschäften, eleganten Edelboutiquen, alteingesessenen Münchner Fachgeschäften sowie jungen, trendigen Stores: Thomas Sabo, Furla, ein Puma Flagshipstore, Maendler, Strenesse, Max Mara, More & More, Marc O'Polo, Stefanel, Zara, aber auch Handschuh Roeckl, der ehemalige Hofjuwelier Rath, der handgefertigte Unikate verkauft, die Edelgoldschmiede Leinfelder sowie Alessi und der italienische Textilienausstatter Bassetti haben hier ihre Geschäftsadresse. Zudem befindet sich in der Theatinerstraße einer der Eingänge zu den Fünf Höfen. Ein echter Geheimtipp für alle Schuhfetischisten ist übrigens das Schuhgeschäft »Pia rennt«. Neben originellen Hausschuhen aus eigener Fertigung findet man hier kultverdächtige Traumschuhe und -stiefel von eher unbekannten italienischen, französischen und spanischen Designern, die man gewiss an keiner zweiten Trägerin sieht.

Eines ist klar: Wer in der Münchner Fußgängerzone mit ihren vielseitigen Einkaufsmöglichkeiten für jeden Geschmack und Geldbeutel nicht fündig wird, kann eigentlich nur ein ausgemachter Shopping-Muffel sein.

Weil man sich auf der Sendlinger Straße so stilvoll treiben lassen kann

Da liegt sie, die Sendlinger Straße, gleich hinter den beiden mittelalterlichen efeuumrankten Flankentürmen am Sendlinger-Tor-Platz – einem der einstigen vier Münchner Stadttore. An einem der für München so typischen Tage, an dem der »Himmi« so weiß-blau ist wie die Rauten auf der bayerischen Landesfahne und die historischen Gebäudefassaden in warmes Sonnenlicht taucht, ist es ein ganz besonderes Vergnügen, in aller Ruhe über die breiten Trottoirs zu flanieren, von Schaufenster zu Schaufenster zu schlendern, hier hineinzuschauen, dort an- und auszuprobieren, zwischendurch in einem der vielen Straßencafés halt zumachen und sich einfach so dahintreiben zu lassen.

Die Sendlinger Straße ist der perfekte Auftakt für eine ausgedehnte Shopping-Tour durch die Münchner Innenstadt, und das nicht nur, weil sie praktisch direkt in den Marienplatz mündet. Es gibt hier nichts, was es nicht gibt – witzige, trendige Boutiquen von erschwinglich bis sündhaft teuer, unzählige Schuhgeschäfte von solide bis ausgefallen, Schmuck von klassisch bis kreativ, Dessous, Möbel und Wohnaccessoires. Aber auch der renommierte Sport Scheck, in dem auf sechs Etagen alles angeboten wird, was das Herz von Hobby- und Amateursportlern höher schlagen lässt, mehrere Friseurgeschäfte, Buchhandlungen, Fachgeschäfte für Brautaccessoires, Maßhemden, Modelleisenbahnen und Lederwaren laden zum Einkaufen ein. Wem etwas nicht passt, der findet sogar eine Änderungsschneiderei. Und vor allem locken die vielen kleinen Spezialgeschäfte, die für die Münchner Innenstadt so typisch sind, wie zum Beispiel Seil Kienmoser, das fast unscheinbare Geschäft für Angler- und Seilerwaren, die kleinen

Dessous-Läden Lewandowski und Tremel mit ihren altmodischen Schaufenstern, in denen hochmodisches Gewagtes und Gerüschtes ausgestellt ist, das winzige Feinkostgeschäft für spanische Süd- und Trockenfrüchte und vieles mehr.

Um ja kein Schaufenster auszulassen, bewegt man sich am besten im Zickzackkurs von Trottoir zu Trottoir – und wird überrascht feststellen, wie die Zeit vergeht. Wer zwischendurch eine Verschnaufpause einlegen möchte, hat die Qual der Wahl: Einkehr im traditionsreichen Alten Hackerhaus? Brasilianische Kaffeekreationen und exotische Säfte aus der Açai-Frucht im Copacabana?

Und wer all den irdischen Versuchungen der Sendlinger Straße für einen Augenblick entkommen möchte, besucht die berühmte Asamkirche, eine der bedeutendsten und schönsten Kirchen Münchens, und lässt sich von der weltlichen in die üppige kirchliche Pracht des Spätbarock und Rokoko entführen.

Entlang der Sendlinger Straße laden aber auch die Asam-Passage und die Seitenstraßen, wie zum Beispiel Hackenstraße und Färbergraben, mit kleinen, aber feinen Geschäften zu Abstechern ein. Und zum Münchner St.-Jakobs-Platz mit dem historischen Zeughaus, in dem das Münchner Stadtmuseum beheimatet ist, dem Jüdischen Kulturzentrum sowie dem neu gestalteten Angerhof ist es ebenfalls nur ein Katzensprung.

Wer seine Shopping-Tour stilvoll bei einem Cocktail ausklingen lassen oder gleich die Nacht zum Tag machen möchte, der ist hier im Harpers & Queens bestens aufgehoben. Vielleicht sieht man sich ja bei der nächsten Münchner Kultur- und Shoppingnacht, wenn die Sendlinger Straße ihre Tore bis 24 Uhr für Nachtschwärmer und Nachtshopper geöffnet hält?

Weil der Elisabethmarkt in Schwabing einfach Flair hat

Welches ist das schönste Schwabinger Samstagsritual? Einkaufen auf dem Elisabethmarkt! Die kleine Schwester des Viktualienmarkts liegt im Herzen Schwabings, am Elisabethplatz. Seit mehr als hundert Jahren gibt es hier von Montag bis Samstag alles, was sich der verwöhnte Gaumen wünscht – von erlesenen Käsesorten im Chalet du Fromage, Bio-Schweinefleisch aus den berühmten Hermannsdorfer Landwerkstätten, herzhaften Schinken und Tiroler Speck in der »Speckschwarte«, Obst und Südfrüchten sowie Fisch und Geflügel bis hin zu Suppen, Säften und Gewürzen bei »SuSa«. Eines der Highlights ist das »Sancho Panza«, in dem echte spanische Schmankerl – Verzeihung, Tapas – und vorzügliche kleine Tagesgerichte serviert werden und es hervorragende spanische Weine gibt. Wer gerne seine Einkäufe in aller Gemütlichkeit erledigt und dabei noch einen kleinen Schwatz mit Nachbarn und Freunden hält, ist hier richtig. Und wer entspannt einkaufen möchte, reist auch schon entspannt an. Münchner wissen, dass Parkplätze in Schwabing rar sind und kommen daher am liebsten mit der Tram, die gleich vor dem Markt hält, oder mit dem Radl.

Gegründet wurde der Elisabethmarkt im Jahr 1903, und seinen Namen verdankt er der Kaiserin Elisabeth von Österreich, besser bekannt als Sissi und Cousine von König Ludwig II. Die einstige Markthalle wurde im Zweiten Weltkrieg zerstört und anschließend durch Verkaufspavillons ersetzt. Einer dieser Pavillons, das Milchhäusl, ist jedoch so alt wie der Markt selbst. Dessen Erbauer – ein um die Volksgesundheit besorgter Arzt und erklärter Feind alkoholischer Getränke – überwachte jeden Morgen ab 5 Uhr persönlich die Milchausgabe, in dem festen Vorhaben, die Menschen vom »Völkergift Alkohol« zu befreien. Da das Grundnahrungsmittel der Bayern jedoch nicht die Milch, sondern nun mal das Bier ist, nahm das Milchhäusl mit der Zeit eine andere Entwicklung. Heute beherbergt es ein hübsches kleines Lokal mit Biergarten, in dem sich Schwabinger und Nicht-Schwabinger gerne auf eine »Halbe« und ein deftiges Weißwurstfrühstück treffen.

Zwar hat der Elisabethmarkt den intimen Charakter eines beschaulichen Stadtteilmarktes und gilt noch immer als Geheimtipp, aber es strömen vor allem samstags zunehmend auch Nicht-Schwabinger, zugezogene Neu-Münchner – sogenannte »Zuagroaste« – und immer mal wieder ausländische Besucher auf den Markt. Und so ist es auch nicht weiter erstaunlich, dass an einem sommerlichen Samstagmittag im Biergarten des Café Wintergarten (besagtes Milchhäusl) plötzlich eine Salsa-Combo für tropische Klänge und exotische Atmosphäre sorgt, die Gäste auf der Bierbank zusammenrücken und der Schwabinger Taxler, das Nicht-Schwabinger Pärchen, die zuagroaste Gymnasiallehrerin und der Ingenieur aus Mexiko City bei der dritten Halben »La Cucaracha« singen.

Und weil der Elisabethmarkt nicht nur Stadtteilmarkt und international, gemütlich-beschaulich und fröhlich-quirlig, sondern auch historisch und zugleich modern ist, hat er an der Südseite des Marktes sogar sein eigenes Graffito, das auf Initiative der Markthändler von einer Studentengruppe der Hochschule München gesprayt wurde.

Die Schwabinger sind stolz auf ihren Elisabethmarkt und so heißt es samstagmorgens in Schwabing oft: »Servus, mir seh'n uns später beim Gmias-Tandler (Gemüsehändler).«

Weil man auf der Hohenzollernstraße
Mode und mehr findet

Für alle Hobby-, Amateur- und Profishopper ist die Hohenzollernstraße ein Muss. Kaum irgendwo ist die Dichte an flippigen, schicken, extravaganten, edlen und schrillen kleinen Boutiquen, Schuhgeschäften und Lifestyle-Läden für Design-Accessoires größer als hier. Und: Trotz des geschäftigen Treibens lädt sie zum entspannten Schlendern ein.

Die Hohenzollernstraße liegt im Herzen von Schwabing und teilt sich in zwei Abschnitte – sie beginnt am Hohenzollernplatz, kreuzt am Kurfürstenplatz die Belgradstraße und erstreckt sich von dort bis zur Leopoldstraße, wobei dieser Abschnitt für ambitionierte Shopper der eigentlich interessante ist. Wer sich von Kopf bis Fuß neu einkleiden möchte, ist hier bestens aufgehoben. Vor allem Schuhfetischisten wähnen sich im Paradies: Mehr als zehn Schuhgeschäfte sowie die meisten Boutiquen bieten Schuhe für jeden Geschmack und Geldbeutel, von hippen Ankleboots bis zur strassbesetzten Zehensandale, von angesagten Topmarken wie Belstaff und Buffalo bis zu Pura Lopez und Pollini.

Wer trendige Kleidung passend zum Schuhwerk sucht, hat die Qual der Wahl: eher klassisch-edel? Marc O'Polo, Hallhuber, Stefanel und bluecotton collezione. Modisches Revival der sechziger bis achziger Jahre? Miss Sixty. Oder lieber ausgefallen und kreativ? Saima Mode & Lifestyle, Mazel oder die farbenprächtige Ethno-Mode von Virmani. Young Urban Lifestyle? Auf zum Gas Store oder zum adidas originals store. Klassisches Understatement aus hochwertigen Naturmaterialien? Gibt es bei Kandis+KandisMann. Oder doch lieber zünftig? Bei LuisTrenker & friends gibt es zeitlose Qualität nicht nur für Bergfexe.

Ergänzen lässt sich das neue Outfit mit Handtaschen von bluecollezione und Mandarina Duck. Für makellose Beine sorgt die bestens sortierte Strumpf-Tante. Ob schlicht, edel, ausgefallen oder sexy; ob Wolle, Nylon oder Seide – hier wird man stets gut bestrumpft, in allen Farben, Mustern und Marken. Und als i-Tüpfelchen schmückt der edle, extravagante bis rockige Modeschmuck von Konplott by Saima oder Kult.

Doch auch für Wohnaccessoires und Designobjekte ist die Hohenzollernstraße eine gute Adresse. Ob Ethno-Kleidung und Deko-Objekte im Africa House, Extravagantes aus dem Rarehouse, wie zum Beispiel Uhren der Roller-Kultmarke Lambretta, die angesagte kalifornische Sandale »Sanük« oder die Espressomaschine Mokador – Hauptsache der Seltenheitswert ist hoch.

Selbstverständlich kommt auch die Schönheit in der Hohenzollernstraße nicht zu kurz: Parfümerien und Kosmetikstudios, mehrere junge, trendige Friseurshops und ein Sonnenstudio sorgen für ein perfektes Äußeres und makellose Bräune. Ganz Mutige lassen sich im Nagelstudio »C'est la vie« Airbrush, wildes Leo-Muster oder funkelnde Strasssteinchen auf Finger- und Zehennägel auftragen. Und wer trotz des großen Angebots keine passende Garderobe für das Galadinner am Abend gefunden hat, sollte es auf alle Fälle bei Kostümverleih Breuer versuchen. Hier gibt es nämlich nicht nur Faschingsverkleidung, sondern auch leihweise Abendroben und Smokings.

Bei alldem strahlt die Hohenzollernstraße ein beinahe italienisches Lebensgefühl aus – was sich schon an den italienischen Namen der zahlreichen Cafés, Bars und Restaurants ablesen lässt, wie zum Beispiel Caffè Florian, Tazza D'Oro oder die Kaffeebar Segafredo. Wer Zeit für dolce far' niente – süßes Nichtstun – hat, legt eine Cappuccino- oder Pasta-Pause ein oder lässt sich bei Lorenzo Corner Gelati & Sorbet von ausgefallenen italienischen Kreationen wie Schoko-Ingwer-Eis oder Himbeer-Lavendel-Sorbet verführen.

Falls nach so viel Shoppen die Kreditkarte raucht und im Porte-monnaie gähnende Leere herrscht, bleibt dann immer noch die Lotto-Annahmestelle bei Conny's Schreibwaren, Geschenke und Presse – in der Hohenzollernstraße bleiben einfach keine Wünsche offen.

Weil Benno Marstaller Taschenspezialist und Institution zugleich ist

Ein Alukoffer mit individuellem Innenleben, in den millimetergenau Kamera, Ladegerät, Beleuchtung und Objektive hineinpassen? Ein Reise-Necessaire aus Lammleder? Ein Aluminium-Trolley speziell für Kids? Ein edler Schmuckkoffer, bei dem man die Samtfarbe für die Innenausstattung und die Lederfarbe für außen frei wählen kann? Egal mit welchem Anliegen Sie das renommierte Koffer- und Lederwarengeschäft Marstaller betreten – man wird Ihnen mit einem freundlichen Nicken zuhören und Ihnen nicht nur eine, sondern gleich ein halbes Dutzend möglicher Lösungen vorschlagen.

Wer schon einmal auf der Suche nach genau *dem* Koffer oder *der* Tasche war, die mindestens 13 Kriterien erfüllen – und nebenbei noch praktisch und schön sein sollte –, weiß ein Geschäft wie Marstaller in der Pacellistraße zu schätzen. Nein, Marstaller nur als Geschäft zu bezeichnen, wäre Understatement. Für viele Münchner ist Benno Marstaller schlichtweg eine Institution, ohne die die Stadt ärmer wäre. Der Laden, exklusiv gelegen zwischen dem Hotel Bayerischer Hof und dem Lenbachplatz, lässt Frauen- wie Männerherzen höher schlagen. Im Shop sind die tollsten Taschen, Koffer, Aktenkoffer und Accessoires der Labels Bogner, Comtesse, Escada, Givenchy, Goldpfeil, Loewe, Longchamp, Rimowa, Samsonite und The Bridge erhältlich. Allesamt Marken der gehobenen Preisklasse – und allerbester Qualität. Wer auf Schnäppchenjagd ist, muss sich woanders umschauen.

Bei Marstaller – ehemals Königlich Bayerischer Hofsattler – kauft man dort ein, wo es schon der »Kini« getan hat: Die bayerischen Könige Ludwig I. und Ludwig II. sowie Prinzregent Luitpolt vergaben den Titel des »Königlich Bayerischen Hoflieferanten« an ausgewählte Geschäftsinhaber. Wie Alois Dallmayr, Ludwig Beck, Einrichtungshaus Böhmler, Eduard Meier Schuhe, Uhren Huber, Brillen Rodenstock, der Schreibwarenhändler Kaut-Bullinger und andere darf auch der Familienbetrieb Marstaller seit der Titelvergabe das königliche Wappen führen. Zwar beliefert Marstaller heute nicht mehr die königliche Familie, doch man spürt, dass sich der Betrieb der Qualität aus Tradition verpflichtet fühlt.

Bei Marstaller ist hohe Qualität »ganz normal« und Service selbstverständlich. Selbst für den gebrochenen Griffbock des Lieblingsaktenkoffers findet Marstaller eine Lösung. Hier wird nämlich auch repariert! Und selbst hergestellt! Die eigene Manufaktur ist der Trumpf, den Marstaller gegenüber den zahlreichen anderen Koffer- und Lederwarengeschäften ausspielt. Exklusive Lederwaren werden individuell entworfen und produziert. Zur »Marstaller Manufaktur« zählen feinste Taschen, Koffer und Accessoires. Vergleichbares sucht man lange und doch vergeblich in den Taschenabteilungen der großen Kaufhäuser oder in den Regalen der üblichen Taschengeschäfte.

Besonders gepflegt wird die Anfertigung von Spezialkoffern. Da Marstaller ursprünglich auf die Herstellung von Ledergeschirren für Pferde spezialisiert war (daher auch der Name »Hofsattler«), ist Leder hier auch der ureigenste Rohstoff. Doch Marstaller ist nicht nur meisterlich in der Verarbeitung von Leder, sondern auch bei anderen Materialien wie Aluminiumblechen und modernen Kunststoffen. Wo das Gros der zahlreichen Münchner Koffergeschäfte schulterzuckend oder mit Bedauern den Kunden weiterschickt, läuft Marstaller zur Bestform auf. Und wenn Sie jetzt unbedingt einen stoßsicheren, hitzebeständigen und flugtauglichen Koffer für Ihre Konzertharfe brauchen – kein Problem. Marstaller fertig genau diesen Koffer für Sie an!

Weil es im AntikPalast so viel zu entdecken gibt

Wie in nahezu jeder Metropole sind auch in München im Sommer Open-Air-Flohmärkte und im Herbst und Winter Hallen-Märkte ausgesprochen beliebt. Bieten sie doch eine gute Gelegenheit, zwangloser als im Kaufhaus zu stöbern und vor allem weit ausgefallenere Dinge zu ergattern. Speziell in München sind auf den Märkten pfiffige und originelle Überbleibsel vergangener Epochen im Angebot: viele alte Kruzifixe und schmalzige Heiligenbilder, Geweihe (viele davon wahrscheinlich sogar von echten »Wilderern« geschossen) oder unterschiedlichste Bierkrüge – ein besonders beliebtes Mitbringsel. Auch Gespräche mit den Standbetreibern, oftmals Münchner Originale, oder mit anderen Besuchern steigern das Shopping-Vergnügen auf den Märkten gegenüber dem Einkauf in schicken Boutiquen.

Eine Kombination aus Hallen- und traditionellem Flohmarkt findet sich in München auf dem Zenith-Gelände im Stadtteil Freimann, in der Nähe des Euroindustrieparks. Dort residiert der beliebte AntikPalast. Das Konzept wurde zuvor von 2000 bis zum Jahr 2008 in einer Halle an der Rosenheimer Straße entwickelt und erfolgreich praktiziert – und zog dann um, weil das ehemalige Gebäude abgerissen wurde.

Auf dem jetzigen Areal steht die denkmalgeschützte Zenith-Halle, die in den Jahren 1916 bis 1918 gebaut wurde und früher der Bahn als Werkshalle diente, sowie weitere Hallen (Kesselhaus, Spiegelsalon). Für Architektur-Interessierte ist allein die für damalige Verhältnisse extrem moderne Stahlkonstruktion einen genauen Blick wert.

Immer am Freitag, Samstag (10–18 Uhr) und Sonntag (11–17 Uhr, nur Besichtigung) ziehen auf 2000 Quadratmetern etwa vierzig kommerzielle Antiquitäten-Händler ein, die teils sogar aus dem Ausland anreisen. Sie stammen, wie der Betreiber auf seiner Internetseite (www.antikpalast-muenchen.de) schreibt, unter anderem aus Russland, Italien, Tschechien oder Österreich – klar, dass diese spannende Angebote mitbringen. Selbst unter professionellen Weiterverkäufern ist das Offerierte sehr begehrt – ein Indiz dafür, dass die Waren zu realen Preisen feilgeboten werden. Bei gutem Wetter wird der Edel-Trödelmarkt auch auf den Parkplatz vor der Halle ausgedehnt. Neben dem AntikMarkt findet ebenfalls teils in der Halle, teils unter freiem Himmel, ein klassischer Flohmarkt für Hobbyhändler statt (Donnerstag bis Samstag jeweils 6–18 Uhr).

Was für die besondere Atmosphäre bei gleichzeitig professioneller Durchführung der Märkte spricht: Dem Organisator der beiden Veranstaltungen, Wolfgang Nöth, der früher den legendären Kunstpark Ost betrieb, wurde in einer Online-Umfrage der »Süddeutschen Zeitung« von den Lesern mit großem Abstand das Prädikat »Unser Bester« in München verliehen.

Kleines zusätzliches »Schmankerl«: Direkt auf dem Gelände betreibt ein Metzger ein extra Imbiss-Zelt, es gibt einen Stand mit Räucherfischen sowie gebratene Hendl. Und: Wer die ausgelassene Stimmung auf dem Zenith-Gelände auch nach Marktschluss genießen möchte, hat regelmäßig die Möglichkeit, dort am Abend Kulturveranstaltungen wie Konzerte, Tanz- und Theatervorstellungen oder Ausstellungen zu besuchen – ohne dass das Publikum allzu »antik« wäre.

111 GRÜNDE, SICH AUF DIE RENTE ZU FREUEN

EIN LOBLIED AUF DAS, WAS NACH DER ARBEIT KOMMT –
DENN DA FÄNGT DAS LEBEN DOCH ERST RICHTIG AN!

111 GRÜNDE, SICH AUF DIE RENTE ZU FREUEN
EIN LOBLIED AUF DAS, WAS NACH DER ARBEIT KOMMT
Von Hauke Brost
248 Seiten, Taschenbuch
ISBN 978-3-89602-586-9 | Preis 9,95 €

In Rente gehen bedeutet schon lange nicht mehr »sich zur Ruhe setzen«, ganz im Gegenteil: Menschen der Altersklasse 60+ sind heute fit und unternehmungslustig wie nie zuvor und sehen die Zeit nach der Arbeit eher als Start ins zweite Leben an: endlich frei!

Das beweist Bestsellerautor Hauke Brost gewohnt scharfsinnig und humorvoll. »111 Gründe, sich auf die Rente zu freuen« ist ein gedrucktes Feuerwerk von Ideen, Erfahrungen und Erfolgsgeschichten für »die schönsten Jahre des Lebens«.

111-mal schmunzeln, 111-mal staunen und 111-mal sehnsüchtig abzählen, wann man endlich selbst auf Rente darf: Das garantiert dieses Buch allen, die dem letzten großen Lebensabschnitt etwas skeptisch entgegensehen.

DIE AUTOREN

Evelyn Boos ist Verlagsberaterin, Redakteurin und Managerin von Buchprojekten. Die Diplom-Ökonomin schätzt an München besonders das facettenreiche Kulturangebot. Andreas Körner, Diplom-Volkswirt und ehemaliger Wertpapierhändler, arbeitet als Redakteur bei einem großen deutschen Nachrichtenmagazin.

Evelyn Boos | Andreas Körner
111 GRÜNDE, MÜNCHEN ZU LIEBEN
Eine Liebeserklärung an die großartigste Stadt der Welt

ISBN 978-3-89602-966-9
© Schwarzkopf & Schwarzkopf Verlag GmbH, Berlin 2011

Coverfotos: 1. Reihe v.l.n.r.: © Torsten Krueger/shutterstock.com | © Caroline Eibl/shutterstock.com | © bkindler/istockphoto.com 2. Reihe v.l.n.r.: © Barnabas/photocase.com | © Joao Alves/flickr.com | © *Francesca*/photocase.com

KATALOG
Wir senden Ihnen gern kostenlos unseren Katalog.
Schwarzkopf & Schwarzkopf Verlag GmbH
Kastanienallee 32, 10435 Berlin
Telefon: 030 – 44 33 63 00
Fax: 030 – 44 33 63 044

INTERNET | E-MAIL
www.schwarzkopf-schwarzkopf.de
info@schwarzkopf-schwarzkopf.de